総合管理学の現在地

熊本県立大学総合管理学部
創立30周年記念論文集

Faculty of Administrative Studies
Prefectural University of Kumamoto

九州大学出版会

巻 頭 言

　熊本県立大学総合管理学部創立 30 周年記念論文集を発刊するにあたり，謹んでご挨拶申し上げます。本学部は，平成 6 年（1994 年）に創設されて以来，地域社会の発展とグローバルな視野を持った人材の育成を使命として，教育・研究活動を展開してまいりました。この 30 年間にわたる歩みは，教職員，学生，そして卒業生の皆様の絶え間ない努力と地域社会の皆様のご支援の賜物であります。

　本学部の特色として，公共分野，ビジネス分野，情報分野における多岐にわたる横断的な研究が挙げられます。公共分野では，地域社会の課題解決や政策提言を通じて，持続可能な社会の構築に貢献してきました。ビジネス分野では，経営戦略や組織管理の革新に取り組み，企業の競争力向上を支援しています。情報分野においては，情報技術の急速な進展に対応し，データサイエンスや情報システムの研究を進めることで，デジタル社会の発展に寄与しています。

　かつて，デジタル技術とインターネットの発展は，音楽業界に大きな変革をもたらしました。特に，ナップスター（Napster）などの音楽共有サービスの登場は，音楽の流通形態を劇的に変え，著作権の問題を浮き彫りにしました。これにより，音楽業界全体が違法ダウンロードに対処するための新たな法的措置や，ストリーミングサービスの導入による新しい収益モデルの模索を迫られました。この問題を解決するためには，公共分野における法制度の整備，ビジネス分野における持続可能なビジネスモデルの構築，情報分野におけるデジタル権利管理技術の進展が不可欠です。これらの分野の研究の融合が，音楽業界だけではない社会の健全な発展と創造的な活動の支援に寄与しています。

　今日では，人工知能（AI）の発展が私たちの生活や産業に大きな影響を与える一方で，新たな課題も生じています。例えば，AI による自動化の進展は，労働市場において失業や職業の再定義をもたらし，これに対応するための再教

育や職業訓練が求められます。また，AIが収集・処理する膨大なデータに対するプライバシー保護の必要性が高まり，これに関連する法的枠組みや倫理的ガイドラインの整備が急務となっています。さらに，AIの意思決定プロセスにおける透明性と公平性を確保することも重要な課題です。これらの課題を解決するためには，公共分野における政策立案，ビジネス分野における新しいビジネスモデルの構築，そして情報分野における技術的な革新が不可欠です。総合的な知識と技術を活用することで，私たちはAIの恩恵を最大限に引き出し，持続可能で公正な社会の実現を目指していきます。

　世界規模の話ではなく，地域課題，例えば，過疎地域での高齢者の生活支援においては，自治体による政策立案，新しいビジネスモデルの導入，そしてICT技術を活用した遠隔医療や見守りサービス（情報分野）が連携して機能しています。また，若者の流出を防ぐための地域活性化策として，地元企業の支援や雇用創出の取り組みが進められ，情報技術を活用したリモートワークの普及も大きな役割を果たしています。このような取り組みにより，地域課題の解決が現実のものとなりつつあります。

　この記念論文集は，30年間の歴史を振り返りつつ，これらの分野における現在そして未来の課題に対する学術的な洞察を提供することを目的としております。総合管理学部の教員及び研究者による多岐にわたる研究成果を集めた本書が，今後の学術研究および教育活動に貢献し，さらには地域社会や企業における課題解決の一助となることを願っております。最後に，本書の発刊にあたりご尽力いただいたすべての皆様に深く感謝申し上げます。また，本書を手に取ってくださった読者の皆様におかれましては，本学部のさらなる発展にご理解とご支援を賜りますようお願い申し上げます。

　2024年8月9日

　　　　　　　　　　　　熊本県立大学総合管理学部長　　宮園博光

目　次

巻　頭　言... 宮園博光　i

第 1 部　特 別 寄 稿

オンブズマンの将来 .... 渡邊榮文　3

持続可能な地域づくりのために .... 明石照久　15
　　―総合管理学の視点からの考察―

現代資本主義経済と国民の生活保障 .... 久間清俊　35
　　―産業革命の展開を軸に―

シスモンディ経済学における生産と消費の均衡概念について
　　... 中宮光隆　49

第 2 部　公 共 専 攻

九州からアジア雄飛を夢見た男たち .... 髙梨　健　73
　　―宮崎滔天と頭山満―

アドミニストレーション 30 年の軌跡 .... 澤田道夫　95

「法制一元化」後の熊本県内における個人情報保護制度の動向
　　... 上拂耕生　115

リスクマネジメントと組織倫理 .... 井寺美穂　129

モンタナ州成年後見法と資力が不十分な高齢者に対する支援
　　... 西森利樹　141

認知症になっても安心して暮らせるまちづくりに関する教育的活動
.... 安武　綾　157

第 3 部　情 報 専 攻

メディア・アートがもたらす地域への効果 .... 石橋　賢　173
　　―熊本県の事例をとおした対話性と可変性の役割―

第 4 部　ビジネス専攻

地域活性化とマーケティング .... 丸山　泰　193

自由回答から読み解く自治体オープンデータに対する
企業ニーズ探索の試み .... 飯島賢志　209
　　―熊本市の事例―

支援機関の関わりと事業承継意向についての実証分析
.... 本田圭市郎・足立裕介・高宮典佳　223

A Comprehensive Survey on Programmatic Advertising ....Ge LIU　235

総合管理学部 30 年の歩み 247

第1部
特 別 寄 稿

オンブズマンの将来

渡　邊　榮　文

はじめに
1.　オンブズマンの将来に対する 5 つの課題
2.　課題の批判的考察
おわりに

はじめに

　オンブズマンは将来も存在し続けるであろう。それは政府が「無情に」(relentlessly) 展開するからである[1]。オンブズマンが将来も存在し続けるとき，「世界の多くのオンブズマンは重大な課題に直面するであろう」[2]。本稿はこの課題を取り上げ，「オンブズマンの将来」と題する。この課題については先行研究[3] があるので，本稿はこれに導かれながら検討することになる。

　先行研究は「世界的規模の制度としてのオンブズマンの将来とは何か」と題し，5 つの課題を挙げる。独立性（Independence），資金供給（Resourcing），類似組織の増加（Proliferation），科学技術（Technology）および適応性（Adaptability）である。

　本稿は独立性を課題その 1，資金供給を課題その 2，類似組織の増加を課題その 3，科学技術を課題その 4 および適応性を課題その 5 として取り上げ検討する。加うるに，これらの課題について若干の批判的考察を行いたい。

　拙い本稿を総合管理学部創立 30 周年記念論文集に寄せることができるのは筆者にとって光栄である。本学部の創設に微力ながら関わった思い出が筆者の脳裡に走馬灯のように浮かぶ。本学部の更なる進展を祈念する。

1. オンブズマンの将来に対する5つの課題

(1) 課題その1：独立性

　オンブズマンの独立性は議会オンブズマンの場合は議会からの独立，行政オンブズマンの場合は行政からの独立が課題である。さらに，オンブズマンを「第4部門」とする説がある。

　① 議会からの独立

　オンブズマンの議会からの独立は，スウェーデン・オンブズマン[4]の沿革を見ておく必要がある。スウェーデン・オンブズマンは議会に関連の深い制度であるからである[5]。今日，世界的規模で展開するオンブズマンの原型は，18世紀初頭のスウェーデンの歴史に遡る。

　1713年にスウェーデン国王・カール12世は国王の代理人（＝最高検察官）を任命する。最高検察官は行政等の法令順守や適正な職務遂行を監視するが，行政等を取り消す等の権限は有しない。1719年に最高検察官の名称は法務総裁となるが，その任命権は国王に属する。法務総裁の機能は変わらない。1766年になると議会（貴族，聖職者，市民および農民から成る4者等族会議）が法務総裁の任命権を獲得する。しかし1772年に法務総裁の任命権は再び国王が握り，1789年には絶対王制が復活する。これが終焉し立憲君主制が樹立される1809年に法務総裁とは別の機関として議会の代理人，すなわちオンブズマンが誕生する。これが今日人口に膾炙するオンブズマンである。

　因みに1975年のスウェーデン統治法典第12章第6条第1項は「国会は，国会が定めた規則に基づき，公務員による法律その他の制定法の適用を監視する目的のため，1ないし数名のオンブズマンを選出しなければならない。オンブズマンは，規則に定められた事件が生じたときには，訴訟を提起することができる」，同条第2項は「オンブズマンは，裁判所または行政機関の会議に出席することができ，それらの裁判所または機関の議事録その他の文書にアクセスすることができる。すべての裁判所，行政機関および国または自治体の公務員は，オンブズマンに，要求された情報および報告を提出しなければならない。この義務は，オンブズマンの監視的権限のもとにあるすべての者も負う。検察官は，要求により，オンブズマンに協力しなければならない」，同条第3項は

「オンブズマンに関する詳細は，国会法で規定する」と謳っている[6]。

　1809 年誕生の議会オンブズマンは行政等を監視するが，その処分を取り消し変更することはできない。オンブズマンの非強制性（＝非権力性）である。オンブズマンの原型は 1713 年設置の最高検察官であるからである[7]。因みにスウェーデンの「オンブズマンの職務に関する法律」（1986 年 11 月 13 日公布）は「オンブズマンは，特別検察官としての資格に基づいて，職務上の義務もしくは任務に違反した官吏……を訴追することができる」と規定する[8]。スウェーデン・オンブズマン（議会オンブズマン）の非強制性は，その原型としての最高検察官の役割に由来しているのである。行政処分の取消しや変更をすることができないオンブズマンの非強制性の歴史は今日まで発祥国・スウェーデンにおいてのみならず，これを導入する世界の国々においてもまた受け継がれている。

　スウェーデン・オンブズマンは議会がその付属機関として設けるので，オンブズマンの議会からの独立の問題が生じる。スウェーデン・オンブズマンは議会による行政統制機関として設置されるので，議会から完全に独立した機関ではない。オンブズマンが議会による行政統制の実効性を発揮するためには少なくとも議会がオンブズマンの任命権を有していなければならない。「オンブズマンが議会によって任命される方法によってのみオンブズマンは行政からの独立と議会の代理人としての必要な権威を獲得する」[9]からである。

　議会がオンブズマンを任命しなければならないとする多くの論者も議会との関係では相対的独立をいう。オンブズマンの行政からの独立は当然ではあっても議会からの独立——相対的にせよ——は議会的行政統制の性格を希薄にするのではなかろうか。この問題についてはオンブズマンと議会との関係を一考する必要がある。「オンブズマンは，毎年オンブズマンの職務遂行について，国会へ［年次］報告書を提出する。……年次報告は，3 つの法律委員会の 1 つで審査される。その際委員会は，オンブズマンが国会の信任に値しないと判断した場合には，彼を罷免することを国会へ提案することができる」[10]のである。オンブズマンの議会からの相対的独立はオンブズマンによる行政統制の効率化・公正化にその意義があり，将来も維持されるであろうし，されなければならないであろう。

② 行政からの独立

　オンブズマンの行政からの独立の問題は行政に設けられるオンブズマン，い
わゆる行政オンブズマン[11] について生じる。行政オンブズマンはスウェーデ
ン・オンブズマンとは似て非なるものであるから「擬似オンブズマン」
（Pseudo-Ombudsman）と称せられる[12]。わが国の公的オンブズマンは地方公共
団体の行政に設けられている行政オンブズマンである。

　その概要は次のとおりである[13]。行政首長による任命であること，必ずし
も名称はオンブズマンではないこと（行政苦情オンブズマン，オンブズパーソ
ン，行政評価委員会，行政相談委員，苦情審査委員，区民の声委員会などであ
る），オンブズマンの設置根拠は条例または要綱であること（条例による設置
は執行機関の附属機関，要綱による設置は執行機関の補助機関となる），人数
は複数であること（単独制よりも複数制であること），オンブズマンへの接近
は直接的であること（苦情申立人はオンブズマンに直接申し立てることができ
ること）。

　オンブズマンによる行政調査は公正性が保障されなければならない。そのた
めにはオンブズマンは行政から独立していなければならない。オンブズマンの
設置根拠である条例または要綱はどのように規定しているか。まず条例の規定
を，ついで要綱の規定を見てみる。

　条例の規定では，例えば川崎市市民オンブズマン条例 5 条 1 項は「市の機関
は，市民オンブズマンの職務の遂行に関し，その独立性を尊重しなければなら
ない」と規定し，熊本市オンブズマン条例 4 条 1 項は「市の機関は，オンブズ
マンの職務の遂行に関し，その独立性を尊重しなければならない」と規定す
る。両者以外の条例の規定も同様である。要綱の規定では，例えば沖縄県行政
オンブズマン設置要綱 6 条 1 項は「県の機関は，行政オンブズマンの職務の遂
行に関し，その独立性を尊重しなければならない」と規定し，富山市行政苦情
オンブズマンに関する要綱 6 条 1 項は「市の機関は，オンブズマンの行う職務
の遂行に関し，その独立性を尊重しなければならない」と規定する。条例の規
定も要綱のそれもオンブズマンの独立性を謳っており，両者には違いは見られ
ない。

　これらのオンブズマンの任命について見ると，川崎市市民オンブズマン条例

7条2項は「市民オンブズマンは……市長が議会の同意を得て委嘱する」と規定し，熊本市オンブズマン条例8条2項は「オンブズマンは……市長が議会の同意を得て委嘱する」と規定し，沖縄県行政オンブズマン設置要綱7条3項は「行政オンブズマンは……知事が委嘱する」と規定する。富山市行政苦情オンブズマンに関する要綱7条1項は「オンブズマンは……市長が委嘱する」と規定する。

行政オンブズマンは行政から完全に独立することは有り得ないが，将来も行政から相対的に独立するであろうし，相対的に独立しなければならない。

③　第4部門

マスメディアは立法，司法および行政の3部門に次ぐ第4番目の部門といわれる。マスメディアが大きな社会的影響力を有するからである[14]。この彎みに倣ったかは不明であるが，オンブズマンは立法部門，司法部門および行政部門に属するのではなく，これらの部門から独立する「第4部門」（fourth branch）と主張する。この主張は，しかしながら，一般的ではない。

一般的な主張は，オンブズマンは議会のオフィサー（officer of parliament）であるという[15]。オンブズマンは将来においても議会から相対的にする独立するオフィサーであり，あるべきであろう。オンブズマンを第4部門とするとき，その機能を明確にしなければならない。しかし，立法部門，司法部門および行政部門とは別の機能が何かは不明である。

(2) 課題その2：資金供給

オンブズマンは行政の過誤行政（maladministration）を調査し[16]，その改善を勧告するために行政にとっては都合のよい制度ではない。行政がこの不都合な制度に対して有する方策は予算措置である。オンブズマンに対する予算措置は行政の裁量事項に属する。このために将来，オンブズマンの機能遂行に支障が生じる恐れがある。

オンブズマンがその機能を遂行するためには，当然のことではあるが，十分な予算措置が講じられなければならない。例えば，オンブズマンの年間予算には予算に計上されていない需要に充てるために緊急用の財源を含むようにすること，オンブズマンの年間予算には関係大臣による予算決定よりも歳出予算法

（appropriation legislation）によりオンブズマンが直接決定できるようにすること
などが論じられている[17]。

（3）課題その3：類似組織の増加

オンブズマンに類似する組織が存在し増加している。オンブズマンに類似する組織は各国において異なる。

① 類似組織

わが国では，それは行政相談委員である。わが国の行政相談委員はオンブズマンにもっとも類似する組織として国内外でしばしば取り上げられている。例えば，夙にわが国では「行政相談委員——我が国におけるオムバッズマンOmbudsman 制度——」[18]として詳細に論じられていた。近時では行政相談委員を「『日本型オンブズマン』の重要な構成員」[19]と位置づけている。国外ではW. ゲルホーン（Walter Gellhorn）がその著『オンブズマンと他のもの』[20]において行政相談委員をオンブズマンに類似する組織として取り上げている。

外国では，例えば，反不正組織（Anti-corruption），警察苦情処理組織（Police complaint），反差別組織（Anti-discrimination），情報アクセス組織（Access to information），告発組織（Whistleblowing）などがある[21]。このような組織の存在・増加はオンブズマンの将来に対してどのような問題を提起するのであろうか。

② 類似組織増加の問題点

類似組織増加が提起する問題点は以下のようなものである[22]。

・同様の問題に対して種々の組織が同様の調査を行うこと。
・複雑な問題に対して多面的な調査が行われないこと。
・同じ立場からの調査が行われないこと。
・複雑な組織が存在するので管轄範囲の重複が避けられないこと。
・組織間に情報の共有が行われないこと。
・組織間の調整が行われないこと。
・類似組織が存在するので国民が混乱すること。

③ オンブズマンの類似組織増加への対応

オンブズマンは類似組織増加とその問題に対してどのように対応したらよい

であろうか。オンブズマンは類似組織増加に対してはコントロールを及ぼすことはできないが，類似組織の更なる増加に反対論を展開することは可能な立場にある。これはオンブズマンが議会に提出する年次報告書あるいは特別報告書において行うことが可能である。しかし，オンブズマンがこれをいかに行うかはオンブズマンのパーソナリティと議会との関係に大きく関わっている[23]。

(4) 課題その4：科学技術

科学技術はオンブズマンに不利をもたらすが有利をももたらす。オンブズマンにとって科学技術の不利な点は2つあり，有利な点が2つである。

① 科学技術の不利な点

科学技術の不利な点その1は技術の不適切な使用である。効率的・能率的な行政遂行のためにオンブズマンにもその決定の自動化が求められるようになる。多くの行政決定は自動化に適するが，「裁量的決定」（discretionary decision-making）のそれには落とし穴がある。処理課題がはっきりしており，情報が確定しているときは自動的決定に適している。しかし，必要な情報に欠陥があること，情報は技術的・専門的評価に基づいていなければならないこと，決定はある程度の満足に基づいていなければならいこと，評価は公益に基づいていなければならいときは[24]決定の自動化には適さない。事実が明確な場合には決定の自動化が許容される。

科学技術の不利な点その2は行政決定の自動化から生じる課題である。オンブズマンは行政による自動的な決定を公正・合理的・合法的であるか否かを見きわめることができるか否かである。オンブズマンが行政の自動的決定の正否を見きわめる知識の有無は置くとしても，そのソフトウェアには著作権等の問題から十分に入手することが制限されるかも知れないのである[25]。

② 科学技術の有利な点

オンブズマンにとって科学技術の有利な点その1は，オンブズマンが行政組織内のコンピューター・ネットワークに直接アクセスし，苦情原因の情報を入手することができるようになることである。オンブズマンは行政職員の手を借りることなく，苦情に関する情報を直接入手することができるようになる。

科学技術の有利な点その2はオンブズマンが紙ベースの記録（paper-based

record）から電子記録（electronic record）になるので，関連機関の管理システム
に直接アクセスすることができるようになることである。

　以上の2つの利点はオンブズマンが遂行する機能に能率（efficiency）をもた
らすから苦情処理の迅速化に資することになる[26]。

（5）課題その5：適応性

　オンブズマンは環境の中で機能するが，環境は時の経過とともに変化する。
オンブズマンの機能もそれに伴って変化しなければならない。1つはオンブズ
マンが環境を自ら変更することである。いま1つは政府がオンブズマンによる
環境変更をサポートすることである。

　①　オンブズマンによる機能環境の変更

　まず，オンブズマン自身による環境変更をみる。1つは事案の正式な調査
（formal investigation）から予備的な問合わせ（preliminary inquiry）への変更であ
る。すなわち，強制的な調査や正式の報告ではなく事案を非公式に確認し解決
することである。これはオンブズマンの仲裁や調停による紛争解決である。い
ま1つは事案の実際の問題（substantive issue）ではなく，事案で確認された組
織の問題（systemic issue）への変更である。これは出来事を予測して行動する
「順向アプローチ」[27]（proactive approach）といわれる。順向アプローチは苦情に
焦点を当てたアプローチ（complaint-focused incident-based approach）から組織の
業務に焦点を当てたアプローチ（institution-focused and performance based approach）
への変更である[28]。これらの変更の効果は公務員がオンブズマンを脅威
（threat），敵対者（opponent），邪魔者（nuisance）と見なさなくなることにあ
る[29]。

　②　政府による機能環境の変更

　ついで，オンブズマンが機能環境の変化に適応するための政府による機能環
境の変更についてみる。1つは政府が有する精査権を差し控えることであ
る[30]。この権限はオンブズマンが順向的・予備的アプローチを容易にするた
めに差し控えなければならない。これはオンブズマンが機能する環境を整える
ことに資する。いま1つは政府がその組織内に自らの苦情処理機関を設けるこ
とである[31]。この機関に苦情の調査や報告を付託することによりオンブズマ

ンに調査が集中しないことになる。

2. 課題の批判的考察

　オンブズマンの将来に対する5つの課題に関する先行研究を取り上げた。これらの問題がわが国のオンブズマンの将来に課せられるか否かは今後の研究とする。本稿は先行研究が提起する課題について若干の批判的考察を行ってみたいと思う。先行研究が指摘するように独立性，資金供給および類似組織の増加がオンブズマンの将来に対し最も影響を及ぼす課題であろう。オンブズマンはこれらの課題についてはほとんどコントロールを行うことができないからである。

（1）独　立　性

　議会付属機関としてのオンブズマンの設置の沿革およびオンブズマンの制度的特徴である非権力性からオンブズマンが議会から完全に独立することは妥当ではなかろう。しかしながら，行政統制の効率化・公正化のためにオンブズマンは議会から相対的に独立する必要がある。行政オンブズマンの場合はその調査対象である行政から完全に独立する必要があるが，それは制度上無理であろう。行政オンブズマンは行政から可能な限り独立する必要がある。オンブズマンを第4部門とする説は，オンブズマンの非権力性の観点から妥当ではなかろう。

（2）資金供給

　すべての組織がそうであるようにオンブズマンもまたその機能遂行に資金が必要であることはいうまでもない。しかし，オンブズマンは資金供給については自ら決定することができない。行政はオンブズマンが遂行する機能の重要性に鑑み，適切な予算措置を講じるべきというほかはないであろう。

（3）類似組織の増加

　類似組織の存在はオンブズマンのレーゾン・デートルを低下せしめる恐れが

ある。しかしながら，国民にとっては苦情申立組織があればあるほどよいように思われる。オンブズマンが苦情処理を独占する必要はないからである。しかし，そのためには苦情処理組織の目的，権限，所轄範囲，他の組織との関係等が明らかでなければならい。

（4）科学技術

科学技術の進展はオンブズマンに有利となるが，不利にもなる。不利になる点は，例えばAI（対話型人工知能）の進展する技術により行われるであろう行政決定に対する苦情がオンブズマンの処理対象になったときである。このときオンブズマンはAIの行政決定に対する苦情申立てについてどのように対応し，またしなければならないかはオンブズマンの将来にとって重要な課題になるであろうと思う。

（5）適応性

オンブズマンの機能方法も環境の変化に伴って変化しなければならない。しかしながら，苦情を有する者がオンブズマンに申し立てるのは，オンブズマンの苦情処理方法に特徴があるように思われる。それはオンブズマンの処理方法が官僚制的方法ではなく自ら処理する方法，すなわちパーソナル・タッチ（personal touch）であるからであろう。この方法は環境が変化しても維持されるべきものであろう。

おわりに

先行研究に導かれながらオンブズマンが将来直面するであろう5つの課題を取り上げ，若干の批判的考察を行った。将来，オンブズマンがこれらの課題に直面するか否かは定かではないし，それは国により異なるであろう。また，5つの課題とは違った課題が生じるかも知れない。

1809年にスウェーデンが創設したオンブズマンは200年以上の星霜を送り，現今，世界的規模で展開している。本稿の「はじめに」で述べたように「オンブズマンは将来も存在し続けるであろう。それは政府が無情に展開するからで

ある」。しかしながら，将来，オンブズマンを廃止する国もあろう。恐らくその主たる理由は，わが国のローカル・オンブズマンの幾つかの廃止がそうであったように行政苦情の減少によるものであろう。このことは，しかしながら，行政がその運営を改善したことによるものということもできるであろう。

シャルル＝ジャン・ボナン（Charles-Jean Bonnin, 1772-没年不詳）は 1812 年の著『行政の諸原理』[32]においていう。「行政と司法は人および財物の安全にとって必要であるが，行政が違反行為を予防すればするほど，それだけ司法はそれを罰することが少なくなるのである」[33]。したがって，「われわれは紛争のない，それゆえ裁判所のない社会を思い浮かべることができるのである」[34]。

注

1) Matthew Groves and Anita Stuhmcke, 'The Evolution and Future of the Ombuds' in M. Groves and A. Stuhmcke（eds）, *The Ombudsman in the Modern State*（Hart, 2022）, p.1.

2) Chris Wheeler, 'Bringing the Ombudsman Role and Powers into the Twenty-first Century' in M.Groves and A. Stuhmcke（eds）, *ibid.*, p.113.

3) *Ibid.*, pp.113-140.

4) スウェーデン・オンブズマンの概要は①国会により選任・解任されること，②法令の執行を監視し違法者を訴追すること，③申立て・職権により調査を行うこと，④行政機関に資料等の提出を要求することができること，⑤国会に職務活動について報告すること，⑥行政活動を取り消す権限は持たず改善勧告権を有することである。

5) 詳細については平松毅著『各国オンブズマンの制度と運用』（成文堂，2012 年）71-72 頁。

6) スウェーデン統治法典については，平松毅「スウェーデン憲法」阿部照哉・畑博行編『世界の憲法集』有信堂，1991 年）。

7) 平松毅・前掲書 78 頁。

8) 平松毅・前掲書 84 頁。

9) Audvar Os, 'The Ombudsman for Civil Affairs' in Donald C. Rowat,（ed.）, *The Ombudsman*, 2ed., 1968, p.98.

10) 平松毅・前掲書 117 頁。

11) Alan J. Wyner, ed., *Executive Ombudsman in the United States*, University of California（Berkeley）, 1973. 渡邊榮文「行政オンブズマン」（鹿児島経済大学学会『鹿児島経大論集』30 巻 3 号，1979 年）。沖縄県は設置するオンブズマンを「行政オンブズマン」という（沖縄県行政オンブズマン設置要綱 1 条）。

12) Paul Dolan, 'Pseudo-Ombudsman' *National Civic Review*, Vol.69, No.7, 1969.

13) 渡邊榮文「ローカル・オンブズマン」（碓井光明・稲葉馨・石崎誠也編『行政手続・行政救済法の展開』信山社，2019 年）。

14）例えば，柴山哲也編著『日本のジャーナリズムとは何か』（ミネルヴァ書房，2004年）の副題は「情報革命下で漂流する第四の権力」である。

15）Chris Wheeler, *op.cit.*, p.121.

16）過誤行政（maladministration）については参照，Greg Weeks, 'Maladministration: The Particular Jurisdiction of the Ombudsman' in M. Groves and A. Stuhmcke（eds）, *op.cit.*, pp. 21-39. ちなみに，過誤行政（maladministration）の問題点については参照，渡邊榮文「オンブズマン論序説（2）」東京市政調査会（現後藤・安田記念東京都市研究所）『都市問題』66巻4号，1975年。

17）Chris Wheeler, *op.cit.*, p.125.

18）綿貫芳源「行政相談委員—我が国におけるオムバッズマン Ombudsman 制度—」（『自治研究』43巻2号-5号，1967年）。

19）蓮池穣「行政相談委員の活動と役割」（今川晃編著『行政苦情救済論』全国行政相談委員連合協議会，2005年）106頁。

20）Walter Gellhorn, *Ombudsmen and Others: Citizens' Protectors in Nine Countries*, 1966, pp. 372-419.

21）Chris Wheeler, *op.cit.*, p.127.

22）*Ibid.*, p.127.

23）*Ibid.*, p.128.

24）*Ibid.*, p.129.

25）*Ibid.*, p.131.

26）*Ibid.*, p.132.

27）*Ibid.*, p.134.

28）*Ibid.*, p.134.

29）*Ibid.*, p.134.

30）*Ibid.*, p.135.

31）*Ibid.*, p.135.

32）Charles-Jean Bonnin, *Principes d'administration publique*, 3ᵉ éd., Tome Ⅰ, 1812. シャルル＝ジャン・ボナン著『行政の諸原理』の研究については参照，渡邊榮文著『行政学のデジャ・ヴュ—ボナン研究—』九州大学出版会，1995年。

33）*Ibid.*, pp.99-100.

34）*Ibid.*, pp.94-95.

持続可能な地域づくりのために
―総合管理学の視点からの考察―

明　石　照　久

　はじめに
　1.　総合管理の機能
　2.　法人のケースヒストリー
　3.　考　　察
　おわりに

はじめに

　私は，2006 年から 2016 年まで，総合管理学部に在籍し，学部と大学院において，学生の指導に当たるとともに，持続可能な地域社会の形成をテーマとする研究に携わった。また，この間，県内外の自治体の委員会・審議会等の委員を歴任し，自治体総合計画や総合戦略の策定過程にも深く関わってきた。これらの経験を通して，地方創生を支える「学」としての総合管理学の有効性と重要性を強く実感するようになった。

　さらに，熊本県立大学（以下「大学」という。）を定年退職した後，2016 年から 2024 年現在に至るまで，鹿児島県長島町（2016 年～2019 年）と熊本県多良木町（2019 年～現在）において，地方創生に関わる多彩で多様な実践活動に従事してきた。そして，自治体現場における具体的な活動を通して，改めて，これまで総合管理学部が標榜してきた「総合管理学」の持つ可能性に気付くことができた。本稿では，大学及び自治体現場の実践事例を記述したケースヒストリーに基づいて，地方創生を支える総合管理学の可能性について論じていくこ

ととする。

1. 総合管理の機能

　現代社会では，国や自治体のような行政組織，企業，NPO，大学など，多彩な組織体が活動をしているが，ビジネスとパブリックのいずれの領域においても，当該組織のマネジメントを支えるアドミニストレーション（管理）のプロセスが存在している。組織理念と規範・手続が適切に組み合わされることによって，はじめて組織はその本来の機能を発揮できるようになる。

　総合管理については，その学際性から多様で多彩なアプローチが可能であるが，本稿では，「地域課題の解決を目的とする規範と手続に関する体系的な判断の枠組みと手法」と定義しておく。地域の抱える課題は複雑かつ多様であり，その解決には関係者間の共通了解が不可欠となる。そして，関係者間の共通了解を支える基盤こそ，総合管理の枠組みにほかならない。

　地域の関係者の間で，意外に共通了解が進んでいないことは多くの地域で認められる。各主体の間で，地域課題の捉え方や解決のための論理が異なれば，それぞれの解決方策は効果を発揮できず，お互いの取り組みが空回りして，資源と時間の浪費を招くだけの結果となりかねない。地域課題の解決には，共通の論理が必要となるのである。共通の論理を構築していくための基本的な枠組みとして，総合管理の理念は効果を発揮できる。

　そして，地域の資源と課題を発見するうえで，外部者の視点は重要である。本稿でいう外部者は，単なる「よそ者」ではなく，社会学，経営学，行政学，情報科学や人類学などの研究手法や資源を駆使できる大学や研究機関に関わる研究者・学生や起業家等を想定している。そのような外部者がアカデミックと実務の世界を橋渡しすることによって，地域に蓄積された英知と経験を再構成しながら，地域課題を解決するための総合管理の枠組みが形作られていく。

　これまでにも地域に入り込んで，地域の資源と課題に迫ろうとする研究は存在していた。例えば，森栗（1993）は，民俗学の視点と手法を用いて，人吉市の茶商家族のケースヒストリーを書いている。

（1） 地方創生に対する研究者の貢献

　地域には，これまでにも多くの研究者が関わってきている。それらの成果を再構成し，地域活性化に役立てる工夫が求められる。そして，それらの知見や理論を組み合わせ，現場で機能させるためには，手続・手順を円滑に進めるためのプロセス管理に関する知識や，さらには教育方法論など教育に関わる専門性も求められていく。これらの知識や経験を綴り合せて，体系的に構築する際に威力を発揮するのが総合管理の理論枠組みである。

　「まちづくり現場」では，関係主体相互の横のコミュニケーションがとれていないことが多く，しかも当事者自身そのことを認識していないことが多い。この点について，Eversole（2018）は，オーストラリアのタスマニア州の北西部における地域開発プログラムの課題について，地域の関係者間に共通了解が形成されておらず，連邦政府，州政府，地元企業などの関係者がそれぞれの論理に基づいて，脈絡なく取り組みを進めているため，整合性のある政策展開が困難となっている事実を発見した。そして，地域に蓄積された知見を探求する人類学の研究手順を通して，関係者間の対話を促し，地域の開発課題を再構築し，変化を生み出す新たな論理と行動に至る方法を提示している。

　日本の地方創生の現場においても，地域活性化を目指す取り組みが縦割りで実施され，総合的な視点を欠くプロジェクトとして展開されることは多い。地域課題を正確に捉えて最適の解決策を導き出すために，外部者としての視点を持つ大学の研究者や研究機関が地域に関わることの意義は大きい。そして，地域の関係者と大学研究者や学生とのコミュニケーションの基本に総合管理の理念を据えることで，円滑で深い意思疎通が可能になる。

（2） 総合管理の視点から見た法人の機能と役割

　近年，地域課題解決を目的とする法人の設立が目立つようになってきている。組織形態としては，株式会社，財団，社団，NPO などで，設立者も自治体に限らず，金融機関，IT 関連企業等，多様であるが，地域活性化を目指すところは共通している。首都圏以外の地域では，人口減少が不可避の今日，持続可能な地域社会の構築が大きな社会問題として認識され，その対策が模索されるのは自然の流れである。そして，今，全国各地で，地域活性化事業に取り

組む法人の設立が相次いでいる。多くの地域において，関係人口づくり，産業振興，福祉のまちづくりなどの事業の実施主体として，新設法人に期待が寄せられるようになってきている。

　私自身は，鹿児島県と熊本県において，二つの法人設立に直接関与した。以下，その具体的な法人に関わるケースヒストリーを総合管理学の視点から振り返ることとしたい。事業を起こして，安定的な経営を確立する過程では，コンテンツとプロセスの両方の知識をうまく組み合わせることが何よりも重要となる。地域課題を解決するための法人の活動経緯を跡付けることは，総合管理に関わる判断枠組みと手法の果たす役割と機能の一端を理解するための重要な助けとなる。

2. 法人のケースヒストリー

（1）長島未来企画合同会社（2017年7月6日設立）

　私が法人設立に関わった初めてのケースは「長島未来企画合同会社（以下「会社」という。現在は株式会社に組織変更）であった。長島町（以下「町」という。）は鹿児島県の西北部に位置する町で，豊かな漁場に恵まれているだけでなく，ブリ養殖では日本一の実績をあげている。この町で，若手起業家が設立した合同会社に私も役員として参画した。合同会社の事業の詳細については，明石（2017），明石（2020）に譲ることとし，本稿では，会社設立の背景と会社が取り組んだ空き家改修プロジェクトに対象を絞って，その知識創造と実践について記述を進めたい。

　水産業，農業などの地場産業が比較的堅調な長島町においても，人口減少と高齢化は深刻となってきており，1960年のピーク時人口（約2万人）は半減し，近年は1万人前後で推移している。このため，町では，各種の施策を展開して，移住定住の促進を図ってきたが，人口を回復維持させるには至っていない。このような事情を背景にして，行政とは異なる立場で，独創性のある地方創生活動に邁進する団体の必要性が関係者の間で，共通の課題として強く意識されるようになっていた。私が長島町と関りを持つようになったのは，まさにその時期の2016年であった。

一般的に起業するためには，ヒト，モノ，カネ，情報などの経営資源を動員しなければならないが，地方圏の小規模な地域社会においては，それが高いハードルとなっている。国等からの補助金が用意されていても，その資金を用いて具体的に事業を進めていく主体がなければ，構想を具現化することはできない。さらに，豊富な経験と人脈を持つ経営人材を投入しないと，戦略の組み立てすら困難であり，ましてや具体的な手順・手はずを整えて，規範を定立し，事業を進めることなど，はかない夢に終わる。

　地方圏の小さな町で，国等からの資金を活用して，起業の烽火を上げるためには，町当局と連携協働し，地域活性化の専門担当組織として機能する団体が不可欠であるといえる。このような期待に応えるために設立されたのが長島未来企画合同会社であった。組織形態としては，資本金を出資した有限責任社員だけで構成される合同会社が選択された。

　合同会社は2006年の会社法改正により導入された新たな組織形態であり，社員は出資者であると同時に経営上の権限を有する経営者でもある点に特徴があるとされている。会社の所有権と経営権の分離を特徴とする株式会社と異なり，社員相互の同志的結合の色彩の濃い形態であるといわれている。

　東京のITベンチャー起業家，IT関連の個人事業主など，地元に移住した若手起業家と私の合計7名が出資を行い，合同会社設立の手続きが進められた。2017年7月には会社設立手続が完了し，法人格を取得した。この結果，契約の締結，資産管理，資金借入れなどを会社の名前で行えるようになり，経営主体としての自由度が飛躍的に高まった。さらに，国の補助金を申請する主体としての適格性も高まり，国土交通省の「平成30年度住宅市場整備推進等事業費補助金（多世代交流型住宅ストック活用推進事業）」の補助事業者として，事業の採択を受けることができた。この事業は，町内の空き家の利活用促進に関するプロジェクトであり，その内容は多岐にわたっていた。本稿では，会社が所有権を得た町内の古い民家の再生プロジェクトに焦点を絞って，その概要を紹介する。

　当該プロジェクトは，町内西部に立地する古い旅館の再生と有効活用を目指すものであった。町が実施した空き家調査の結果，町内に約900戸の空き家があることが判明し，町では，その有効活用に向けた施策の検討が始まった。会

社でも，適当な物件があれば，取得も含めて，事業化を進める方向で，社員全員の合意が形成された。町内に空き家となっている古い旅館があるとの情報を得て，鹿児島市内に居住していた家主と交渉の結果，当該物件に関わる土地建物を会社が購入することとなった。

　所有権移転の手続を滞りなく進めた結果，2018 年 6 月には，会社に当該物件の所有権が移転した。当該物件は昭和初期に建てられた建物で，旅館廃業後，長く使われておらず，放置されていた。木造 2 階建て，延べ床面積 280m² 超の大きな建物で，老朽化と劣化が相当に進んでおり，改修に多額の費用を要することは明らかであった。

　改修資金を獲得するため，国土交通省の多世代交流型住宅ストック活用推進事業からの補助金を活用することが検討され，補助申請を行うことが決定された。会社が事業主体として，補助申請を行い，2018 年 6 月 15 日付で補助金交付決定を受けることができた。このほか，長島町からの空き家改修補助金，トヨタ財団からの助成金などを活用することで，国からの補助金と合わせて，合計約 1200 万円の事業資金を確保する目途が付いた。

　資金の目途が付いたことを受けて，九州各地で空き家改修ワークショップ開催の実績を持つ施工事業者と契約を結び，改修工事に着手した。工事の施工監理と建物の構造に関する部分，その他高度の専門性が求められるコンクリート打設，水回りの工事などは施工事業者が行い，その他は極力 DIY で対応し，2019 年 3 月末で改修工事を終えることができた。改修工事に当たっては，地域住民，大学（東京大学，早稲田大学，慶應義塾大学）の各学生，地元鹿児島の高校生などの参画も得て，施工事業者の指導を受けながら，リノベ・ワークショップを実施した。改修後は，簡易宿泊所または民泊拠点としての活用が想定されていたが，建物が大きく，しかも非常に古いため，建築規制法令の基準をクリアすることが難しく，宿泊所としての利活用は断念し，交流・学習の拠点として活用することとなった。

　その意味で，この事業は，その目的を完全に果たすことはできなかったが，一定の成果をあげることはできたといえる。曲がりなりにも，具体的な事業を進めることができたのは，①事業主体としての会社があったこと，②国や町，さらにはトヨタ財団からの資金を得ることができたこと，③地元住民，都市部

の大学生，高校生などの積極的な支援を受けることができたことなどを挙げることができる。さらに資金繰りの面でも，補助金等の受領が事業完了後となるため，改修工事期間中に発生する各種支払いに要する運転資金として，地元金融機関からの「つなぎ融資」を利用した。これも法人格を有する会社を設立した直接的な成果ということができる。

　会社を設立し，新たなプロジェクトに取り組むことは，ある種，無から有を生み出す過程である。そして，その一線を超えない限り，何事も前には進まない。本プロジェクトでは，若手起業家の戦略観，多彩な人脈，ICT に関する技術的・経営的な知見，私が持っている補助金申請などの行政手続に関する知見や法規法令に関する知識，役場地方創生課が保有する地域情報や行政関連情報などを組み合わせることで，プロジェクトの骨格が形作られていった。「戦略を組み立て，組織・体制を編成し，人を動かす」という経営の本質に関る手順が進められた。その過程は，まさに総合管理の実践というにふさわしい。経営学，行政学，社会学，情報科学などに関連する知識や考え方，人脈，さらには手法が総動員されて，組織学習が進められ，はじめて成果が生み出されていったといえる。コンテンツの知識とプロセスの知識を組み合わせ，それらを支える規範（空き家改修補助金要綱等）定立のプロセスも，同時に役場側で進められた。

(2)　一般財団法人たらぎまちづくり推進機構

　長島町における契約期間満了の後，2019 年，私は内閣府の地方創生人材支援制度[1]に基づき，大学から熊本県多良木町に派遣されることとなり，同年 7 月から多良木町の地方創生顧問（非常勤）に就任した。私は地方創生顧問として，町の総合計画，まち・ひと・しごと総合戦略の策定支援に携わった。さらに地域商社機能を担当する法人の設立に向けて，関係する法律や制度の調査を行ったほか，財団定款素案の策定，財団理事会・評議員会等の運営支援など，制度の根幹に関わる部分についても深く関与した。

　町は熊本県南部，球磨郡の東部にあり，中央部は平坦地で，南部と北部は緑豊かな森林におおわれている。面積 165.86km^2，人口約 8,300 人で，面積の約 80％が山林原野である。水利の便，肥沃な土地と気候にも恵まれ，良質の米や

各種の果樹等の生産量が多い。さらに豊富な森林資源により，材木，椎茸等，良質の山産物にも恵まれている。

　この地域でも人口減少と高齢化が進み，2019年には熊本県立多良木高校が廃校となるなど，若年人口の減少が目立つようになった。産業振興，雇用機会創出など，地方創生の課題に応えるための組織として，2016年に財団の前身である「しごと創生機構（任意団体）」が設立され，ドレッシングの製造・販売，地元産品（米，果物等）の販路拡大などの事業がスタートした。しかし，「しごと創生機構」には法人格がないため，経営主体としての戦略的な事業展開は困難であった。そこで，地方創生事業のさらなる深化・高度化を目指すため，「しごと創生機構」の法人化が検討されるようになった。その結果，町は一般財団法人たらぎまちづくり推進機構の設立を決定し，財団は地域の内外をつなぐ要の役割を担う地域商社として産声をあげた。

　財団設立までに，役場内部では合意形成に向けた協議が重ねられた。先進団体として名高い宮崎県新富町の「こゆ財団」への町長，議会議員による視察調査が行われたのをはじめ，情報の収集と検討が進められた。さらに町は，内閣府の「まち・ひと・しごと総合戦略」制度を活用して，地方創生事業に関する国からの推進交付金を受けていたが，当該事業の深化・高度化を目指して，新たな推進交付金事業の実施計画を策定する作業が担当課ではじめられた。

　部内では，組織の形態，体制，設立者等に関して，検討が重ねられた。株式会社，社団，財団，合同会社，特定非営利活動法人のメリット・デメリットが比較検討され，最終的に一般財団法人が組織の形態として選択された。それは，町と協働して，地方創生に取り組む法人としては，営利法人である株式会社よりも，非営利の財団の方がふさわしく，また，町単独の設立を想定していたため，2名以上の設立者が必要となる社団よりも，財団の方が設立後の運営調整が容易であるとの判断があったからである。財団の定款，各種規程の案が作成されるとともに，事務所として，町内の空き店舗を賃借する契約を地権者と締結した。さらに，什器，機器機材の購入と事務所内部の改修整備も進められた。

　これらの作業と並行して，担当課が内閣府に対して，地方創生事業の採択に向けて手続きを進めていた実施計画が承認され，国からの推進交付金獲得が確

実となった。さらに法人の意義や役割について，議会の理解も得ることができ，町が基本財産の全額を出資する一般財団法人として，その設立が決定され，今日に至っている。

3. 考　　察

（1）地方創生と組織学習

　地域課題を解決するためには，住民，企業，行政等，多様な地域内外の主体をどのようにつないでいくのか，そして，協働と連携の仕組みをどのように構築していくのかが重要な課題となってくる。その第一歩は共通了解の確立である。そして，共通了解形成のプロセスにおいて，対話と交流の場と機会を提供し，具体的な手続を進めるなど，要の役割を果たすのが組織（法人）である。

　第 2 節で紹介した 2 法人についても，その設立以後，税理士，司法書士，社会保険労務士，弁護士などの専門職事務所の支援も受けながら，組織としての体裁を順次，整えていった。この過程において，知識創造と組織学習の実践について，自ら実体験するとともに，組織変容の経過を日常的に観察することができた。

　多様な主体間の連携を実現し，誰もが納得する共通了解に至るためには，関係者相互の学習と意識変容が必要となる。その学習は孤立した個人的な学習ではなく，多様で複合的な間主観的な学習となるため，組織学習としてとらえることができる。センゲ（2011）は，『学習する組織』について「それは，人々が絶えず，心から望んでいる結果を生み出す能力を拡大させる組織であり，新しい発展的な思考パターンが育まれる組織，共に抱く志が解放される組織，共に学習する方法を人々が継続的に学んでいる組織である」（p.34）と述べている。第 2 節で紹介した会社と財団のケースにおいても，組織学習のダイナミズムを実感する機会が多くあった。

　センゲの日本語版が出版された 2011 年当時よりも，サイバーネットワークが大きく発達した今日，組織学習の持つ重要性は一層際立ってきている。本稿で取り上げた会社と財団においても，センゲ（2011）で紹介されているワールド・カフェ方式[2]のファシリテーション技法や ICT 機器の活用等が日常的に

行われるようになっていた。さらに，当該2法人では，コロナ感染症が蔓延する前の設立時から，電子決裁，電子契約，さらにはクラウド上の会計サービスを導入していたほか，SNSを介した情報発信，オンライン会議も日常的に行われていた。このため，コロナ感染症の蔓延に伴う全国的な混乱にも，問題なく対処することができた。さらに財団では，ChatGPTをはじめとする生成AIを用いた資料・画像作成などにも試行的に取り組んでいる。時代の変化をいち早くとらえ，戦略的に学び，取り入れていく組織学習の真髄が30年前よりも，はるかに理解しやすくなっている。

(2) ナレッジマネジメントと総合管理

野中・竹内（2020）は，まえがきにおいて，1996年に刊行された『知識創造企業』の出版が経営学者の間に「ナレッジ（知識）」ブームを巻き起こし，やがてナレッジマネジメントという新しい分野を生み出し，ナレッジマネジメントは現在，マネジメントの研究と実践の両方で，主要なテーマの一つとみなされている」と振り返りながら，1996年から現在に至る約30年の間で，世界に，その根底を揺るがす大きな変化があったことを指摘している。

野中・竹内（1996）が提唱したSECIモデル[3]は一世を風靡したが，暗黙知と形式知の変換プロセスを内容とするSECIモデルは，ナレッジマネジメントや組織学習の本質を理解するためのエポックメイキングな理論であった。それから約30年の歳月を経て，野中・竹内（2020）は，ものの本質を見抜くことを可能にする高次の暗黙知である知恵の重要性を指摘し，また，「実用に役立つ」という意味のアリストテレスの術語「フロネシス」[4]の意義，さらには，創造的な総合作用を引き起こす一時的な容器である「場」についても論じている（p.10）。著述の全体を通して，知識創造から知識実践に目を向けることの重要性が強調されている。

野中・竹内（2020）は，最後に知識と知恵の間に橋を架けることの必要性を強調し，SECIモデルについて，①従来の2次元モデルを認識論的な次元と存在論的な次元に時間的な次元を加えた3次元モデルに改めたこと，②組織モデルであったSECIに共通善という概念を組み入れて，社会モデルとしたこと，③1回の水平方向の動きに重点を置くものであったSECIをダイナミックな回

転を繰り返すものに改めことを内容とする「SECI スパイラルモデル」への改良を施したことを明らかにしている（p.461）。

野中・竹内（2020）が指摘しているとおり，過去 25 年ほどの間に社会は急激に変化した。ICT の発達により，人と人の関係性に大きな変化が引き起こされた。先にも言及したとおり，私が直接関与している会社及び財団においても，EC サイトの運営をはじめ，SNS による情報発信，ネットワークを介した各種のサービスやアプリ等の活用をしない限り，一日も業務を進めることができない現状がある。しかし，サイバーネットワークで，すべての地域課題を解決できるわけでないことも明らかである。地域と組織を活性化するためには，人と人の対面によるリアルの関係とネットを介したバーチャルな関係の適切な組み合わせが不可欠であることは言うまでもない。

ICT が次々に繰り出す社会環境の大きな変化は，根源的な影響を我々の生活に及ぼしている。Patnum（2020）は，*Bowling Alone*[5] の初版出版後の 20 年間に及ぶインターネットとバーチャル環境の急激な変化について論じている。この本の中心的な論点は社会関係資本であるが，Patnum と J.C.Hahn によって書かれた「あとがき」（p.415-p.444）で，彼らは，実際のネットワークが純粋にバーチャルでもなく，純粋に対面でもない両方のネットワークを組み合わせた予想外の特性を持つ新しい混合物を作り出せるという事実に着目し，その比喩として「合金（alloy）」（p.416）という言葉を用いている。彼らは，インターネットが社会関係資本の形成や強化に役立つのか，あるいは，その逆となるのかは，技術ではなく，基本的には，それを使う人々が決定すると述べている。つまり，知識創造の方向を決めるのは，技術ではなく，学習の主体である人であるということである。今，世界的に，サイバーネットワークを活用した社会関係資本の形成と蓄積への関心が高まっており，多様な取り組みが始まっている。

以上の議論には，実践現場の我々に非常に大きな示唆を与える内容が含まれている。理論と実践をつなぐ橋を架けることの意義は大きい。ネット時代におけるナレッジマネジメントや組織学習に関しては，これまで以上に学際的な総合性が必要となる。理論と実践をつなぐことで，生き生きとした学習と新たな発見がもたらされる。コンテンツの知識の多くは形式知の形式で表現される

が，それを具体的に組み合わせて実装化するためには，倫理観に裏打ちされた手続や手順に関するプロセスが不可欠となる。このプロセスに関する知識の多くは暗黙知によって支えられており，野中・竹内（2020）が指摘している高次の暗黙知としての「知恵」の出番となる。

　知恵を支える共通了解にたどり着くためのプロセスにおいて，対話と共感の「場」は大きな役割を果たす。そして，組織（法人）こそが野中・竹内（2020）で示されている「場」である。本稿で紹介した会社及び財団でも，オンラインも含めて，対話と交流の場が頻繁に設けられ，知識創造と実践のプロセスが進められた。法人は知識変換とプログラム構築，さらには実行の基本的装置として機能する。「場」としての法人が存在しなければ，いかなる事業も前に進まないことは明らかである。そして，形式知と暗黙知の知識変換プロセスとプログラムの実行プロセスを円滑に進めるための理論的根拠となるのが総合管理の理念であり，総合管理学の意義は，今後，ますます高まっていくものと思われる。

（3）社会環境の激変に対応するための理念としての総合管理

　過去約 30 年の間に，世界は急激に変化した。地方圏の小さな法人で，電子決裁や電子契約，クラウド上の会計サービスが実装され，オンラインでの会議が日常的に開催されることなど想像できた人は，30 年前には，ほとんどいなかったに違いない。さらに，SNS が多くの人と人をつなぐ一般的なツールとなる日がやって来ることを的確に予測できた人も，ほとんどいなかったであろう。この急激かつ根源的な変化が地域社会を破壊するのではなく，活性化するように知恵を働かせなければならない。そして，その知恵の基盤となる枠組みこそが総合管理学である。

　具体的なプロジェクトを開始するためには，組織の存在が不可欠となる。戦略，マーケティング，情報処理，法律・制度等に代表されるコンテンツの知識と手順・手続に関するプロセスの知識を組み合わせ，プログラムを実装化するための変換装置として，組織は重要な役割を果たす。ヒト・モノ・カネ・情報という経営資源を戦略に従って，動員し，効果的に動かしていくための必須不可欠の仕組みこそが組織である。

このことは，ケースとして紹介した二つの事例からも明らかであろう。二つのケースにおいて，法人格を有する組織が立ち上がってから，はじめて，具体的な取り組みが音を立てて動き出したことは間違いのない事実である。地域課題解決のための戦略を策定し，組織を作り，人を動かすためには，多くの人や組織の連携と協働とそれらを支える規範が必要なことは言うまでもない。そして，連携と協働の原点には，間主観的な共通了解があるはずである。ケース分析から，共通了解に至るための「ものごとの本質」の明確化と共有のためのプロセスがおぼろげながらに見えてくる。

　野中・竹内（2020）では，知識創造の土台としての哲学における知識実践の学説史的な検討がなされている。さらには，ポランニー[6]の提唱した「暗黙知」，最新の脳科学など研究成果が取り上げられているほか，企業における，本質を把握するための実践事例が紹介されている。知識実践と組織学習において，本質を把握することは必須の手続となる。ケースとして紹介した二つの法人の立ち上げにおいても，課題の本質をつかむことに最大の努力が払われた。本質に迫るための手法として，ここでは，現象学[7]でいう本質観取に焦点を絞って論及する。

(4) 現象学的アプローチ

　苫野（2020）は，目の前のマグカップが確かに存在しているかどうかを疑うことができるが，今確かにマグカップが見えていることを疑うことはできないという例を挙げて，懐疑不可能な意識作用（現象学でいう超越論的主観性）における「確信・信憑」について説明を加えている。そして，確信の原的な源泉として「個的直観」「本質直観（観取）」「情動所与」の三つの契機をあげている。ここで言う「個的直観」とは，マグカップが見えてしまっているという知覚のことであり，「本質直観」とは本質的な「意味」のことであると説明している（p.176）。

　個別の直観をつなぎ合わせ，具体的な行動に関係者を誘う重要な要素は情動である。財団は，2024年2月に天草サーカス団の公演を多良木町において主催したが，演技者と満員の観衆が一体となって，会場の雰囲気は大いに盛り上がった。この時，サーカス団の団長は「我々，演技者にとって，観客の心の動

きを直接に受け止めることができる舞台は非常に重要である。ユーチューブなどで，素晴らしい演技を伝えることはできるかもしれないが，そこに心が震えるような感動は生じ得ない。SNSで，いくら「いいね」をいただいても，それに演技者は応じることができない。ところが，たとえ一人であったとしても，会場に観客が居れば，演技者と双方向のやり取りができる。そこに舞台演技の妙味がある。観客の感動を受け止め，その感動に共振する演技者の心の動きがさらに観客に伝わり，会場の感動は頂点に達する。その感動の共振過程を経て，演技者の演技はさらに磨かれる」と語っていた。情動（感動）の意味をしっかりと理解させるに足るコメントであった。

　また，別のイベントにおいて，次のようなやり取りもあった。多良木町で，アドレス社[8]と連携して実施したワークショップにおいて，練達の若手ファシリテーター[9]による巧みな進行によって，「なぜ，自分がここにいるのか」「多良木町とどのように関わりたいのか」等，本質に迫る各人の思いを表出し，共有する場が持たれた。振り返りの時間は，たっぷり1時間以上あり，自分でも気づかない深い思い（本質）に迫ることのできる豊かな時間を共有することができた。その場で表出された「意図して，多良木町を目指したわけではないが，こうして皆さんと一緒にいる気持ち良さを改めて味わっている。これからは多良木町ともっと深く関わっていきたい」という参加者の言葉が全体の雰囲気をうまく伝えている。

　さらに秋田県を拠点として地元野菜を用いたビジネスを展開している若手女性起業家が上記のアドレスのワークショップに参加したことを契機として，再度，多良木町を訪れてくれた。食事会の場で，その女性から「多良木町に関係する人たちとの交流を通して，心が震えるような経験をして，この地域と人に引き付けられている」という発言があった。彼女との連携プロジェクトは既にスタートしていたが，改めて，本人の口から直接，深い思いを聞くことができた。そこには間違いなく，情動の契機が存在していた。

(5) 本質観取の意義とエヴィデンス
　哲学対話等において，ある事柄の本質について議論する際，本質観取の根拠，つまり，エヴィデンス（明証性）の問題がある。つまり，主観的な直観で

しかない個人の思いがどのようにして，各人の共通了解に導かれるのかという問いかけである。西（2020）は，人は自身の体験を反省することによって，本質観取の根拠としていることを指摘したうえ，「本質観取とは暗々裏に直観されている一般性を反省しつつ言語化して明晰にすることなのである」（p.80-81）と述べている。さらに，西（2020）は「私の反省的エヴィデンスにもとづいて，ある事柄についての本質観取を行い，それを言語化する。できあがったものは『本質記述』と呼ばれる。他の人は，その本質記述を読みながら，それが自分の場合にもあてはまるかどうかを吟味する。つまり，その人自身の反省的エヴィデンスにもとづく吟味によって，新たな論点を付け加えたり，記述を改善したりすることができる。つまり，〈本質観取とは，各自の反省的エヴィデンスによって支えられ吟味されることによって，皆が共有し得る本質記述＝どの主観にもあてはまる一般性をもった記述をつくりあげようとする営み〉である」（p.84）と説明している。この現象学における本質観取に関わる説明は実践現場の実感と非常に親和性が高く，無理なく納得できる。

（6）総合管理学の射程

　情動（感動）によって，呼び覚まされた共通了解を目に見える形で，事業として実装化する役割を果たすのが法人（組織）である。いかに熱い思いがあったとしても，具体的な手順・手続に落とし込まれない限り，可能性の世界から抜け出すことはできない。地域課題を解決したければ，どれほど苦しくても，事業化に向けて一歩踏み出すほかないのである。熱い思いを実現するための戦略を立て，組織を編成し，人を動かすプロセスに踏み出してこそ，事業は具現化する。

　そして，その過程では，マーケティング，戦略論，社会学，会計学，法律学，行政学，情報科学などが用意するコンテンツの知識と手続・手順に関するプロセスの知識が適切に組み合わされることで，スケジュール化され，経営資源が空間に配置される。例えば，建物は設計図が書かれただけでは，現実にこの世に姿を現すことはない。多種多様な工事が工程監理スケジュールに従って，設計図通りに施工されてこそ，初めて竣工の日を迎えることができる。地方創生現場の組織も同じようなプロセスを経て，具体的な地方創生プロジェク

トが実装化されていく。

　計画を具現化していくためには，「思い」を共有できる人の要素が不可欠であり，関係する人々の間において，間主観的な「誰もが正しいと確信できる」共通了解を成立させることが必須の条件となる。まちづくりの実効性を高めるためには，外部の専門性（学理，ノウハウ，スキル，ネットワーク等）と内部の独自性（文化，暮らし，伝統，歴史等）の融合が必要である。そして，そのためには，地域にしっかりと根付き，枝葉を伸ばす結節機関として機能する組織が求められる。先に紹介した二つのケースは，地域課題に挑戦する組織の在り方を探るうえで，示唆に富む質的データの一つの源泉となり得よう。

　これまで述べてきたとおり，学際性を特色とする総合管理学の射程は長く，多様なアプローチが可能である。本稿では，現象学の視点から試論的に共通了解のプロセスについて論じたが，知識実践の出発点において，必要となる本質に迫る効果的な手段として，現象学的方法が有効なアプローチとなる可能性は高い。さらに，地域課題に取り組む組織のあり様を理解するための定性的研究を地道に蓄積していくことで，総合管理学の射程を伸ばすことに寄与できるものと考えている。

おわりに

　急激に環境が変化する時代にあっては，細切れの分析的，機械論的なアプローチではなく，全体を見通すことのできる総合管理の視点，さらには，コミュニケーションの意味を重視するシステム思考を基盤とする判断の枠組みがますますその価値を高めていく。VUCA[10]の時代と言われる現代において，これまでとは違う「人の生き方・働き方」を提案できる組織の在り方を模索するうえで，学際的な知見を綴り合せる判断枠組みである総合管理の理念がさらにその有効性を高めていくものと確信している。

　地域課題の解決において，知識を作り出し，そして，それを実践していく場の持つ意味は大きい。知識実践の場としての組織をどのように活用していくかがこれからの地方創生の成否を左右する論点の一つとなると思われる。そして，知識創造と実践の場において，人の果たす役割は大きい。ネット全盛の時

代であればあるほど，人のリアルな思いと感動を交換・実感できる対話の価値
は高くなる。ICT の将来の方向性を決めるのは，Patnum（2020）が言うように
技術ではなく，あくまでも人であると考えたい。

　本質に迫る対話を通して，間主観的で普遍的な認識が成立し，具体的な事業
が動き出す。本稿で紹介したケースヒストリーによって，コンテンツの知識と
プロセスの知識を組み合わせ，地方創生を実現するための手順・手続を規範化
し，実践していく知識創造と実践の場としての組織の機能や役割について，い
ささかでもお伝えすることができれば，これに過ぎる喜びはない。

　少子高齢化が進む中，迫りくる地域社会の危機に臨んで，持続可能な地域づ
くりの指針を指し示す学際的な枠組みとしての総合管理学の今後ますますの発
展を祈念して，筆を擱くこととしたい。

注

1）東京一極集中を是正し，地方の活性化を図る国の政策の一環として，2015 年に創設
　された制度である。地域活性化に積極的に取り組む市町村に対し，意欲と能力のある
　国家公務員や大学研究者，民間人材を市町村長の補佐役として派遣することを目的と
　している。

2）ワールド・カフェ方式とは，1990 年代に米国で開発されたグループ対話の方式であ
　る。文字通り，カフェで会話を進めるような，くつろいだ雰囲気を作り出し，対話を
　進めることが最大の特徴である。具体的には，1 つのテーブルあたり，5 名から 8 名
　程度の少人数のグループに分かれて，それぞれのテーブル内で，活発な意見交換が進
　むように配意される。テーブル・ファシリテーター役の 1 名を除く，他のメンバー
　は，会議時間内にテーブル間を移動し，多くの参加者と意見交換ができるように工夫
　される。今では，大学のゼミ授業や自治体主催の市民ワークショップなどで，用いら
　れることの多い定番手法の一つとなっている。本稿で紹介した会社及び財団でも，早
　くからこの方式を取り入れていた。

3）SECI モデルとは，野中郁次郎一橋大学教授によって提唱された知識創造に関する基
　礎理論である。暗黙知を形式知に変換するプロセスを通して，知識創造が行われ，組
　織学習が進められる。SECI は，知識変換プロセスを構成する Socialization（共同化），
　Externalization（表出化），Internalization（内面化），Combination（連結化）の頭文字を
　組み合わせたものである。

4）野中・竹内（2020）は，フロネシスについて「アリストテレスによって分類された知
　識の三形態のうちの一つで，実践知や賢慮などと訳される。経験的な知識であるフロ
　ネシスを育むことで，時宜にかなった賢い判断や，価値観や原則や道徳に即した行動
　が可能になる」（p.144）と説明している。

5）Patnum は，2000 年に刊行された *Bowling alone* で，米国社会におけるソーシャル・

キャピタル衰退の傾向について警鐘を鳴らした。このパットナムの研究については，多くの批判があることもよく知られている。そもそも Patnum（2000）が取り上げている各種の社会参加に関わる指標（投票，教会，PTA，労働組合，ボーリング・リーグ等）で示される参加率の低下から直ちにソーシャル・キャピタル衰退を結論づけることができるのか，議論の分かれるところである。その後，Patnum は，サイバーネットワークの広範な発達など，2000 年から 2020 年に至る 20 年間の急激な社会環境の変化を踏まえて，*Bowling alone* の改訂版を 2020 年に刊行した。この中で，Patnum は，対面によるリアルな関係とネットを介してのバーチャルな関係の融合による新たな社会関係資本成立の可能性について言及している。

6) マイケル・ポランニーは，ハンガリー生まれの英国の哲学者である。言語化することが困難な知識である暗黙知の概念を提唱した。『暗黙知の次元』（筑摩書房，2003）参照。

7) 竹田（2020）は，フッサールが確立した現象学の認識論がその難解さの故か，十分に理解されていないことを指摘し，ヨーロッパの伝統哲学に対するパラダイム転換としてのフッサール現象学の意義について述べている。そして，フッサール現象学を理解するための前提として，多くの哲学者を悩ませてきた認識問題について，次のように整理している。「世界全体についての絶対的認識が原理的にあり得ないこと，しかし，普遍的，客観的認識の成立する領域が存在し，その本質的条件を，間主観的な共通認識の可能性の条件として取り出すことができること。」（p.23）とし，間主観的な普遍的認識が成立し得ることに論及している。

8) 全国において，定額料金で利用可能な多拠点移住サービスを展開している会社である。会社のホームページ https://address.love/company

9) ファシリテーターは，会議やグループワークなどで，中立的な立場に立って，活発に意見が出るように場の雰囲気を盛り上げ，効果的な結論に至るためのプロセスの円滑な進行を支援する役割を担う。私自身も大学の授業や自治体ワークショップなどで，ファシリテーターとして多くの経験を積んできた。本稿で紹介した会社と財団のケースにおいても，ファシリテーション技法を活用して，対話と知識実践の場としての実践型ワークショップを頻繁に開催してきた。

10) VUCA とは，Volatility：変動，Uncertainty：不確実性，Complexity：複雑性，Ambiguity：曖昧性の頭文字を組み合わせた造語である。不透明で，先が見通せない現代の状況を示す言葉として，しばしば登場する。

参考文献

明石照久（2002）『自治体エスノグラフィー』信山社.

明石照久（2017）「地域社会における組織学習―鹿児島県長島町における地域おこし協力隊の活動事例から―」橋本行史編著『地方創生―これから何をなすべきか―』創成社，p.216-p.245

明石照久（2020）「公民連携による空き家利活用支援制度に関する法社会学的考察―鹿児島県長島町の空き家再生エスノグラフィー」泉水文雄・角松生史監修，法政策研究会編『法政策学の試み，法政策研究第 20 集』信山社，p.149-p.200

Eversole, R.（2018）. Towards an Anthropology of Local and Regional Development Practice. *Human Organization*, Vol. 77, No. 4, 2018, p.336-p.346

Geertz, C.（1973）*The Interpretation of Cultures*. New York: Basic Books.

Hayano, D.（1979）"Auto-Ethnography: Paradigms, Problems, and Prospects." *Human organization*, 38（1）, 99. p.98-p.104.

行岡哲男（2020）「正しい判断の不可能性を超える」竹田青嗣・西研編著『現象学とは何か　哲学と学問を刷新する』河出書房新社 p.225-p.252

金井壽宏（1994）『企業者ネットワーキングの世界』白桃書房.

金井壽宏，佐藤郁哉，ギデオン・クンダ，ジョン・ヴァン・マーネン（2010）『組織エスノグラフィー』有斐閣.

金子勇（2016）『「地方創生と消滅」の社会学　日本のコミュニティのゆくえ』ミネルヴァ書房.

樫村志郎（1999）『もめごとの法社会学』弘文堂.

増田寛也（2014）『地方消滅』中央公論新社.

ナン・リン　筒井淳也/石田光規/桜井政成/三輪哲/土岐千賀子訳（2008）『ソーシャル・キャピタル　社会構造と行為の理論』ミネルヴァ書房.

森栗茂一（1993）「山産物の近代―熊本県人吉市立山商店を中心に―」『兵庫地理 38』，p.43-p.54.

西研（2020）「本質観取をどのように行うか―現象学の方法と哲学的人間論」竹田青嗣・西研編著『現象学とは何か　哲学と学問を刷新する』河出書房新社 p.61-p.120.

野中郁次郎・竹内弘高（1996）『知識創造企業』東洋経済新報社.

野中郁次郎・竹内弘高（2020）黒輪篤嗣訳『ワイズカンパニー』東洋経済新報社.

ポランニー，M.（2003）高橋勇夫訳『暗黙知の次元』筑摩書房.

パットナム，R. 河田潤一訳（2001）『哲学する民主主義―伝統と改革の市民的構造』NTT出版.（原著 1994 年刊行）

Putnam, R.（2000）*Bowling alone : the collapse and revival of American community*. New York: Simon & Schuster Paperbacks.

Putnam, R.（2016）*Our Kids: The American Dream in Crisis*. New York: Simon & Schuster Paperbacks.

Putnam, R.（2020）*Bowling Alone: Revised and Updated: The Collapse and Revival of American Community*. New York: Simon & Schuster Paperbacks. Kindle 版.

Raz, A.（1999）"The Hybridization of Organizational Culture in Tokyo Disneyland." *Studies in Cultures, Organizations & Societies*, 5（2），235.

佐藤郁哉（1999）『暴走族のエスノグラフィー　モードの叛乱と文化の呪縛』新曜社.

佐藤郁哉（2002）『フィールドワークの技法』新曜社.

センゲ，P.（2011）枝廣淳子他 2 名訳『学習する組織　システム志向で未来を創造する』英治出版（株）.

竹田青嗣（2017）『「意味」の原理論』講談社.

竹田青嗣（2020）「ヨーロッパ認識論における『パラダイムの変更』」竹田青嗣・西研編著『現象学とは何か　哲学と学問を刷新する』河出書房新社 p.11-p.60.

筒井淳也（2007）「ソーシャル・キャピタル理論の理論的位置づけ」『立命館産業社会論

集』第 42 巻第 4 号，p.213-p.135.

Van Maanen, J.（1988）*Tales of the Field*. Chicago: The University of Chicago Press.

Van Maanen, J.（2011）"Ethnography as Work: Some Rules of Engagement" *Journal of Management Studies* 48：1 January, 218-234.

現代資本主義経済と国民の生活保障

―産業革命の展開を軸に―

久 間 清 俊

はじめに
1. 近代資本主義経済と国民（労働者階級）の生活保障
2. 現代資本主義経済と国民（労働者階級）の生活保障
おわりに

はじめに

　今日，先進資本主義諸国では ICT（＝情報通信技術，Information and Communication Technology）や AI（＝人工知能，Artificial Intelligence）の普及が急速に進んでいる。ICT の進展を第三次産業革命と呼び，AI の進展を第四次産業革命とも呼ぶ。ICT と AI の普及により，国民の生活の快適さが増していることは確かである。しかし，他方で，労働者から仕事が奪われるのではないかという不安の声も聞こえてくる。そこで，このような産業革命が社会へ及ぼす影響とその影響に対する労働者階級の対応を歴史から学んで見たい。

1. 近代資本主義経済と国民（労働者階級）の生活保障

（1）産業資本主義段階と第一次産業革命

　アダム・スミスの頃のイギリス資本主義経済は未だマニュファクチュア（工場制手工業）の段階であった。イギリスは既に羊毛生産と紡績技術，毛糸の織機において西ヨーロッパの中でも抜きん出ていたが，今やインドからの綿花の

輸入により，綿紡績や綿製品の生産へ進出するに至る。さらにジェームズ・ワットの蒸気機関の開発によって機械化が進み，その巨大な生産力はヨーロッパや世界の市場を席巻するに至った。それだけではなく，蒸気機関の生産に必要な製鉄や，石炭・コークスの生産産業を生み出した。さらには，綿製品の輸送に必要な鉄道，造船の産業発展へとつながった。いわゆる第一次産業革命である。イギリスは工場制機械工業の段階に移行するのである。この段階のイギリス資本主義経済を分析し，政策を提示したのがリカードゥの『経済学と課税の原理』（1817 年）である。

産業資本主義経済の発展は，アダム・スミスが描いた資本家と賃金労働者と農業経営者（＝近代的借地農[1]）の調和的な関係に亀裂を生じさせた。イギリスにおける産業資本主義の発展は一層の賃金労働者への需要（＝雇用）を生み出し，賃金上昇と人口増大をもたらした。さらに，1806 年のナポレオンによる「大陸封鎖令」で大陸からの穀物の輸入が途絶えており，穀物価格は高止まりしたままであった。資本家はこの事態への対策として，外国（ドイツ，ロシアなど）からの安価な穀物輸入で対応しようとした。いわゆるマンチェスター学派による穀物条例撤廃運動である。この運動は 1846 年に実現した。これは，資本家階級の地主階級・農業経営者階級に対する政治的勝利でもあった。しかし，イギリスの農業経営は，経営規模の拡大，人工肥料の開発，暗渠排水の導入，マコーミックの収穫機，蒸気プラウなどの農業技術の改善により対応し，高い競争力を維持することができた[2]。

他方，繊維産業の機械化は，この産業に従事していた職人たちを失業させ，賃金労働者へ追いやった。彼らは有名なラッダイト（機械打ち壊し）運動を展開するが鎮圧された。しかし，この運動は 1833 年の工場法の成立につながり，その後の工場労働者の労働時間の短縮，児童労働の禁止，婦人労働の保護などの改善を生み出した。また，ロバート・オーエンによる労働組合の結成や生活協同組合の活動など，労働者階級の自主的な政治的・社会的運動も生まれた。さらに，知識人や下層の労働者によるチャーチスト運動（1830〜1850 年代末まで続く）が展開され，労働者階級の諸権利，つまり参政権，労働時間の改善の要求が追求された。この運動はその後，フェビアン社会主義や労働党の結成につながるのである[3]。

(2) 独占資本主義段階と第二次産業革命

19世紀後半になるとイギリスの工業生産力の優位は，ドイツとアメリカ合衆国によって脅かされるようになる。ドイツではルール工業地帯での豊富な石炭を利用して鉄鋼，化学，電気などの産業が成長して，イギリス，フランスのそれらの工業生産力を超えるようになる。アメリカ合衆国でも北東部地帯（ペンシルベニア州など）を中心にして工業化が進み，イギリスの工業生産力を超えるようになった。これら鉄鋼（建材，機械，機関車，造船，自動車，兵器に利用），化学（石炭・石油を原料とする染料・化繊・燃料など），電気（発電・送電・動力・照明の装置）は巨大装置産業であり，その運営には巨大な資本を必要不可欠とした。そこで，これらの産業に参加できる企業は，繊維産業の場合と異なり，少数の独占的企業に限定される。それ故に，いまや先進資本主義諸国の経済活動の中心となる諸産業は独占（monopoly）段階に移行したと言われるようになる。正確に表現すれば大企業間の競争が存在するから，寡占的（oligopoly）企業による競争状態であるが。

寡占的大企業においては，生産のための巨大な装置（固定資本）を作動させるために作業の効率的な管理に特に力点が置かれた（テーラーの『科学的管理法』，1911年）。その結果，生産ラインの流れ作業化を図り，生産力を増大させ，製品の単位当りのコストを下げ，その結果としての利潤率の向上を図るというオートメーションの生産方法が現れるのである。第一次世界大戦後の自動車生産におけるフォードシステムがその代表的なものである。

独占資本主義経済は労働力の合理化（＝強化，削減）を不断に促進した。その結果，労働者は作業現場での事故，安全性，失業・生活の不安などに対応するため労働組合の組織化と闘争を強化し，労働者の基本的権利（＝団結権，交渉権，争議権）を確立するため政党を立ち上げて，資本の搾取に対決した。イギリスでは1868年に産業別労働組合（Trade Union Congress）が結成され，1905年に労働党が結成された。従来，街頭闘争が活発なフランスでも1895年に労働総同盟（CGT）の結成と1905年に社会党の結成がなされて，議会活動が重視されるようになる。ドイツでは1875年に社会主義労働者党（＝社会民主党の前身）の結成と自由労働組合（FG）の結成がなされた。アメリカ合衆国では1886年にアメリカ労働総同盟（AFL）と1933年に産業別労働組合会議

（CIO）が結成され，議会の共和党，民主党に働きかけて，労働者の団結権，団体交渉権，争議権を法律として獲得して行く。

　このように第二次産業革命によって生じた労働環境の激変に対して，労働者階級は労働組合の結成，議会における労働者階級の利害を代弁する政党による法律と社会政策を通して，労働者階級ための生活保障を確立したのである。このようにして，雇用と社会保障（公的扶助，失業保険，労働災害保険，健康保険，年金など）の充実を目指した。福祉国家政策の始まりである。

　他方，寡占企業は巨額な資本を調達するために株式会社形態を採用し，銀行の信用創造や株式市場での株式発行により資本を調達した。そのため寡占企業は銀行や証券会社と密接な関係を結び，連携を強めた。金融と投資が一体化してゆく。外国との交易においても，今や，商品輸出入に加えて資本投資が顕著になってくる。それ故に，この資本主義経済の独占段階は「金融資本主義」の段階とも呼ばれる。金融機関による資金融資，借款供与により，製品の輸出が図られ，貿易相手国の市場を確保するという交易形態である。またそのために，交易相手国の市場を軍事的に支配するという帝国主義的外交が，イギリス，フランス，ドイツ，アメリカ合衆国，ロシア，日本などの先進資本主義諸国間で展開された。

　先進資本主義諸国の帝国主義的政策は第一次世界大戦（1914〜1918 年）と第二次世界大戦（1939〜1945 年）をもたらした。この間，ロシア革命（1917 年）とそれに続くソヴィエト（＝評議会）政治体制の形成・拡大が出現する。第二次世界大戦後の世界はアメリカ合衆国が主導する自由主義市場経済体制とロシアが主導するソヴィエト型計画経済体制が対立する構図として確立された。しかし，この構図も 1991 年のソヴィエト政治体制の崩壊により消滅し，アメリカ合衆国の世界における政治・経済・軍事支配が確立されたかに見えた。やがて 21 世紀に入ると，BRICS（ブラジル・ロシア・インド・中国・南アフリカなど）を中心とするグローバルサウス諸国の政治・経済・軍事的台頭が顕著になり，G7（アメリカ合衆国，イギリス，フランス，ドイツ，イタリア，カナダ，日本）などの先進資本主義諸国との交易・外交関係の軋み・対立が顕著になっている。

（3）福祉国家政策と少子高齢化社会の到来

　第二次産業革命は独占資本主義経済に恐慌の深刻化を生み出した。1929年のウォール街（アメリカ合衆国）の株式の暴落に端を発する金融恐慌はヨーロッパ，日本にも波及し，第二次世界大戦勃発の誘因になった。先進資本主義諸国は，ソヴィエト社会主義共和国連邦（CCCP）に対抗するためにも，国家による資本主義市場への介入が必要不可欠となった。ジョン・メイナード・ケインズの経済学がこのような要請に答えた。国家による積極的な有効需要政策である。ケインズの経済学は第二次世界大戦後の資本主義諸国の福祉国家の社会政策として採用され，完全雇用と社会保障制度を組み合わせて実施された。その結果，先進資本主義諸国での恐慌の深刻な影響は多少緩和された。修正資本主義経済（＝国家独占資本主義）の登場である。しかし，資本主義市場経済である限り，景気循環の一環としての恐慌が完全になくなることはない。

　それはともあれ，福祉国家政策は社会保障制度（公的扶助＋社会保険＋教育・住宅支援）により，国民の死亡率の低下，生涯年齢の向上に著しい効果をもたらした。しかし，その副作用として出生率の著しい低下をも生み出したのである。また，その結果が少子高齢化社会の到来である。社会保障において，社会保障基金を支える生産年齢人口の減少，社会保障サービスを支給される高齢者年齢人口の増大は，社会保障制度を維持する上での困難性を深刻化させている。この困難性を克服するための対策として，先進資本主義諸国では，出生率の向上のための政策が取り組まれているが，なかなか効果をあげていない。2021年段階で合計特殊出生率は，フランス1.83，デンマーク1.72，スウェーデン1.67，日本1.3，韓国0.81，である[4]。

2．現代資本主義経済と国民（労働者階級）の生活保障

（1）ポスト（脱）資本主義経済段階と第三次産業革命（ICT），第四次産業革命（AI）の到来

　ポスト資本主義経済段階でも資本主義経済機能が終焉したわけではない。付加価値生産（＝賃金＋利潤）において，知識（knowledge）の役割，つまりマネジメント（知識の知識に対する応用）がより重要となる発展段階である。ピー

ター・ドラッカーの提唱により有名になった。ドラッカーは，産業革命，生産性革命に続くマネジメント革命こそポスト資本主義の本質であり，このマネジメント革命は第二次世界大戦後のアメリカ合衆国から始まったと言う[5]。そして，戦後の日本や韓国での短期間での急速な経済発展も，このマネジメント革命によると言う。ドラッカーのマネジメント革命は現代の第三次，第四次産業革命の本質を指していると言える。更には，このマネジメント革命を可能にしているのが ICT や AI という産業技術革新と言える。この ICT 産業を主導したのはアメリカ合衆国であった。ICT 産業の出発点となるコンピューターの開発は，最初は軍事的目的用に開発された計算機から始まったが，その後，プログラム機能が高度化され，高速化され，ネットワーク化されて今日に至っている。コンピューターの開発はその基礎素材や半導体，さらに多様な機能の開発，応用技術などへと広がり，いまや先進資本主義諸国の重要な産業となった。先進資本主義諸国ではこれまでの繊維産業や重化学工業（主に，鉄鋼，造船，自動車，家電製品の生産）製品の国内生産を労働力コストの安価な発展途上諸国での生産に漸次，移管させた。他方，自国経済は主に ICT（情報通信技術）産業と ICT 技術を応用した高付加価値の製品の生産に移行している。経済のグローバル化である。しかし，新興経済地域（NIEs）であった韓国，台湾，香港（現在は中国領域）や，インド，ブラジル，トルコなどでも最先端の ICT 企業が生まれており，ICT 産業はいまや世界経済的規模での成長産業になってきている。今日では，ICT 産業はアメリカ合衆国の独占的産業ではなくなっているが，ICT 産業部門におけるアメリカ合衆国の競争力は依然，最強である。

　ICT 産業は高度な知的研究の集積に依拠しているから，各国はその技術・特許の守秘と保護に全力を投じている。そのための先進 ICT 諸国間の競争は激化している。最先端の ICT 技術・特許の法的保護はそれを開発した研究者・企業の努力に報いるために必要不可欠であるが，しかし，やがては諸国民と世界市民の生活向上に対して自由に利用されるべきであろう。人間の知的発明は究極的には地球市民のために貢献してこそ人類の共有財産となるからである。それはともあれ，コンピューターやスマートフォンなどは世界の隅々においてまで利用されるようになっており，人類の科学的発展の進歩を示すものであ

る。

　しかし，ICT産業の発展は，第一次産業革命や第二次産業革命と同様，労働者階級に社会的問題を生み出している。それは，先進資本主義諸国のこれまでの基基産業であった繊維産業や重化学工業で働く労働者が失業し，新しい産業であるICT産業部門の雇用に直ちに吸収されないということである。アメリカ合衆国ではかって重化学工業の中心地帯であった東北部分の諸州で経済が衰退して，ラストベルト（錆びた地帯，The Rust Belt）と呼ばれ，他方，カリフォルニア州にはシリコンバレーと呼ばれるICT産業地帯が成長した。しかし，労働者にとって就業場所の移転は生活の拠点を移動させねばならず，しかも高い技術習得を必要とするから，困難を伴う。日本でも，1980年代後半に繊維産業や自動車・家電製品産業が賃金コストの安価な海外（タイ，マレーシア，中国など）へと急激に移転し，また鉄鋼・造船部門でも賃金コストの安価な韓国・中国に市場を奪われていった。これらの産業があった日本の地域の失業を急増させ，地域の過疎化を進行させたことは，周知のことである。このことは，日本のバブル経済が崩壊した1990年から今日（2022年）までの就業者数の減少から確認できる。1990年の第二次産業の就業者数は2,099万人（その内，製造業は1,505万人）が，2022年では1,525万人（その内，製造業は1,044万人）に激減している。この激減の主たる要因は製造業であることは明白である[6]。しかし，このような傾向は，日本経済に限定されたことではなく，先進資本主義諸国において共通のことであった。資本主義経済の発展の結果であると言えよう[7]。

　新しいICT産業（コンピューター関連，ソフト関連）は都市部の，若い世代によって担われて行った。他方，サービスの生産部門である第三次産業部門（商業，金融，運輸，情報通信，医療・福祉など）の就業者数は急増していることからも確認できる。1990年における第三次産業の就業者数は3,699万人が2022年には4,993万人に激増している[8]。この激増の主たる要因は，高齢化社会の到来に依る医療・福祉での就業者とICT産業での就業者の激増である。しかも，医療・福祉とICT産業との協力（コラボレーション）は今や極めて待望されていることであるから，このような就業構造の変化は，今後とも日本人の生活保障にとって歓迎されるところであろう。

しかし，ICT 技術の進展は商品の生産，流通，消費の諸過程のオートメーション化，ロボット化により，労働力の排除を可能としてくれる。それは，企業にとって，市場における企業間競争に勝ち抜くための付加価値の増大，そのための労働力コストの削減と一定の利潤率の確保のための決定的手段である。この点で，企業経営は他の資本主義諸段階と異なることは無い。この企業経営の極限目標は商品の生産，流通，消費の諸過程からの労働者の排除，ICT とAI による管理になるであろう。ロボットによる工場での生産・管理，ドローンによる配送，スマホによる商品注文である。さらには，AI による経営管理（企画から販売までの）の完全な代替である。

しかし，ここには矛盾が存在する。労働力の生産・流通・販売からの排除は，生産された商品の最大の需要者である労働者階級の存在の消滅を意味するのである。このような事態は現段階では非現実的と思われるかもしれないが，事態は限界点にまで進行してゆくことであろう。この事態の進行によって，代替できる職務（＝就業の場）はどこに確保されるのであろうか。その一つは，オートメーションやロボットの操作や管理，AI 技術の教育や習得に関連する仕事になるであろう。さらには，AI が未だ知らない領域，例えば地球環境，宇宙開発，人間の頭脳と遺伝子問題などの研究と技術開発も，労働者の新しい就業領域となるのであろうか。AI 技術が経済の基軸になる発展段階は第四次産業革命と呼ばれる。今日の先進資本主義諸国では，第三次産業革命段階から第四次産業革命段階への移行が始まっている。プログラミング教育と習得などが不可欠となる。このようなポスト資本主義経済への日本の国民経済の転換に対して，労働者階級はどう対応すべきであろうか。

日本の国民経済は世界経済と密接に結びついている。日本の今後の経済発展にとって，ICT 産業，AI 産業の発展は必要不可欠である。ICT や AI 技術を取り入れて生産された農産物や工業製品は国際的競争力を持ち，日本の雇用を支えるであろう。しかし，農業や軽工業，重化学工業が NIEs や発展途上諸国の基幹産業となっているのは，相対的に安価な労働力コストの存在である。これからの日本経済は NIEs や発展途上諸国との労働の水平分業により連携しつつ，ICT 産業や AI 産業において優位の位置を確保しておくことが大切であろう。とはいえ，ICT や AI 産業分野においても先進資本主義諸国間や NIEs との

性能，価格競争は激しい。この競争に勝ち残れるように ICT や AI の職業教育の質を更に高めることが国家，国民経済の努力目標となる。国民の誰もが，必要な時に学べるような無償の高等教育機会（大学や専門学校で）の充実が必要不可欠となる。現在の時点でも，このような機会の充実している国民は高い国民所得を獲得している（西欧・北欧諸国など）[9]。

（2）少子高齢化社会の課題と克服の方法

　少子高齢化社会の進行は，第二次産業革命と福祉国家政策に起因すると言える。安定した雇用が確保され，社会保障制度（公的扶助，医療保険，年金制度，失業保険など）により寿命が延びたことが高齢化を進めたのである。他方，より豊かな生活を確保するため，子供の出産が抑制されたので少子化が進行したのである。そしてまさに，この少子高齢化が社会保障制度の存続を困難にしているのである。合計特殊出生率が 2 を割り込むと少子化が進行し，国民の総人口が減少し始める。日本は現在（2021 年），この特殊出生率が 1.3 であり，総人口の減少化が進行している。2024 年推定では，日本の総人口は約 1 億 2,400 万人（その内，0〜14 歳は約 11.2％，15〜64 歳は 59.3％，65 歳以上は 29.4％を占める）である。2070 年には，出生中位・死亡中位で，約 8,700 万人（その内，0〜14 歳は 9.2％，15〜64 歳は 52.1％，65 歳以上は 38.7％を占める）に減少すると予測されている[10]。日本の人口構成において，相対的に減少する生産年齢世代が相対的に増大する高齢者世代の社会保障基金を支えることになるので，この社会保障制度を維持するのが困難になるは当然である。先進資本主義諸国は皆，このような少子高齢化の進行による社会保障制度の危機に直面している。このような危機への対処方法の一つにベーシックインカム（以下，BI と略称）制度の導入が注目されている。

　このベーシックインカム制度をどのように構築するかという様々な議論の中で，例えば井上智洋氏の『AI 時代の新・ベーシックインカム論』（光文社新書，2018 年）の説が興味深い。彼は，政府が直接，国民 1 人当たり 7 万円まで貨幣（ヘリコプターマネー）を支給することにより，現在の社会保障制度の中で，所得補償である公的扶助（＝生活保護）や老齢年金を代替することが可能であると主張する。そのための総支給額は年間 100 兆円程度になると言う。しか

し，それに見合う総収入額の確保は，BI の支給による生活保護や老齢年金の支給が不要になる重複部分など（＝36 兆円）を削除すれば，残りの 64 兆円が税金によって補填されるべき金額になる。この補填部分として，井上智洋氏は所得税や相続税，固定資産税などの適度な増税を提案する。このような BI の実施により，生活保護をめぐる煩雑な行政的対応も必要なくなるし，国民は最低の生活資源を確保できるから，自分のやりがいを追求することが可能となる。もちろん高額所得者や大資産家も BI の支給を受けることができるが，それ以上に負担（所得税や相続税などの増税）は高まるので反対するかもしれないが，政治的に自由で経済的に平等な社会の追求のためには正しい方法であると，述べている。また，この BI の支給方法として，マイナンバーに預金口座を紐付けすれば，手続きは簡単に済むとも述べている[11]。井上智洋氏の提案は極めて具体的な提案として評価できると，私（久間）は賛成する。しかし現在，世界的にも国民国家レベルでの完全な BI 制度の実現はしていない。多くの国で実現に取り組んでおり，日本でも早急な BI 制度の実現が望まれる。

（3）ICT と AI の利用方法

先に見たように，第三次産業革命や第四次産業革命は，少子高齢化社会の到来による労働者不足を補う強力な手段になりうるが，それと同時に，その一層の発展は，生産過程，流通過程，消費過程でのオートメーション化やロボット化による労働力の排除，すなわち労働者の失業を発生させる。例えば，平成 27 年の『国勢調査』によれば，日本では，第一次産業（農林漁業）の就業者数は，1980 年の 577 万人（全就業者数 5,536 万人の 10.4％）が 2022 年では 205 万人（全就業者数 6,723 万人の 3％）まで減少している[12]。

また同じく，平成 27 年の『国勢調査』によると，第二次産業の日本の製造業の就業者は，1980 年の 1,367 万（全就業者数 5,536 万人の 24.7％）が 2022 年では 1,044 万人（全就業者数 6,723 万人の 15.5％）まで激減している。また，第二次産業の建設業の就業者も 1980 年の 548 万人（同 9.9％）から 2022 年の 479 万人（同 7.1％）に減少している。鉱業はでの就業者数は 1980 年が 11 万人で 2022 年が 2 万人である[13]。

従って，残りが第三次産業での就業者となる。1980 年で 3,033 万人（全就

業者の 54.8%）が 2022 年では 4,993 万人（同 74.3%）と激増している。このように産業別の就業者の割合が第三次産業に集中化している傾向は，世界の先進資本主義諸国の共通の現象である[14]。農業の機械化や食糧の海外からの輸入増，製造業のオートメーション化と生産の NIEs へ移転などが国内の第一次，第二次産業の就業者数を激減させたのである。その結果，国内の産業と就業者が第三次産業に重点化したのである。しかし，このような経済のグローバル化は，将来，BRICS 諸国における ICT 産業の促進化で，変化するかもしれない。既に，アメリカ合衆国や日本に見られるように，ICT 産業の基礎を成す半導体の自国内への回帰が始まっている。単に労働力コスト要因のみで判断できないカントリーリスクも重視され始めている。世界経済のグローバル化の変化に注目しておくべきであろう。

　次に，第三次産業内の就業者の現状を見ておこう。同じく平成 27 年度の『国勢調査』によると，2015 年では全就業者（15 歳以上）に占める割合（%）は，第三次産業では，「電気・ガス・熱供給・水道業」（0.48%），「情報通信業」（2.85%），「運輸業・郵便業」（5.17%），「卸売業・小売業」（15.28%），「金融業・保険業」（2.42%），「不動産業・物品賃貸業」（2.03%），「学術研究，専門・技術サービス業」（3.26%），「宿泊業・飲食サービス業」（5.51%），「生活関連サービス業・娯楽業」（3.52%），「教育・学習支援業」（4.52%），「医療・福祉」（11.92%），「複合サービス業」（0.82%），「サービス業（他に分類されないもの）」（6.01%），「公務（他に分類されるものを除く）」（3.44%）である[15]。

　これらの諸産業の中で 1995 年と比較して，就業者の割合が大幅に増大しているのが，「情報通信業」（2.04% → 2.85%），「不動産業・物品賃貸業」（1.63% → 2.03%），「医療・福祉」（5.60% → 11.92%），「サービス業（他に分類されないもの）」（4.55% → 6.01%）である。この「サービス業（他に分類できなもの）」としては，廃棄物処理業，自動車整備業，職業紹介・労働者派遣業などがある。逆に，1995 年と比較して減少が顕著な産業としては，「卸売業，小売業」（18.57% → 15.28%），「金融業，保険業」（3.08% → 2.42%）がある。これらの産業における就業者数の変化において，少子高齢化の進行に対応した労働や情報サービスの需要の増大と，それを可能とする ICT や AI（ロ

ボット）の技術の進歩が確認できるのではないだろうか[16]。

　ICT や AI の発展は全面的に人間労働の排除を進めるものではない。高齢化社会の進展と共に変化する人間の生活保障の維持を可能にしてくれるものであることを確認しておくことが重要である。第一次産業，第二次産業での困難で苦しい労働は ICT や AI にとって変わられるであろう。しかし，人間の価値創造的な財・サービスの生産まで取って代わられるとは思えない。これは将来の人間社会の課題であるが。それはともかく，現在の課題は少子高齢化社会の障害の克服，一例として，エッセンシャルワーク（＝介護・福祉や清掃など社会の維持に必要不可欠な仕事）労働者の不足の補充と，社会の多様なサービスの充実化への取り組み手段の提供であろう[17]。

　ICT 産業は第三次産業の「情報通信業」を基軸に，第二次，第三次産業にまたがる産業である。具体的には，「通信業」，「放送業」，「情報サービス業」，「インターネット付随サービス業」，「映像・音声・文字情報制作業」，「情報通信関連製造業」，「情報通信関連サービス業」，「情報通信関連建設業」，「研究」の九つの産業が属する。2019 年の名目国内生産額（＝中間投入額＋粗付加価値額）は 108. 4 兆円で，全産業の名目国内生産額 1,041. 2 兆円の 10. 4％を占め，商業 92. 3 兆円（同 8. 9％），不動産業 80. 5 兆円（同 7. 7％），医療・福祉 70. 7 兆円（同 6. 8％）を超えている。また，同じく 2019 年の名目 GDP（＝粗付加価値）は 51. 7 兆円で，全産業 548. 7 兆円の 9. 4％を占め，不動産 66. 9 兆円（同 12. 2％），商業 61. 7 兆円（同 11. 3％）に次ぐ[18]。実質国内生産額の伸びは，1985 年の約 40 兆円から 2013 年の約 98 兆円へ，約 2. 4 倍となっている[19]。

　また，ICT 産業の就業者数は 2019 年時点で 405. 8 万人で，全産業に占める割合は 5. 6％であった。「インターネット付随サービス業」が前年比 6. 7％増，「情報通信関連サービス業」が前年比 2. 5％増，「研究」が前年比 0. 6％増と伸び，「映像・音声・文字情報制作業」が前年比 4. 6％減，「通信業」が前年比 1. 5％減，「放送業」が前年比 1. 4％減，「情報通信関連製造業」が前年比 1. 4％減となっている。以上のように，ICT 産業全体が大きく伸長する中でも，雇用に関しても，伸びる部門と後退する部門が見出せる[20]。

　しかし，このような人間労働の削除の進行に対して。反対に，先に〔Ⅱ

（3）〕で考察したように「ICT 産業」,「医療・福祉」,「サービス業（他に分類できないもの)」などのように, 就業者への需要が急増して, 供給が追い付かない産業もある。従って, ICT や AI による人間労働の排除という危惧は不必要である。

おわりに

第三次産業革命（ICT 産業）と第四次産業革命（AI 産業）の真っただ中にある現在資本主義経済は, 第二次産業革命を継承し, 経済活動のより高知識化を目指すものである。そこでは, ICT や AI は人間の経済活動と生活保障の高度化を補佐するサブ（下位）システムとなる。このサブシステムは人間の生活を豊かにするものでなければならない。つまり, 第二次産業革命で成し遂げられた社会政策（＝福祉国家政策）を維持, 発展, 支援するものでなければならない。逆に, この下位システムが人間の生活を管理, 拘束する奴隷社会の実現に利用されてはならない。そのための法的規範の確立が重要である。

注

1）道重一郎「現代イギリス農業の形成と展開—イギリス農業の復活の軌跡とその課題—」(『共済総合研究』第 53 号, JA 共済総合研究所, 2008 年 10 月, 所収), 67-68 ページ, 参照。
2）同上, 68-69 ページ, 参照。
3）浜林正夫『イギリス労働運動史』, 学習の友社, 2009 年, 13-97 ページ, 参照。
4）出所：世界銀行「【2021 年】世界の合計特殊出生率ランキング」, 公開日：2024 年/ 4/ 2, より。https://www.globalnote.jp/post-3758. html（2024 年 4 月 16 日), 参照。
5）Peter F. Drucker, Post-Capitalist Society, 1993. pp.40-47. 邦訳, 『ポスト資本主義社会』, 2007 年, 上田惇生訳, ダイヤモンド社）, 54-63 ページ, 参照。
6）労働政策研究・研修機構「図 4 産業別就業者数の推移（第一次～第三次産業）1951 年～2022 年, 年平均」(総務省統計局「労働力調査」, 2023 年 6 月 12 日更新, 所収)。https://www.jil.go.jp>statistics>timeseries>html, 2024 年 4 月 30 日), 参照。
7）経済産業省「図 121-10 就業者数に占める製造業比率の主要国比較」(『2015 年版ものづくり白書』, 30 ページ, 所収), 参照。
8）労働政策研究・研修機構「図 4 産業別就業者数の推移（第一次～第三次産業）1951 年～2022 年, 年平均」, 前掲書, 参照。
9）OECD「児童・生徒, 学生一人当たりの年間教育支出（2017 年)」, OECD Education at

a Glance 2020。https://doi.org/10. 1787/69096873-emj.（2024 年 4 月 16 日），参照。

10）国立社会保障・人口問題研究所『日本の将来推計人口（令和 5 年推計）結果の概要』，19 ページ，参照。

11）井上智洋『AI 時代の新・ベーシックインカム論』第 2 章，光文社新書，2018 年，参照。

12）労働政策研究・研修機構「図 4　産業別就業者数の推移（第一次～第三次産業）1951 年～2022 年　年平均」，前掲書，参照。

13）労働政策研究・研修機構「図 4　産業別就業者数の推移（第一次～第三次産業）1951 年～2022 年」，同上書，参照。

14）経済産業省「図 121-10　就業者数に占める製造業比率の主要国比較」（『2015 年版ものづくり白書』，30 ページ，所収），参照。

15）e-Stat,「第 24 表　産業（大分類），男女別 15 歳以上就業者数―全国（大正 9 年～平成 27 年）」，（『国勢調査/ 平成 27 年国勢調査/ 最終報告書「日本の人口・世帯」統計表』，DB 表示，所収），参照。

16）同上書，参照。

17）井上智洋『AI 時代の新・ベーシックインカム論』，同上書，第 4 章，参照。

18）総務省「ICT 産業の動向」（『令和 3 年度版　情報通信白書』，第 4 章第 I 節，所収），参照。

19）総務省「図表 1-2-1-2　ICT 産業の実質国内生産額」（『平成 27 年　情報通信白書』，第 1 章第 2 節，所収），参照。

20）総務省「雇用者数」（『令和 3 年版　情報通信白書』，第 4 章第 1 節 3，所収），参照。

シスモンディ経済学における
生産と消費の均衡概念について

中 宮 光 隆

はじめに
1. シスモンディの生涯と主要著作
2. 『経済学新原理』第 2 版補遺第 1 論文の要点
3. 『経済学新原理』第 2 版補遺第 2 論文の要点
おわりに

はじめに

　19 世紀前半にジュネーヴで活躍したシスモンディ（Jean-Charles-Léonard Simonde de Sismondi, 1773-1842）は，1819 年に主著『経済学新原理』（*Nouveaux Principes d'économie politique, ou de la richesse dans ses rapports avec population*, 2 vols.），1827 年にその第 2 版を出版している。そこでは初版と比較して，わずかな修正点はあるが，内容に大きな変更はない。ただ，第 2 版の巻末に 3 つの論文からなる補遺が付加されている点が，大きな違いである。本稿は，この補遺のうち特に第 1 論文と第 2 論文の内容を確認し，当時のシスモンディの経済に対する見解をより明瞭に理解することが，主要な目的である。

　1803 年に，後に「アダム・スミスの祖述」にすぎないと評される『商業の富』の出版後，1810 年代頃から交友関係があった人々，とりわけスイス・レマン湖畔コッペにあるスタール夫人のサロンに集まった思想家や政治家たち，ジュネーヴで社会・政治改革を推進したひとびとの影響のみならず，1815 年

の過渡的恐慌と言われる経済・社会の混乱もあって，アダム・スミス経済学の「修正」の必要を痛感したシスモンディは，1818年の，『エディンバラ百科事典（Edinburgh Encyclopedia）』のなかの「経済学」（Political economy）の項目の執筆に続いて，1819年に『経済学新原理』を出版する。しかしこれがリカードウには評価されなかっただけでなく，その「門弟」がシスモンディを批判するなど，とくにイギリスの経済学者から不評であった。そこで1920年以降も自己の経済学の正当性に関する数編の論文を，折に触れて発表したのであったが，その一部を1927年に出版した『経済学新原理』第2版に補遺として採録した。それが本稿で取り上げるものである。したがって本稿で対象にしている論稿は，シスモンディ自身がその論理内容の理解を深めることを狙ったものと言えよう。

　小論では，いままでのシスモンディ研究を踏まえつつ，したがってたんに経済理論を追うだけでなく，その根底に流れる彼の思想の確認も含めて検討したい。

1. シスモンディの生涯と主要著作

　シスモンディの父（Gédéon-François Simonde, 1740-1810）は聖職者だったが，1778年にそれを引退した。しかしその後，1782年にジュネーヴの「200人委員会」のメンバーに選出された。この委員会は，貴族などいわば旧勢力の支配を象徴するものであって，シスモンディの父もその一員だった。貴族支配は，当時，ジュネーヴで外国の干渉によって貴族が権力を掌握したことが背景にあったといわれる。このとき，多数の「ナティフ派」が亡命した。その10年後の1792年11月にフランス軍がジュネーヴ近郊まで進軍し，ベルン・チューリッヒ同盟軍と対峙するが，協定の締結によって両軍とも撤退する。しかし，この年の12月にジュネーヴ国内で行政の全権委譲を要求する革命が勃発した。この翌月の1793年1月，シスモンディ一家はジュネーヴを離れ，1年半の間イギリスで亡命生活を送った。1794年2月にジュネーヴでの革命がいったん収束するが，同年7月にジュネーヴで武装蜂起により革命が再燃し，600人以上が投獄され，有力者が処刑されたと言われる。シスモンディの父も投獄され

たが釈放されたものの，多額の財産税を徴収された。その 4 ヶ月後の 11 月，シスモンディ一家はイタリア・トスカーナのペーシャにある小作地を買収し，そこに移り住んだ。シスモンディの両親は没するまでそこで生活したのであった。1798 年，ジュネーヴはフランスに占領・併合される。

　1799 年 10 月頃，シスモンディは『トスカーナ農業概観』を執筆していた。1800 年になってシスモンディはジュネーヴに戻り，その後，ジュネーヴからやや離れたレマン湖畔に位置するコッペにあるスタール夫人のサロンに出入りするようになる。その後シスモンディは 1801 年に『トスカーナ農業概観』を出版するとともに，レマン県（フランス占領下）に創設された商業・技術・農業委員会で書記を務めるようになった。1802 年には『レマン県の統計』を執筆したが，これは未刊に終わっている。翌 1803 年に『商業の富』を出版したが，その内容は，前述のようにアダム・スミスを祖述したものにすぎないとの評価が一般的である。1807 年になってシスモンディは『中世イタリア共和国史』の刊行を開始した（これは 1818 年までに全 16 巻にのぼっている）。1809年にシスモンディは，アカデミー・ド・ジュネーヴの哲学教授に就任している。1811 年秋から翌年にかけて，ヨーロッパ南部の文学に関する講義を担当し，その膨大な資料をまとめて 1813 年春に『南欧文学論』（*De la Littérature du Midi du Europe*）を刊行している。スコットランドのマッキントッシュは『エディンバラ・レヴュー』誌にその書評を寄せた。これ以降シスモンディとマッキントッシュは親交を深め，1919 年にシスモンディはマッキントッシュ夫人の妹と結婚し，両者は義兄弟の関係になる。

　1813 年末にジュネーヴはフランスから独立し，ジュネーヴ共和国が成立。シスモンディはレマン県の行政職を退任した。1814 年ジュネーヴ共和国臨時政府によって憲法草案が作成され，その後，実施されたジュネーヴ共和国代議員選挙ではシスモンディも当選し，彼は 1841 年 11 月までその職にとどまった。

　前述のように 1818 年にシスモンディは，『エディンバラ百科事典』（Edinburgh Encyclopedia）の中の「経済学」（Political economy）の項目を執筆した。この百科事典の編集者であるデイビッド・ブルースターに，マッキントッシュがシスモンディを紹介したと言われる。この年の 12 月 16 日付マッキントッシュ

宛の手紙の中で，シスモンディは，リカードウを批判している。そして，1919年になってシスモンディは『経済学新原理』を出版するとともに，結婚のために赴いたロンドンで，マッキントッシュの紹介でリカードウに面会している。4月7日付マカロック宛の手紙の中で，リカードウは，シスモンディに会ったことを告げている。しかしこの時点でリカードウはシスモンディの著作に触れていなかったと言われるが，後にリカードウは9月6日付ジェームズ・ミル宛の手紙の中でシスモンディを批判している。

　1820年に『立法及び法学年報』（*Annales de législation et de jurisprudence*）がジュネーヴで刊行されたが，このタイトルでの刊行は3巻（1822年）までで，その後はタイトルを『立法及び経済学年報』（*Annales de législation et d'économie politique*）に変更している。1820年に刊行されたこの『年報』第1巻に，本稿で取り上げている『経済学新原理』第2版補遺の第1論文が掲載されているのである。本稿の次節でやや詳細にみるように，この補遺第1論文は，リカードウとその門弟に対する批判となっている。

　1822年，シスモンディは大陸旅行中のリカードウに面会している。シスモンディは自説を展開したとされるが，リカードウを納得させることができなかったとも言われる。後にリカードウは，シスモンディを論破したと大陸紀行に記している。

　1824年に刊行された Revue encyclopédique 誌第22巻第2号に，『経済学新原理』第2版の補遺に採録された第2論文が収まっている。その『経済学新原理』第2版は，1827年に出版されている。

　『経済学新原理』第2版補遺に収録されている3編の論文全体のタイトルは，「生産と消費の均衡に関する注釈（Eclaircissements relatifs à la balance des consommations avec les productions）」と記されていて，その中の第1論文のタイトルは，「リカードウ氏の一門弟によって『エディンバラ・レヴュー』誌に掲載された『経済学新原理』への反論の検討」となっている。1820年に『立法及び経済学年報』第1巻にこの論文が最初に掲載されたときのタイトルは，「消費力は社会においてつねに生産力とともに増大するのだろうか，という問題の検討」となっていた。論述内容に変更がないにもかかわらずタイトルを変えたのは，最初に掲載された『立法及び経済学年報』第1巻の刊行時，1820年の時点では，

内容がリカードウ（とその門弟）批判であることをうかがわせるようなタイトルにはなっていないが、『経済学新原理』第2版の刊行時、1827年の時点では、リカードウ（とその門弟）批判の論稿であることがタイトルからも分かるように意図的に変更したから、と考えるのは邪推だろうか？

ところで、上記の『立法および法学年報』誌における主要な執筆者は、ロッシ（Pellegrino Luigi Edoardo Rossi）、デュモン（Etienne Dumont）、シスモンディ、ベロ（Pierre-François Bellot）等である。また、掲載されている論文数は、第1巻（1820年）が序文、7編の論文・翻訳・抄録、第2巻（1821年）が2編の論文・翻訳・抄録、第3巻（1822年）が2編の抄録と短い「お知らせ」である。執筆者のうち、とりわけロッシは、著作や抄録として第1巻は巻頭論文を含めて2編、第2巻では7編を執筆している。これらの合計は9編にのぼり、他の執筆者を大きく引き離している。主要な執筆者の中でもロッシは、中心人物であったことがうかがえる。シスモンディも、『経済学新原理』第2版に、1820年に『立法および法学年報』に掲載された論稿を採録する際に、そのオリジナルは『年報』に掲載された論稿であることを、以下の表現で注に記している。すなわち、「この小稿は、1820年に以下のタイトルで、ロッシ博士の『立法年報』ではじめて公表された」として、本拙稿前パラグラフに記した「消費力は……」のタイトルが付されている[1]。ロッシとシスモンディの関係に関する考察は別稿に譲るが、当時、新たに出版された『年報』の第1巻に、1919年に『経済学新原理』を出版し、またリカードウにも面会したにもかかわらず、リカードウとその門弟から批判されていたシスモンディが、門弟批判の一文を寄稿した経緯は、推測の域を脱しないが理解できる。

『経済学新原理』第2版補遺の3論文のうち第2論文は、「生産と消費の均衡について」（Sur la balance des consommations avec les productions）というタイトルになっていて、ここでもシスモンディは、「この小稿は、『ルヴュー・アンシクロペディク』誌、1824年5月、第22巻ではじめて公表された」[2]との注を付している。補遺の第3論文は、そのタイトルが「『生産と消費の均衡』との標題が付されたセー氏の論文に関する覚書」となっているが、その出所に関する注はない[3]。

最後に、上に挙げた『経済学新原理』補遺に収録されている論稿が最初に掲

載された雑誌のほかに，シスモンディの思想形成に影響を与えたと思われる当時の雑誌を確認しておく。それは，1796 年に創刊され，1815 年まで刊行された『ビブリオテーク・ブリタニク（*Bibliothèque britannique*)』誌と，1816 年以降，その後継誌として刊行された『ビブリオテーク・ユニヴェルセル（*Bibliothèque universelle des sciences, belles-lettres et arts*)』誌である。この編集者たちとして，マーク＝オーギュスト・ピクテ（Marc-Auguste Pictet, 1752-1825)，その弟のシャルル・ピクテ（ド・ロシュモン）（Charles Pictet de Rochmont, 1755-1824)，それに友人のフレデリック＝ギヨーム・モーリス（Frédéric-Guillaume Maurice, 1750-1826）等の名が，また協力者たちとしてピエール・プレヴォ（Pierre Prévost, 1751-1839)，シャルル＝ガスパール・ド・ラ・リーヴ（Charles-Gaspard de la Rive, 1770-1834)，エティエンヌ・デュモン（Pierre Étienne Louis Dumont, 1759-1829）等の名が挙げられている。

すでに他の拙稿でも触れているが，この『ビブリオテーク・ブリタニク』誌第 1 巻第 1 号（1796 年）の序文には，「効用原理（Le principe d'UTILITÉ)，これはわれわれの不変の羅針盤である」との表現がある[4]。一方，シスモンディは，22 歳年上のプレヴォと懇意で，彼から多くのことを学んでいる[5]。1810 年代頃からのマッキントッシュやプレヴォとの交友関係や当時のイングランドやヨーロッパの社会・経済状況，なかでも 1815 年の過渡的恐慌と言われる経済混乱と国民の中での貧富の差，貧者の苦悩等は，シスモンディの思想形成に大きな影響を与えたことは確実である。

2. 『経済学新原理』第 2 版補遺第 1 論文の要点

シスモンディ「生産と消費の均衡に関する注釈」のなかの「第 1 論文　リカードウ氏の一門弟によって『エディンバラ・レヴュー』誌に掲載された『経済学新原理』の反論の検討」の冒頭で，シスモンディは，経済学の現状に関する以下のコメントを述べている。

「いま，悩める人類は，経済学が平易な言い方をし，万人の要求に応じ，誰でも理解できるようになり，そして現実に当てはまってくれることを，

もっとも強く願っている。ところが，まさにそのときに，イングランドに
おいては，経済学は常にますます杓子定規の言い方をし，ますます難解な
計算で身を包み，抽象的論議にうつつを抜かし，いわば一種の神秘の学問
になっているのを見るのは，残念である。経済学はすべての人々の福祉に
関する理論を教えなければならない学問である。それゆえ，商業は全般的
不振に陥り，あらゆる産業技術が苦難の悲鳴を発し，少なくともいくつか
の国では農業自体も危機の様相を呈している現在ほど，経済学が必要なと
きは，かつてなかった。いまやわれわれは，われわれの考えをあまりに一
般化しすぎて，それが事実を見失わせるようなものになってしまわないよ
う，とりわけ，富の創造者たる人間の悩みを度外視して富だけで公共の福
祉を判断するような誤りを犯さないよう，人類のために気をつけなければ
ならない。」（*Nouveaux principes d'économie politique, ou de la richesse dans ses
rapports avec la population*, Second édition, 1827. Tome second,（以下，*N. P.* 2 éd., t.
2. と略記）pp. 373-374. 斎藤佳倍訳「シスモンディ「生産と消費の均衡について
―リカアドウ氏の一門弟に反論する―」平瀬巳之吉編『経済学・歴史と現代』
時潮社，1974 年（但し，一部分変更してある）（以下，斎藤訳と略記），p.95）

ここには，現実の経済状況に対する判断とともに，経済学のあり方だけでな
く，社会の構成員のあり方にも関わる，シスモンディの基本思想が端的に述べ
られていると言える。第 1 に彼は，経済学が一部のエリートや特権階級によっ
てのみ理解される学問ではなく，良い意味でのその大衆化を望んでいる点であ
る。同時に第 2 に，経済学は単なる論理の世界のもの，いわば机上の空論で
あってはならないのであって，「現実に当てはまってくれる」すなわち，社会
の現実の動きを理解し，その実態を前提にした上で理論を展開することが重要
であることを「現実に当てはまってくれることを，もっとも強く願っている」
と表現して強調しているのである。しかしながら第 3 に，現実に存在する（イ
ングランドに限定しているが）「経済学」は，上記のような望ましい状態から
ほど遠く，「杓子定規の言い方」，「難解な計算」，「抽象的論議」に終始し，「神
秘の学問」になっていると指摘されており，シスモンディは，この状況を「残
念」だと述べている。現状におけるこれらの課題を解決する方策として，彼

は,「あまりに一般化しすぎて,それが事実を見失わせるようなものになってしまわないよう」にしなければならない,言い換えれば,ありのままの現実を具体的に把握し,それをもとにした理論構築が求められると考えている。これが上記引用文にあるシスモンディ思想の特徴の第4である。その思想の基礎の一つとして,とりわけ商業の全般的不振や産業技術の苦難な状況,さらに農業における危機的様相など,イングランドの現状認識がある。これが第5の特徴である。第6の特徴は,「富の創造者たる人間の悩みを度外視して富だけで公共の福祉を判断するような誤りを犯さないよう,人類のために気をつけなければならない」と指摘している点である。人間の感情・感覚・行為等を無視する,あるいは顧慮しないことは認めがたいことであり,「富」=物質だけしか視野にいれないのは誤りであると主張されている。そしてさらに第7の特徴として,シスモンディ思想の基板とも言える点である。可能な限り多数の人々の,可能な限り対等平等な幸福を,換言すれば最大多数の最大幸福をシスモンディは求めていると考えられる点である。「経済学はすべての人々の福祉に関する理論を教えなければならない学問である」との記述に,彼の根本思想が表現されている。この思想は,『経済学新原理』や他の論文・著作の主張・論理の根底に,明示的にせよ潜在的にせよ,常に存在するものである。

　上記に続けて同じ論文の中でシスモンディは,「新学派の首領リカードウ氏」の著書は難解であるとリカードウ自身が公言したこともあって,「氏の著書を理解した,あるいは理解したつもりでいる人たちは,それだけでもう,自分のことを非常に深遠な教理でも体得した人物であるかのように思い込み,いよいよ頑固なセクトの精神を発揮して,ほとんどもっぱら氏自身の全体系を主張するようになった」と指摘し,続けて「氏の門弟のひとりは,こんにち最も重要だと思われる問題についての氏の教義の概要を,『エディンバラ・レヴュー』第64号の第11論文において述べた」(*N. P.* 2éd., t. 2. P.374. 斎藤訳, pp.94-95.)と記されている。この第11論文は,ロバート・オーエンの著作を対象に,Mr. Owen's Plans for Relieving the National Distress の表題で採録されたものである[6]。シスモンディがこの論文に触れたのは,リカードウがその追随者によって無批判的に取り上げられていることとともに,上記の引用箇所に続くパラグラフで,シスモンディがオーエンを引き合いに出しているからである。それは

以下の通りである。

「貧者の福祉に関してもっとも熱烈な熱意を示し，彼らの不幸にはもっとも深い同情を寄せてきた人間のひとり，ニューラナーク州のオーエン氏は次のような見解を明らかにした。すなわち，産業が自然の成り行きに委せられるときには，機械の使用とその漸次的改善は，富を構成するさまざまな種類の商品の生産を消費者の需要以上に増大させうるであろうし，また，こうしてあらゆる商品が過剰になり，あらゆる市場が供給過剰になると，この過剰は，製造業者に労働者の解雇を余儀なくさせ，したがって賃金だけで生活している社会の諸階級を失業させることになりうるであろう，という見解である。／このような不幸な事態を防ぐ方法については，私はオーエン氏と意見をともにするものでは決してないが，しかし私も，『経済学新原理』の中で，氏と同様に，全般的停滞という事実は認めた。実を言えば私は，こんにち，世界の商業がこの事実を立証しているのに，どうしてそれが否定されうるのか，理解に苦しむ。私は，所得——各人に年生産物のうちから自分の分け前を購入することができるようにさせるのは，所得である——の性質に関する，これが新しい理論だと信じる一理論によって，この事実を説明した。その際，私は次のことを証明しようと努めた。それは，社会全体の所得は社会全体の労働の生産物と同じものではなく，したがって，生産物は増大していても所得の方は減少している，あるいは倉庫はいっぱいになっていても財布の方はからになっているということがありうる。つまり，ひとびとが大いに労働したために商品に対して買い手が不足することがあり得る，ということである。しかるに，他の経済学者たちは，商品に対して買い手が不足するのは買い手が労働を控えすぎたときだけであると考える。先に少し触れた『エディンバラ・レヴュー』誌の論稿は，特に，私の主張に反駁し，消費力は生産力の増大とともに必然的に増大するものであることを論証しようとしている。論者は，私の主張を根本的に誤っていると決めつけているのである。」（*N. P.* 2 éd., t. 2. pp.374-375. 斎藤訳，pp.95-96.)

ここでシスモンディは，リカードウおよび「氏の一門弟」と，オーエンおよび
シスモンディ自身を対置させている。シスモンディは，オーエンの経済危機回
避策には同意できないとしつつも，経済危機の存在，供給（生産）過剰の存在
を認識している点では同じ見解を持っていることを認め，リカードウおよびそ
の一門弟とは根本的に異なる認識であることを強調している。シスモンディが
オーエンの見解を肯定的に評価するのは，オーエンが，産業（経済）を自然の
成り行きに委せると，機械の使用とその改善によって，「さまざまな種類の商
品の生産を消費者の需要以上に増大させ」，「あらゆる市場が供給過剰に」なっ
て，労働者は解雇され，経済危機が発生・深刻化すると考えている点に，シス
モンディが同感するからである。シスモンディは，「生産物は増大していても
所得の方は減少している」ことがありうる，すなわちオーエンと同様に供給過
剰が発生する可能性を認めているのであり，経済の規模ないし推移は，生産で
はなく所得によって決定されると考えているのである。それに対してリカード
ウとその門弟は，「消費力は生産力の増大とともに必然的に増大する」と考え
ており，経済の規模・推移は生産によって決定されると考える，と指摘されて
いる。

　これに続くパラグラフでは，「われわれが探究している真理は，いまやもっ
とも重要な意味をもつ真理である」としたうえで，経済社会の現状に関するシ
スモンディの認識が以下のように端的に叙述されている。すなわち，「商業も
製造業も，少なくともいくつかの国では農業さえも，全般的困窮に悩んでい
る。しかも苦悩は，きわめて長引き，きわめて異常であるために，無数の家族
を不幸にし，あらゆる家族を不安と失望に陥れたうえ，社会秩序の基礎そのも
のまで危うくしている」（*N. P.* 2éd., t. 2. p.377. 斎藤訳，p.97.）。これに続けて「た
とえばイギリスでは」として，当時の状況に於ける社会秩序の混乱例を 2 件あ
げたうえで，問題となる議論の対象を以下のように指摘している。

　　「例えばイギリスでは，労働者階級が，この階級にとってはほとんどどう
　　であってもいいはずの二つの問題，すなわち議会の急進的改革の問題と王
　　妃の審問問題に関して（1820 年に）大騒ぎをしているが[7]，その真の原因
　　はイギリスの全労働者階級の窮乏にあるということに，だれも疑いをさし

はさむことはできない。幾多の騒動を引き起こすこの社会的困窮について，二つの対立的な説明がなされてきた。ある人たちは生産しすぎたのだと言い，他の人たちは生産が十分でなかったのだと言う。前者は，市場に売れ残っている商品の余りをすべて消費し，さらに今後，生産を買い手の需要に合わせて調整していかない限り，均衡は取り戻せず，平和と繁栄は回復しないであろうと言う。後者は，生産のために努力を重ねるとともに，蓄積のためにも同じように努力を重ねさえすれば，均衡は回復するであろうと言う。市場が商品でふさがっていると考えるのは間違っている。倉庫は半数しか満たされていない。残りの半数も同様に満たせば，この新しい富が他の富と相互に交換されるようになるから，商業はふたたび活気づくであろう。後者はそう言うのである。」（*N. P.* 2 éd., t. 2. pp.377-378. 斎藤訳，p.97.）

　ここで第 1 に注目すべきは，社会秩序混乱の真の原因が全労働者階級の窮乏にあることは誰も疑うことができない，と指摘している点である。換言すれば，全労働者階級の窮乏を回避し，その生活の安定を実現させることが不可欠であると主張されているのである。先の引用文に続くパラグラフでシスモンディは，「これほど重要な問題が議論されたことは，いままでおそらくなかった。すなわち，問題に肯定的に答える理論と否定的に答える理論のいずれを取るかということが，これほど重大な結果を伴っていることは，いままでなかったのである。なぜなら，少なくとも理論が実践に結びつけられうるかぎり，ことは労働者大衆の，それも特定の一国ではなくて全世界の労働者大衆の，生活のゆとり，あらゆる楽しみ，いや，まさに生存そのものにかかわっているからである。」（*N. P.* 2 éd., t. 2. p.378. 斎藤訳，pp.99.）と記している。シスモンディが経済の混乱だけでなく社会全体の閉塞状態を考える際に，労働者大衆・労働者階級の生活状態に注目し，判断する視点・姿勢が，ここに明確に表われていると言える。これは彼の根本思想である功利主義思想から導かれていると見ることは自然である。

　先の引用文等で注目すべき第 2 点目は，経済学（経済理論）における立場の相違を，生産（供給）が需要を決めるか，逆に需要が生産（供給）を決定する

か，換言すれば生産（供給）がいわば独立変数で需要が従属変数なのか，ある
いはその逆なのかに求めている点である。シスモンディの立場は，需要が生産
（供給）を決定すると考える側にあるのに対して，もう一方はリカードウやそ
の門弟の立場であることを明確にしているのである。

　これ以降の論述は，『エディンバラ・レヴュー』誌に掲載されている前述の
論文における記述に即して，その中の問題点を逐次取り上げ，それに対するシ
スモンディの見解・反論が展開されている。

　まず，シスモンディは，「1種類の財の生産（供給）は，他の種類の財に対
する需要となる」として，一定量の農産物の需要は同じ生産費を要した製造品
が，その農産物と交換されるときに見られるし，一定量の製造品の需要は，同
額の生産費を要した数量の農産物が提供されるときに見られるとする記述を取
り上げ，これを批判している。シスモンディによる批判点の第1は，販売に
よって交換される際の価格に関してである。彼は，アダム・スミス以来，すべ
ての経済学者が，価格の要因として生産と競争のふたつを認めてきた」が，確
かに「ある生産物を売ろうとするもの」は，「その生産物に要した費用に基づ
いて計算を行う」としたうえで，次のように述べている。

　　「けれども，この生産物を購買しようとする者，この生産物を需要する者
　は，生産費とは何の関係もないふたつの要因，すなわち，第1に彼の欲望
　と，それから彼の支払い能力によって決心する。この2要素が結びついて
　ひとつの需要を構成するわけであるが，この需要は，その2要素と生産物
　との比率に応じて，生産価格より強かったり弱かったりする。交換に出し
　たい若干の余剰を持っている者が，相手の生産物を——その用途が見いだ
　せないからにせよ，すでにそれを所有しているからにせよ——少しもほし
　いと思わないときには，需要は全然ない。相手の生産物を欲する者が，そ
　れと交換に与えるべき余剰を持っていない，あるいはそういう余剰を持つ
　ために是非とも必要とされる犠牲を払おうとしないときにもまた，需要は
　全然ない。欲望もしくは支払能力が生産量におよばないときには，需要は
　あってもそれは生産を下回る需要である。支払い能力を伴った欲望が現存
　の生産量によって完全に充足されないときには，反対に，需要が生産を上

回る。」（*N. P.* 2 éd., t. 2. pp.379-380. 斎藤訳，p.101.）

　ここではシスモンディは，いわば商品の使用価値と価値（あるいは交換価値）を混同・混在してはいるが，生産（供給）と需要をそれぞれ独立した要素として捉え，両者の量的不一致が生じる可能性を指摘している。さきの『エディンバラ・レヴュー』誌の論稿の筆者は，その点，一つの取引を需要面と供給面の両側面から見て，両者は一致すると述べているのであって，このような視点に対してシスモンディが批判しているのである。

　つぎにシスモンディは，先の論稿の筆者が「まったく違った二つの事柄である商業と消費を混同している」ことを批判する。この場合の「商業」とは，商人間の取引を指している。「商業は生産物の分配を通して需要のために役立つが，需要を創造はしない」し，「商業は商品の持ち手を変える」だけであって，「それが最終需要，すなわち生産物を市場から手に入れて使用し，消滅させる消費者の需要に出会うまでは，商品を常に市場にとどめておく」（*N. P.* 2 éd., t. 2. p.380. 斎藤訳，pp.101-102.）にすぎない，とする。「商業」自体は最終需要（最終消費）を生み出さないし，「商業」の局面で商品が販売されたからといって，それが最終需要でない場合は，商品は市場にとどまると指摘されている。

　これに続いて『エディンバラ・レヴュー』誌の論者が，ひとりの農業者が労働者を雇用して食糧を生産し，ひとりの製造業経営者が労働者を雇用して衣服を生産させる例を設定し，農業生産物のうち農業労働者の食糧とならない部分が製造業労働者に食糧として提供され，製造業生産物のうち製造業労働者が着用しない衣服（製造業は衣服の製造で代表されている）が農業労働者に提供され，食糧と衣服はたがいに交換されるという例を設定し，「余剰の食糧は衣服に対する需要となり，余剰の衣服は食糧の需要となる」と指摘していることに対して，シスモンディは，「現実の世界とまったく違った仮定の世界を作り上げて」いるとし，これに対する問題点を以下のように挙げている（*N. P.* 2 éd., t. 2. p.383-385. 斎藤訳，pp.103-106.（このパラグラフの以下の引用も含む））。すなわち，第 1 に，「論者は，利得をもたらさない労働，労働者の消費したものをやっと更新するにすぎない再生産を想定している。なぜなら，全部で 200 人の労働者がいて，そのうちの 100 人が 200 人分の食糧を生産し，他の 100 人が同

じく200人分の衣服を生産するのであるから」と指摘され，続けてこの想定の問題点は，「もしも彼らが200人分以上の食糧または衣服を生産するとしたら，消費者はどこにいるのか？」という点にあるとされる[8]。第2に，「雇主と労働者を想定しているけれども，雇主の分け前としてはなにも残していない」点である。「もしも雇主に分け前が少しもなく，利得が少しもないとすれば，労働を継続させることは雇主の利益には全然なりえない」。そこで第3に，「雇主は労働者を解雇するであろうし，そうなると，労働者が自分で独立して労働を継続していけるのでなければ，すべての仕事が停止する」点である。結局シスモンディは，「こういう誤った仮定が，議論全体の基礎にある」と指摘する。「労働者の生産物のうち，それを生産した労働者の消費を超える余剰の部分はどうなるか，ということを考える際，労働のもたらす必然的な利得で，雇主の必然的な分け前となる部分を無視してはならない」と考えるのである。さらに第4に，論者による農業労働者と製造業労働者による交換は，「双方に余りを生じない，完全な，かつ等しい，また分割できない量であり，しかもこの二つの量が，必ず等しい努力ないし犠牲——この努力ないし犠牲は，それを1単位とみなしうる——によって獲得される場合だけに限られる」とシスモンディは指摘し，これに続けて，労働者の中での貧富の差の存在，1日の労働時間や労働の内容や質，それに労働の強度の違いが存在することが述べられている。ここでもシスモンディは，先の論稿の筆者の論理設定が余りにも抽象的すぎて現実から遊離していることを示そうとしていると思われる。ただ，そのこと以上に看過すべきではない点は（シスモンディ自身は意識していないだろうが），窮乏状態におかれた労働者の存在を直視するとともに，「雇主の必然的な分け前となる部分」が「労働者の生産物のうち，それを生産した労働者の消費を超える余剰の部分」によって充てられる，すなわち雇主の分け前（換言すれば資本の利潤）は労働者によって生産されたものの一部分である，と指摘されている点である。

　これ以降も『エディンバラ・レヴュー』誌に掲載された論稿に関する批判的検討が続く。例えば，1日の労働時間が減少，あるいは増加した場合やより劣悪な条件のもとでの労働を余儀なくされるような変化（前者の場合は，それによって生じた余暇は休息や精神の鍛錬に充てられ，後者の場合は，肉体面，精

神面への配慮，もしくはそれらの犠牲・損傷を生む），さらに全般的な窮乏状態の場合の諸問題，そして労働生産力が上昇する場合に関する反論を展開している[9]。すなわちそこでは，論者が，増加した生産物を農業労働者と製造業労働者でたがいに交換されると考えているのに対して，シスモンディは，それは架空の設定であって現実にはあり得ないと批判する。それだけではない。シスモンディが，「われわれは，労働の生産物の増大から利益を得る者が労働者ではないことを十分知っているし，世界の産業の歴史は，そのことをいやというほど教えている。労働者の賃金は決して増大しない」(*N. P.* 2 éd., t. 2. p. 396. 斎藤訳, pp.114.) と指摘する点に注目しておきたい。

　つぎに論者は，「供給過剰とは，ある特定種類の商品の生産（供給）が，その商品の対価物となるべき他の商品の比例的増大を伴わないで増大することである」としたうえで，仮に農業分野にあらたな資本家が参入することによって農業生産物が増大するような場合には，この新たな資本家の半数が製造業者になれば，生産と消費は均衡する，と主張していることに対して，シスモンディは，このような対策は実行不可能であって，「リカードウ氏と彼の門弟は，現実にありえようもない例を提示して悦に入っている」(*N. P.* 2 éd., t. 2. p. 399. 斎藤訳, pp.116.) と批判する。そして，市場の大きさは誰にも分からず，また生産者はそれを知ろうともしないし，彼らは互いに顧客を奪い合おうとしているだけであると指摘されている。

　最後に，論者が，ある特定の種類の商品が他の諸商品と無関係に増大するとき，供給過剰・販路の梗塞が起こるが，すべての商品が同時に増大するときには，さまざまな物品がたがいに購買されるようになり，生産の増加と需要の増加は一致する，と述べている点について，シスモンディは，商業はいたるところで同じような販路の行き詰まりを経験しているし，あらゆる業種で人手は過剰であると指摘する。

　以上が『経済学新原理』第 2 版に補遺の形で収録されたシスモンディによる「生産と消費の均衡」に関する第 1 論文の概要である。全体として『エディンバラ・レヴュー』誌に掲載された論稿に対する批判を通じて，その論者だけではなくリカードウをも批判する内容となっている。その要点は，リカードウとその門弟の主張は抽象的であり，現実の経済状況を無視した空論であるという

こと，経済の現状は供給過剰・市場の梗塞した状態にあること，生産者は市場の需要を予測することは困難であること，特に製造業でそのことは顕著であること，農業生産物でも製造業生産物であっても，その販売不振はそれぞれの産業で雇用されている労働者の解雇につながり，彼らの生活困難を招来すること，そして何よりも注目すべき点として，労働者の貧困状態，人口の貧富の差に着目し，重視していること等である。

3. 『経済学新原理』第 2 版補遺第 2 論文の要点

シスモンディ「生産と消費の均衡に関する注釈」のなかの「第 2 論文　生産と商品の均衡について」は，1824 年に『ルヴュー・アンシクロペディク』誌第 22 巻に掲載された論文を採録したものである。前述のように，1919 年に『経済学新原理』を出版し，リカードウに面会する機会を得，そこで自己の見解を著作とともに披露したにもかかわらず，全く相手にされなかったシスモンディは，その後も自分の考えの正しさを折に触れて主張してきた。この論文もその一つである。その内容は，当然，リカードウ批判になっているし，第 1 論文として収録された 1820 年に公表された上記の論文がリカードウの「門弟」の論考を批判の対象にして書かれているのに対して，この第 2 論文に収録されたものは，公然とリカードウの名を挙げて批判する内容になっている。

まず冒頭に以下の叙述がある。

「ここに問題がある。イングランドではリカードウ氏，大陸でセー氏は，経済学者にとって富の生産に関心を抱くだけで十分であると主張した。なぜならば国民の最高の繁栄は，つねにより多くの生産にかかっているからである。彼らは，交換手段を作ることによって，生産は消費を創造するし，人間の産業が生産した量がどれだけであろうと，富が市場を梗塞すると考えるべきでは決してない，なぜならば，人間の欲望と欲求はつねに，すべての富を使用に振り向けようとするからであると主張した。／他方で，イングランドのマルサス氏は，私が（ヨーロッパ）大陸で実行しようと努めたように，消費は生産の必然的な結果ではないということ，また確

かに人間の欲望や欲求は無限ではあるが，これらの欲望や欲求は，それらが交換手段に結びつかない限り，消費によって満足させられないということ，これらの欲望や欲求を持つひとびとの手中にそれらの交換手段を使用させるためにそれらを製造してもこと足りないということ，労働需要や賃金が減少するのに交換手段が社会で増加することが同様に頻繁に生じるということ，そのときは人口の一部分の欲望や欲求は満たされ得ないということ，そして消費もまた減少するということを断言した。最後にわれわれは，社会の繁栄の曖昧ではない兆候は，富の生産の増加ではなく，労働需要の増加，あるいは彼（労働者）に報いる報酬の支払いの増加であると断言する。」(*N. P.* 2 éd., t. 2. pp.408-409.)

ここに明瞭に述べられているように，この『経済学新原理』第2巻の第2版補遺に収録された論稿は，リカードウとセーをひとつのグループ，マルサスとシスモンディをもうひとつのグループとして，両者の見解の相違を指摘している。その相違とは，前者は生産が消費を創造する，人間の欲望・欲求は無限であり，すべての富は消費されると考えるのに対して，後者は，消費は生産の必然的な結果ではない（生産は必ず消費を生み出すとは限らない）し，確かに人間の欲望・欲求は無限であるが，「交換手段」（購買手段あるいは所得）がなければ消費につながらないということ，また「交換手段」を増加させる（より多く流通させる）ことだけでも消費は増加しないと主張する。さらにシスモンディは，「繁栄」（富の増加，あるいは順調な拡大再生産）を実現するためには，「労働需要の増加，あるいは彼（労働者）に報いる報酬の支払いの増加」，すなわち労働者（あるいは貧者）に支払われる賃金の増加が不可欠であると主張する。この点は，前節はじめ既発表の拙稿でも触れたように，シスモンディ経済学の底辺にある思想を示す表現として重要であると思われる。

　上記の引用文に続けて，シスモンディは，以下の見解を述べている。

　　「リカードウ氏とセー氏は，労働の増加する需要は繁栄の象徴ではないということを否定しなかったが，しかし彼らは，それ（労働需要の増加）は生産の増加の不可避的な結果であると主張した。／マルサス氏と私は，そ

のことを否定する。われわれはこの二つの増加を独立した諸原因の結果であり，時にはしばしば逆になると考えるからである。われわれに依れば，労働需要が先行せず，生産を決定しなかったとき，市場は梗塞され，そしてその時，新たな生産は享楽ではなく破産の原因になる。」(N. P. 2 éd., t. 2. p.410.)

　シスモンディは，まず労働需要の増加が必要であり，その結果として生産が増加することが，社会経済の安定的な発展・繁栄にとって必要であると考えている。

　これらの主張の直後に以下のように述べて，この論稿を 1824 年に発表した経緯の一端を明らかにしている。

　　「リカードウ氏は，その生涯の晩年にジュネーヴに数日間とどまった。われわれは 2～3 回，われわれが対立しているこの基本的な問題をともに議論した。……（中略）……しかし，口頭の議論は，現実的な計算やいわば抽象的な思考という非常に困難な結合を必要とする問題に十分になりえない。それ故に私は，もう少しの道理ともう少しの記憶の助けを借りて，私にとってその記憶が貴重な会談で私が行った議論を，ここに再現するつもりである。／私は，すべての産業分野，農業と製造業は，ヨーロッパのすべての国々で市場の混乱（飽和），販売の不可能，あるいは投げ売りとは異なる販売の不可能性の苦痛を次々と訴えていることをどれも認めるのである（どうしてそれを認めずにいられるのだろうか？）。私は，そこに生産過剰，あるいは生産と消費の不均衡を認めたのであるが，しかしリカードウ氏に依れば，この過剰や不均衡は同様にあり得ないし，彼はこの結果を社会秩序の欠陥に，生産物の流通と税金にもたらされた障害の所為にした。」(N. P. 2 éd., t. 2. pp.410-411.)

　すなわち，前記のようにシスモンディは，1822 年にヨーロッパを旅行中のリカードウにジュネーヴで面会しているが，その際，自説を前提に彼と議論を交わしている。しかしリカードウはシスモンディの説を最後まで受け入れること

はなかったといわれる。この論稿はそれを踏まえて，シスモンディがリカード
ウ批判を確認するために執筆したものであること，それとともに「ヨーロッパ
のすべての国々で生じている市場の混乱」，「生産過剰，あるいは生産と消費の
不均衡」を認めるシスモンディに対して，リカードウは生産「過剰や不均衡
は」ありえないと主張したことが分かる[10]。

おわりに

　シスモンディ『経済学新原理』第2版の補遺に収録された論文は，これまで
見てきたように，リカードウやその門弟に対する批判，彼らによるシスモン
ディ批判に対する反論として，『経済学新原理』初版の出版後に各種の雑誌等
に寄稿されたものの採録である。その要点は第1に，生産（供給）が消費（需
要）を生み出すとの見方を批判して，逆に消費（需要）が生産（供給）を規定
するという論理を展開していることである。この点は，『経済学新原理』本文
では，所得が生産（供給）を規定するという論理で再生産論が展開されてい
る。第2に，生産物を農産物と被服（製造品）に代表させて再生産の均衡を証
明する論理を批判し，そのような論理設定は架空で恣意的なものにすぎず，議
論が抽象的であると否定している点である。さらに「リカードウ氏の門弟」が
設定する拡大再生産のプロセスに関しても現実的ではないと批判している点で
ある。シスモンディの見解では，農業においても製造業においても，生産者は
市場の大きさを予測することは不可能なのであって，市場を巡る生産者（供給
者）間の競争は不可避であると考えるのである。第3に，現実の経済社会を直
視するならば，その混乱と人々の貧富の差の存在，さらにとりわけ貧者の悲惨
な生活困窮の実態を無視できないとする点である。そしてこれらの見解の根底
に，シスモンディは，貧者の安定的な生活の維持・確保の必要を追求し，最大
多数のひとびとの最大の幸福の実現を求める思想があるのである。たんに理論
だけを追求し展開するのではなく，現実を直視し，経済の混乱や困難を回避す
ることを，シスモンディは希求しているのである。

注

1）シスモンディによるこの注の原文は，以下の通り。Ce petit écrit a été publié une première fois dans les *Annales de jurisprudence* du docteur Rossi, en 1820, sous le titre suivant : *Examen de cette question : Le pouvoir de consommer s'accroit-il toujours dans la société avec le pouvoir de produire ?*

2）原文は以下の通り。Ce petit écrit a été publié une première fois dans la *Revue encyclopédique*. Mai 1824, tome xxii.

3）他の2例から推察すれば，この第3論文は，この補遺への書き下ろしと考えられる。

4）ここで用いられている UTILITÉ は，効用の意味だけではなく，功利（utilitaire）の意味も含まれていると考えられる。本稿末尾に掲げた参考文献の中の拙稿，とりわけ12）「ピエール・プレヴォとシスモンディ─経済思想における功利主義的要素─」参照。

5）下記参考文献に列挙した拙稿を参照。

6）この引用文中にある『エディンバラ・レヴュー（*Edinburgh Review*）』誌第64号（No. LXIV）は，巻数では第32巻（Vol. XXXII）の中に入っている。インターネットで閲覧できるカリフォルニア大学図書館の *Edinburgh Review* 誌では，451ページから477ページ（October 1819）に，この第11論文が掲載されている。

7）この2件に関して，訳者の斎藤佳倍氏は詳細な注釈を付していて，大いに参考になる（斎藤訳，pp. 98-99.）。

8）これに続けてシスモンディは，「同時に，論者は，利得がなければ決して行われないはずの分業を想定している。」と記しているが，この意味は必ずしも明瞭ではないように思われる。ここで想定されている分業が食糧と衣服のそれであることは明白であるが，そこに不可欠な利得は何か？　考えられることは，交換が行われる不可欠な条件の一つとして，シスモンディは利得の発生を想定している可能性がある，利得が得られるからこそ交換する，ということである。

9）この点に関してシスモンディは，以下のコメントを付している。

「論者の今度の仮定によれば，余剰の生産物，すなわち労働のもたらす利得が存在する。それはだれの手にあるのか？　問題は，まず，道徳的にみて重大である。労働の新しい発展によってだれが利益を受け，なにが国民の幸福として得られるのかを知る意味で。それから，経済的にみて重大である。なぜなら，消費者の数は消費の大きさに決定的な影響を及ぼすはずだからである。／論者はこうしたことについてなにも述べていないので，われわれは，労働の新しい発展が労働者の利益になる場合と，それが雇い主の利益になる場合と，この両方の場合を想定して議論を進めなければならない。」（*N. P.* 2 éd., t. 2. p. 395. 斎藤訳，pp.113.）

たんに余剰生産物が生まれるということだけでなく，それが国民の中のいかなる層にもたらされるのか，その問題設定の中には社会の階級分化と，とりわけどの階級がその利益を獲得するのかが問題であることが指摘されている点に，注目したい。

10）本論稿におけるこれ以降の叙述は，リカードウ（およびセー）の議論を詳細に検討することに充てられているが，ここでは紙幅の関係で割愛する。

参考文献

1) *Annales de législation et de jurisprudence.* 1820-1822.（*Annales de législation et d'économie politique,* 1823- ）

2) *Bibliothèque britannique,* 1796-1815.（*Bibliothèque universelle des sciences, belles-lettres et arts,* 1816- ）

3) la Revue encyclopédique, 1824, tome XXII.

4) Simonde de Sismondi, J.-C.-L., *Nouveaux Principes d'économie politique, ou de la richesse dans ses rapports avec population,* 2 vols. 1er éd. 1819. seconde éd., 1827.

5) 斎藤佳倍（訳），「シスモンディ『生産と消費の均衡について―リカアドウ氏の一門弟に反論する―』」，平瀬巳之吉編『経済学・歴史と現代』時潮社，1974年

6) 中宮光隆，「シスモンディとリカードウの一接点」熊本県立大学総合管理学会編『熊本県立大学総合管理学部創立 10 周年記念論文集　新千年紀のパラダイム―アドミニストレーション―』上巻，2004 年 5 月 10 日，九州大学出版会

7) ―――，「シスモンディの経済思想とその由来―マッキントッシュ，コンスタン，ピクテ＝ド＝ロシュモンを中心に―」飯田裕康・出雲雅志・柳田芳伸編著『マルサスと同時代人たち』日本経済評論社，2006 年 11 月 20 日

8) ―――，「シスモンディと周囲の人々との交流の一齣」熊本県立大学総合管理学会『アドミニストレーション』第 15 巻 3・4 合併号，2009 年 3 月 30 日

9) ―――，「ピエール・プレヴォの生涯と業績」熊本県立大学総合管理学会『アドミニストレーション』第 16 巻 3・4 合併号，2010 年 3 月 31 日

10) ―――，「ピエール・プレヴォにおける道徳哲学と経済学」熊本県立大学総合管理学会『アドミニストレーション』第 17 巻 3・4 合併号，2011 年 3 月 18 日

11) ―――，「『ビブリオテーク・ブリタニク』誌とピエール・プレヴォ―効用原理と道徳哲学―」，熊本県立大学総合管理学会『アドミニストレーション』第 18 巻 1・2 合併号，2011 年 11 月 25 日

12) ―――，「ピエール・プレヴォとシスモンディ―経済思想における功利主義的要素―」熊本県立大学総合管理学会『アドミニストレーション』第 18 巻 3・4 合併号，2012 年 3 月 31 日（2011 年 11 月経済学史学会第 75 回全国大会報告に加筆）

第2部

公共専攻

九州からアジア雄飛を夢見た男たち

―宮崎滔天と頭山満―

高埜　　健

はじめに―西郷隆盛とアジア主義の源流―
1. 頭山満と筑前玄洋社
2. 孫文の革命運動を支えた宮崎滔天
3. 宮崎滔天の良き理解者・頭山満
おわりに―志半ばに終わったアジア雄飛と現代への教訓―

はじめに―西郷隆盛とアジア主義の源流―

　本稿は，九州（熊本および福岡）が生んだ思想家・活動家である滔天宮崎寅蔵（虎蔵）と立雲翁こと頭山満という人物の生涯，なかんずくアジア解放に懸けた彼らの活動の軌跡に焦点を当てるものである。二人は明治から大正にかけて，また頭山は滔天の死後も満州事変，日中戦争から第二次世界大戦に突入した昭和期において，アジア主義（興亜論，大アジア主義，汎アジア主義等）[1]と呼ばれる考え方（主張，思想，行動およびその指針等）を体現しようとした。二人が生きた時代を振り返るならば，1871（明治4）年に生まれ1922（大正11）年に51歳で亡くなった滔天に比べて，江戸末期の1855（安政2）年に生まれ1944（昭和19）年までの89年を生きた頭山の方に主眼を置くべきかもしれない。しかし，筆者は宮崎滔天に関する研究[2]を進めていく中で，頭山満の存在と言動が滔天に大きな影響を与えていたことを知るに至ったので，本稿では滔天を中心として二人の関係，あるいは二人を取り巻く人間関係，時代環境・国際環境について述べてみたい。その目的は，明治・大正の日本において

アジア解放を唱え，アジア雄飛を夢見た先人たちの考えを，21世紀前半の今日において，必ずしも良好とは言えない近隣アジア諸国（とりわけ中国）との関係構築に生かすことができないか，という問題意識に基づいている。

　そこで，まずは本稿で扱うところの「アジア主義」を如何に定義するかであるが，それは多義的であり一言で説明することは極めて難しい[3]。本稿で用いるその概念をごく簡素化して述べるならば，「欧米列強の侵略の脅威に抵抗してアジア（非西欧地域）を解放するため，尊王攘夷思想に基づいてアジア諸国・諸地域との連帯を強化するという考え方とその実践」とまとめることが可能である[4]。そして，その最初期の唱道者であったのが，やはり九州は鹿児島出身の南洲こと西郷隆盛であった。西郷の「アジア解放」の考え方の本質は，その字面から印象付けられる高圧的な「征韓論」などではなく[5]，明治維新の理想の延長線上にあった。すなわち西郷は朝鮮のみならず，中国さらには東アジア全域に至るまで各々の理想とする国づくりを可能にする，そんな世界を心に描いていた。すなわち西郷は道義外交の立場から，武力による朝鮮開国を唱えていた大久保利通，岩倉具視ら政府首脳を説き伏せて，自身の命を懸けてでも――単独でしかも「丸腰」で――渡韓して明治新政府との国交を樹立し，朝鮮と提携して欧米列強の圧力に対抗しようとしたのである[6]。したがって，最初期のアジア主義は南洲の表舞台からの退場と共に挫折する。その後，大久保，岩倉，木戸孝允らの文明開化派ないし藩閥（有司専制）政府が，西郷や板垣退助，江藤新平らの下野後，1874（明治7）年には台湾に出兵し，さらに翌1875（明治8）年，江華島事件を起こして朝鮮を開国させ，欧米列強と何ら変わらない砲艦外交ぶりを見せつけたのであった[7]。

　ただ，西郷の「道義外交」が実際には「征韓」論ではなかったとしても，字面の「征韓」論――すなわち日本の対外強硬姿勢への支持――が不平士族たちの鬱屈した気持ちの受け皿となっていた側面があったことは強ち間違いではない。でなければ，宮崎八郎（1851［嘉永4］年〜1877［明治10］年）のような郷士の出の者が，征韓論争で大久保や岩倉，木戸らに敗れて下野した西郷に共感した挙句西南戦争に殉じる一方，その大久保や大隈重信らが中心となって実行した台湾出兵に仲間と共に参加していた[8]という，この一見矛盾するかに見られる2つの行動を論理的に説明することはできない。

西南戦争を「古色蒼然とした錦絵風の英雄挫折物語だと思っていた」政治学者の橋川文三（1922-1983年）は，「熊本協同隊」を組織して参戦した宮崎八郎が「東洋のルソー」こと中江兆民（1847［弘化4］年～1901［明治34］年）に薫陶を受け，「九州のルソー」の異名をとる存在だったと知ってショックを受けたという[9]。いわゆる自由民権思想は，後に玄洋社を結社する福岡の青年士族らを含む，いわゆる不平士族たちにとってもそうだが，西郷そして板垣を，反体制，より正確に言えば反藩閥（有司専制）政府のシンボルとして祀り上げるためのイデオロギーとなったのだ。むしろ，この期に及んで「尊王・攘夷・公議公論」という維新精神の「三位一体」の正統性が争われたと見ることもできる。同時に，その鬱屈したエネルギーのはけ口が，朝鮮にせよ台湾にせよ海外進出に求められたのである。とりわけ地理的に近い九州における明治青年たちには「アジア雄飛」という夢想が広がっていたのだと言えるだろう[10]。

　さて，若き「九州のルソー」こと宮崎八郎は，言うまでもなく後の滔天寅蔵の20歳上の兄である[11]。寅蔵は幼少の頃から，「兄様」すなわち，この八郎のようになりなさい，と周囲から言われて育った。その八郎が八代萩原堤で討ち死にしたとの報を受けた父長蔵政賢（正賢）は号泣しつつ，寅蔵ら年端も行かぬ弟たちに対して「宮崎家の者は，もう一生，官の付く職に就く（官の飯を食う）べからず」と絶叫したという[12]。滔天によれば——自由民権の何物なるを知らずして自由民権を善きことと思い——民権運動家として生きるという，その後の人生の指針は，その時に決まったと言えるのであった[13]。

1.　頭山満と筑前玄洋社

（1）　玄洋社結成に至るまで

　西郷との縁という意味では，福岡に生まれ育った頭山満も——遂に生前の西郷と会うことはなかったが——浅からぬものがあった。後に頭山と共に「筑前玄洋社」（以下，玄洋社）を結成する青年士族グループは，征韓論争で西郷と共に下野した江藤新平が1874（明治7）年に起こした佐賀の乱に続いて1876（明治9）年——熊本で神風連の乱，福岡で秋月の乱が起きた後——山口県萩で前原一誠（長州藩士，1834［天保5］年～1876年）が起こした萩の乱に呼応した廉

で，警察当局に逮捕・拘留されていた。頭山らは西郷軍と共に蹶起する覚悟であったが不発に終わったのである（西南戦争後に保釈されて福岡に戻る）。しかし，西郷を崇拝してやまなかった頭山は，1878（明治11）年5月，大久保利通が東京紀尾井坂で暗殺されたとの報を受け，いよいよ有司専制政府打倒のため板垣退助に挙兵を仰ごうと土佐に向かった。一般に西南戦争は，上記一連の反乱と同様，明治政府成立以来の不平士族による反乱であり，また日本史上における最後にして最大の内戦と解釈されているが，下野して反政府側（いわゆる賊軍）に身を投じた「征韓論者」たちは「民権論者」たちでもあった。すなわち外交問題のような国論を二分する問題は公議公論に問うべきであるとの考え方が，有司専制政府のやり方と相容れないところに大いに不満を抱いていたのである。

　ところで頭山満といえば，「国家主義者，政界の黒幕，大アジア主義を唱え大陸進出に暗躍した右翼の巨頭」などと紹介されることが多いし[14]，「日清戦争や日露戦争を敢行すべきだと提唱した軍拡派の典型で（中略）満州事変や日中戦争も黒幕として推進させた，戦後派の表現では『大陸侵略の先兵』」[15]などと考えられてきた。また，頭山が設立に関わった玄洋社についても，未だにある種の偏見ないし先入観が付きまとうものと思われる[16]。頭山は心酔していた西郷の死後，その理想を実現しようとしたが，土佐で自由民権運動の旗手である板垣に会って考えを改めた。生粋の尊王攘夷派を自認していた頭山は，「天皇の地位を神聖冒すべからざる安泰の地位に置くために四民を平等にし，憲法を制定し議会を開設し，責任内閣を造る」ことの重要性を真摯に説く板垣の人間に惚れ込んだ[17]。そして半年にも及んだ土佐滞在中に，頭山はやはり土佐が生んだ著名な民権運動家・植木枝盛とも知己を得て交流を深める。ついでに言えば，頭山は徳富蘇峰や中江兆民とも親交があり，特に兆民とは思想信条の違いを超えて互いを認め合う仲だった[18]。こうした事実は，頭山を単なる「右翼の巨頭」などと決めつけることのできない，交遊関係およびその人間性と思想的な幅の広さを持った人物であることを物語るものにほかならない。

　さて，板垣に挙兵の意思なきことを理解した頭山は，以後，武力反乱に向けてようとしていたエネルギーを政治活動に注力することとなる[19]。土佐から戻った1878（明治11）年12月，頭山は箱田六輔，進藤喜平太らと共に玄洋社

の前身である向陽社を結成し，さらにこの向陽社が中心となって設立した「筑前共愛公衆会」を代表して1880（明治13）年1月，元老院に「国会開設および条約改正の建言（請願書）」を提出する。ここでは攘夷思想の延長上にある国権（条約改正）と公議公論の延長線上にある民権（国会開設）の不可分な関係が論理的に強調されていた[20]。1881（明治14）年2月，向陽社・共愛会は発展的に改組して玄洋社と改名した。その玄洋社憲則は次の三か条から成っている。

第一条　皇室を敬戴すべし
第二条　本国を愛重すべし
第三条　人民の権利を固守すべし

　玄洋社については，後述するように，民権から国権への転向があったというのが一般的な見方とされるが，この憲則を定めた時点で既に明らかなように，玄洋社の方針は「人民権利の主張と，粋然たる国粋の精神とを直結した一つの典型として，思想史上，注目すべき」[21]ものであった。創立メンバーには頭山ら上記の面々に加えて福本誠（日南），内田良五郎（内田良平の父），大原義剛，的野半介，月成功太郎（後の広田弘毅夫人の父）らが名を連ね，後に杉山茂丸（杉山泰道＝夢野久作の父）なども加わった。しかし，1881（明治14）年10月に国会開設の勅諭が出されるに及び，国会開設と条約改正を目標としていた全国の民権運動組織と同様，玄洋社も，その矛先の向け処を失う形となるのである。実際，1885（明治18）年の伊藤博文による最初の内閣発足までの4年間は，玄洋社には表面的な政治活動に見るべきものはなかった[22]。

(2) 朝鮮独立運動への支援

　さて，そのような玄洋社，なかんずく頭山満は，どのようにして後に「大アジア主義」と結び付けて論じられるようになっていくのか。第一には朝鮮開化派（独立党）の金玉均（Gim Okgyun/Kim Ok-kiun, 1851-1894）[23]や朴泳孝（Bak/Park Yeonghyo. 1861-1939）との関係があった。上記国会開設勅諭の後，日本国内では反政府派の板垣率いる自由党，大隈の改進党などが互いに足を引っ張り合い，また，過激化した民権派勢力が1884（明治17）年の加波山事件，1885年の大阪事件[24]，1886年の静岡事件等々，反乱・暴力事件（未遂を含

む）を次々と起こした。しかし、頭山は、むしろ大阪事件を起こした大井憲太郎率いる自由党急進派の「機密性を欠く粗略な計画に、遠からず事が破れることを直感し」[25]て、こうした動きに玄洋社は一切関わろうとしなかった。他方でこの頃、玄洋社は、中江兆民そして熊本の前田下学（後の宮崎滔天の義兄）らと共に、韓国釜山に善隣館という日中韓の三か国語を学べる語学学校を設立する準備をしていた。朝鮮で起きていた1882年7月の壬午軍乱（事変）や1884年12月の甲申政変（事変）を受けて、玄洋社としても朝鮮改革への具体案を検討していたのである。ところが、大井一派が合流を打診してきたため、大阪事件への関与を疑われることへの警戒心を募らせた頭山は、既に日本に亡命していた金玉均に善隣館建設の資金を全て託し、この計画を頓挫させたのであった[26]。

　この朝鮮開化派への支援を始めたことが頭山および玄洋社のアジアへの関わりの第一歩となった。金玉均らは、その後約10年に渡って滞日する。しかし、特に金は大阪事件への関与が疑われた[27]こともあり、東京、北海道、栃木、小笠原父島へと住処を転々とさせられるのであるが、その間、金の面倒を見たのが玄洋社員らであった。中でも頭山と金は肝胆相照らす仲となった。頭山は金を評して曰く、「非常な才物であるということと野放図（横着）な所もあるが珍しい豪の者であるということを見抜いた。そこで俺は、宜しい一臂の労を取ろうと決心した」[28]。ところが、頭山は、金のために資金繰りに奔走したがなかなか上手くいかず、亡命生活の中で捲土重来を期して血気に逸る金に、大石内蔵助の如く敵を油断させるために「馬鹿のありたけを尽くすように」進言したり、また、その間、金に接近してきた朝鮮政府の放った刺客と親しく接する金に警告したことなどを後年回想している[29]が、肝心の金の最終目的たる朝鮮改革運動を支援することは遂に叶わなかった。1894（明治27）年3月、滞日生活に倦んでいた金は、清国宰相・李鴻章から会談の用意があると誘われ、周囲がそれは罠だと渡航を止める中、敢えて「虎穴に入らずんば……」の心境で海を渡ったものの、果せるかな到着先の上海で刺客に射殺されてしまった。しかし、金玉均の暗殺は悲劇であったが、朝鮮開化派への支援活動は、後年の「玄洋社の大陸政策を準備した第一段階として注目されるべきもの」[30]となるのであった。

この金玉均との関係で得た経験を生かして，玄洋社とりわけ頭山が熱心に取り組んだのが孫文（孫逸仙 Sun Yat-sen または孫中山，1866〜1925年）の革命運動への支援であった。マリウス・ジャンセンは，玄洋社，民党（民権派）政治家，あるいは福澤諭吉のような在野の活動家と金との関係は，後年彼らが築くことになる孫文との関係の先例となったと指摘する[31]。しかし，ここで孫文との関係に入る前に，もう少し金玉均とも関係する当時の国情および国際情勢について述べておこう。

(3) 日清戦争と孫文

1890（明治23）年，日本では第1回目の衆議院議員総選挙が行われた。周囲からの強い求めにもかかわらず頭山自身は出馬しなかったが，資金集めと選挙戦を指揮し，福岡での9議席中，香月恕経（1842［天保13］年〜1894［明治27］年）ら玄洋社系候補に7議席を獲得させた。頭山は，その香月らに，国会における政府案の海軍軍備予算増強への支持を命じた。その後1892（明治25）年の第2回総選挙に際し，玄洋社が実力行使を以て明白な形で政府側に介入した，いわゆる「選挙大干渉」によって同選挙でも圧勝したことで，玄洋社は民権派から国権派に「転向」したという評価が一般的となった[32]。

しかし，頭山が政府の海軍力増強政策を強く支持したのは，偏に金玉均の暗殺という悲劇に終わった朝鮮改革運動の失敗と，それに対する清国軍（特に海軍）介入への強い危機感があったからである[33]。そもそも壬午軍乱は朝鮮閔氏政権が雇った日本人軍事顧問をはじめ多数の日本人外交官が殺害された事件であったし，また1886（明治19）年の長崎における中国水兵の示威行為と暴行事件によって，日本の世論も清韓両国に対する憤りに満ちていた。要するに，玄洋社の方針と行動は——たしかに選挙干渉における民権派排除の実力行使はやりすぎだったかもしれないが——時勢を正確に読んだ上での合理的な判断に基づく愛国的行動であったと言えるだろう。

実際，日本でも人気の高かった金玉均が暗殺され凌遅刑に処せられたと報じられると，日本国内における対支強硬論（「清国膺懲（ようちょう）」の気運）が沸騰した。金の盟友であった福澤諭吉は主宰する『時事新報』で連日，対清開戦の論陣を張った。果たして日清戦争は1894（明治27）年7月，この直前

に朝鮮で起きていた東学党の乱（甲午農民戦争）を鎮圧する名目で清が派兵して戦端が開かれた。これに呼応した玄洋社員（内田良平，大原義剛）や『二六新報』の鈴木天眼，そして武田範之ら朝鮮在住の壮士ら「天佑俠」と名乗る14人のグループが義勇兵として東学党に加わろうとする動きもあった。本稿ではこれ以上触れないが，その背後にいたのも頭山満であったとされる[34]。いずれにしても日清戦争には日本国内朝野を挙げての熱狂的な支持が集まり，連戦連勝を繰り広げた日本は老大国清に圧勝した。但し，1895（明治28）年4月に下関条約が締結されて当初の目的であった朝鮮独立を清に認めさせることはできたが，露仏独のいわゆる三国干渉を招くこととなり，日本の要求は全て叶えられたわけではなかった。

　この時，日清戦争で弱体化した清朝を打倒しようと広州で1895年10月に武装蜂起（第一次広州起義）を企てたのが孫文であった。だがこれは失敗に終わり，清朝政府からお尋ね者となった孫文はロンドンに亡命し，その後1897（明治30）年9月，日本に渡った。横浜において，かねて中国革命への関心を高めていた宮崎滔天と知り合い，滔天が孫文を頭山満および犬養毅（1855［安政2］年〜1932［昭和7］年，第29代内閣総理大臣）に紹介することになるのである。その詳細は次節に譲るとして，本節の終わりに頭山満の人となりについてもう少し述べておくこととしよう。

　孫の頭山統一（1935-1990）曰く，満の特色は「既成概念にとらわれずに人物を凝視し確認するところ」[35]にあったといい，「自らの意思で，自らをもっとも不利な環境に置き，世間の非難を一身に浴びながら世間を傲岸な姿勢で睨み返すような人物が，頭山は好き」であった。そして「自らの信念に従って断固として独往する一人は，千万人の平凡人の及ぶところではない，と考える頭山」が「探し求める人物は，一人を以て千万人に当たる者」であった[36]。金玉均にせよ孫文にせよ，あるいはインドの独立運動家ビハリ・ボース（Rash Behari Bose, 1886-1945）[37]にせよ，頭山が様々な形で支援したアジアの革命家たちは，頭山がそのように見込んだ人物であったのだろう。

　しかし，頭山満という人間は一筋縄ではいかない。頭山に私淑していた藤本尚則や葦津珍彦は，頭山を「巨人」と評す。一方，頭山と共に玄洋社で活動した杉山茂丸の息子・杉山泰道すなわち夢野久作が奇書『ドグラ・マグラ』を出

版したのと同じ 1935（昭和 10）年の 4 月から 10 月にかけて雑誌『新青年』に連載した「近世快人伝」[38]における頭山は，「御自身で，御自身を現代の聖人とも，昭和維新の原動力とも，何とも思って御座らぬ。『俺は（略）一向ツマラヌ芸無し猿じゃ』と自分でも云うて御座る」[39]。ところが「西郷隆盛の所謂，命も要らず，名も要らず，金も官位も要らぬ九州浪人や，（略）所謂『頭山先生の命令とあれば火の柱にでも登る』という（略）青年連に尻を押されて，新興日本の尻を押し通して御座った……しかも，一寸一刻も，寝ても醒めても押し外したことはなかった（略）天才的な平凡児」として描かれる。どこか心惹かれる，誠に魅力的な人物なのである。

2. 孫文の革命運動を支えた宮崎滔天

（1）孫文を連れてきた滔天

　さて，1897 年に日本に亡命してきた孫文を，あたかも待ち伏せするかの如く横浜華人街に訪ねたのが滔天こと宮崎寅蔵であった。そこに至る経緯は些か複雑だが，簡潔にまとめておくと以下のようになる。

　1890（明治 23）年中から 1891 年夏にかけての時期（諸説あり），寅蔵は二兄[40]の彌蔵（1867［慶応 3］年～1896［明治 29］年）と共に長崎において，中国人に成りすまして中国に渡り，中国を根拠地としてアジア全域，果ては世界革命を目指すという途方もない夢を語り合った[41]。寅蔵は後年この彌蔵との会談を『三十三の夢』の中で「余が一生の大方針を確立せり」と記している[42]。ほどなく長崎の実業家で金玉均の支援者でもあった渡辺元にこの計画を打ち明けて支援を請うと，渡辺の紹介で彌蔵が横浜の中国商館に住み込み，そこで辮髪をも詭えて中国語と中国の風習を学ぶという渡清の準備に入ることになった。しかし生来病弱だった彌蔵は，折からの病（腸結核）を悪化させ，1896 年 7 月，東京の友人宅で 29 歳の若さで死んでしまった。弟寅蔵は暫く悲嘆に暮れ，「茫然自失して，為すところを知ら」[43]ずの状態に陥った。ところが彌蔵は生前，孫文と共に広州起義に失敗して亡命していた陳少白（Chan Siu-bak, 1869-1934）との接触に成功していた。そのことを知って漸く失意の底から立ち直った寅蔵は，同年 10 月に東京で開かれた彌蔵の招魂祭に参加し，これを

主催した同郷（葦北郡佐敷）出身の可児長一から犬養毅に会うことを勧められる。当初は渋々であったが結局会いに行くと図らずも犬養を気に入り中国革命への志を白状してしまう寅蔵は，犬養にも気に入られて，「外務省機密費」を使っての「中国秘密結社の調査」に派遣されることになった。

　ただ，この時，犬養が金を準備するまで暫く待っていろと寅蔵および同行予定だった平山周（1870［明治3］年～1940［昭和16］年，福岡出身）に命じたのが運の尽き，待っているうちに気持ちが倦んできた二人は酒を飲んでは女郎屋通いを繰り返しているうちに，寅蔵だけが入院が必要なほどの重い花柳病に罹ってしまった。それが1896年11月頃のことだったとされるが，翌97年3月頃に入退院という記録があるほど治療は長引いた[44]。実は，この時の入院費用金40円を工面したのが犬養と親しかった頭山満であった。寅蔵は（立雲こと頭山と木堂こと犬養の両名を並べて）「雲木二翁の恩顧なくんば，余の命ここに窮まりしやも知るべからず」[45] と記し，以後この二人には頭が上がらなくなる。

　さて，いよいよ渡航の準備が整い，出発前，寅蔵は小林樟雄（1856［安政3］年～1920［大正9］年，岡山藩士出の自由民権運動家で大阪事件にも関与。後に衆議院議員）に挨拶に行くが，その場に偶然居合わせた——興亜会創立者の一人で長兄八郎とかつて同志だった——曽根俊虎（1847［弘化4］年～1910［明治43］年）と出会った。この曽根の紹介によって寅蔵は横浜で兄彌蔵が会っていた陳少白と会い，その陳から興中会と孫文の名を聞くこととなる。1897年7月，寅蔵は（外務省機密費で）漸く中国に渡ったはよいが，孫文自身が日本に向かっていることを知り，急遽帰国する。

　かくして1897年9月，寅蔵は陳の寓居に同宿していた孫文と出会う。身長六尺に垂んとする大男の寅蔵は最初，身長160cm程度の孫文に，冴えない小男という印象を得るが，英語での会話と中国語（漢文）による筆談で話を進めるうちに，孫文の中国革命に対する熱い思いを知り，寅蔵は「たちまちその言に魅了されざるを得」ず，「誠にこれ東亜の珍宝なり」と，その人間にすっかり惚れ込んでしまった[46]。寅蔵は早速，孫文を犬養に引き合わせ，外務省にも報告したのだが，日本政府としては清朝（中国政府）のお尋ね者である孫文を公式には歓待するわけにはいかない。そこで犬養の計らいで孫文と陳少白を

平山周の中国語教師にするとの名目で，東京は早稲田鶴巻町に家を借りた。生活費は頭山満を介して玄洋社の元社長平山浩太郎が出資した。孫文の日本亡命生活は，このようにして始まったのである。付け加えれば，孫文を支援した日本人には他にも大勢おり，たとえば長崎出身で香港に写真館を開いていた実業家の梅屋庄吉（1869［明治元］年〜1934［昭和9］年）は，孫文の革命運動に巨額の資金援助をしたが，本稿では紙幅の都合もあるので多くは触れないでおく。

(2) 恵州起義の失敗まで

　孫文の日本亡命の翌年1898（明治31）年5月，寅蔵は，『福陵新報』から『九州日報』に改められた玄洋社の機関紙の番外記者となる。同年5〜7月，孫文がロンドン亡命時に清朝の公使館に拉致監禁されてから釈放されるまでの記録を綴った小冊子 "Sun Yat Sen Kidnapped in London" を翻訳し，同紙に「清国革命黨領袖孫逸仙　幽閉録」と題して連載した[47]。ちなみに「滔天」の筆名を使ったのは，この時が初めてであった[48]。それまで日本で半ば無名であった孫文は，この滔天の紹介記事により一躍その名を知られるようになった。同小冊子が「倫敦被難記」のタイトルで中国語訳されて上海で出版されるのは1912（大正元）年であったことを考えると，滔天の仕事は，その即時性が高く評価されるべきものである[49]。その夏，滔天は犬養から資金援助を得て，再び平山周と共に中国に渡る。その資金の一部は孫と陳にも分けられ，両名は横浜の華人街に潜むこととなった。

　この時の渡清における滔天らの任務は，犬養・大隈らが画策した清朝改革派の康有為（Kang Youwei, 1858-1927）一派と孫文の興中会を提携させることだった。康および梁啓超（Liang Qichao, 1873-1929）らは「戊戌の変法」に失敗して香港に逃れていた。実際1898年10月，滔天が康・梁の両名を日本に連れて帰ってきたところまでは上手くいったのだが，後年，滔天自身が「少しくユートピア的なり」[50]と述懐した通り，提携は失敗に終わる。康有為は「孔子の再来」とまで謳われた清朝のエリートであり，お尋ね者の孫文とは格が違うとばかりに面会すら拒否する始末であった。滔天は『三十三年の夢』の中で「珍客として歓待したりし我が国の人士も，またようやくその人物に飽ききたりて，

彼を疎外」するようになり，「康君は遂に為すところなくして，欧米行の途に
上るの止むを得ざるに至」[51]った。この康有為と孫文との提携を後押ししたの
は同 98 年の春に結成された「東亜会」であり，更にこれを発展的に拡大し，
「支那保全」を掲げて同年 11 月に発足した「東亜同文会」であった。そこには
犬養，滔天，平山周の他，玄洋社からは福本日南，平岡浩太郎，内田良平など
が，その他に陸羯南，三宅雪嶺，志賀重昂，池邊三山，神鞭知常，佐々友房，
谷干城，花房義質，岸田吟香，副島種臣，内藤湖南，根津一，山田良政ら錚々
たるメンバーが名を連ねた。会長には「アジア・モンロー主義」を唱える近衞
篤麿（1863［文久 3］年〜1904［明治 37］年，貴族院議長他を歴任）が就任した。
　しかし，その同文会において滔天や山田良政などは次第に「過激派」と目さ
れるようになり，1900（明治 33）年に会を除名される。滔天が官憲にマークさ
れたのは，上述の 1898 年に香港を訪れた際に接触していたフィリピン革命軍
への武器援助に関与したためであった（孫文もフィリピン革命には強い関心を
寄せていた）。しかし，せっかく調達した武器弾薬を積んだ貨物船は折からの
悪天候の下，寧波沖の馬鞍群島（列島）付近で沈没した。1899 年 7 月，世に
知られる「布引丸事件」である。以後，滔天は自然とフィリピン革命からは手
を引き，改めて中国革命運動への関与を深めていくのであった。
　この年（1899［明治 32］年）の秋，3 回目の中国行きにおいて滔天は，孫文
の名代として，孫文率いる興中会，福建省少林寺に根拠を置くとされる三合
会，そして四川で結成された哥老会という秘密結社 3 社の合同による「忠和堂
興漢会」の結成を実現させた。実際には興漢会は，実質的に機能したとは言い
難かったようだが[52]，曲がりなりにも革命勢力が増大したという機運が高ま
り，また折しも勃発した義和団の乱（事変）が国際事件に発展する中，これに
乗じる形で孫文は武装蜂起を企てるが，翌 1900（明治 33）年 10 月の恵州起義
はまたも失敗に終わった。台湾総督で陸軍大将の兒玉源太郎による福建省厦門
の占拠計画は果されず（新内閣を発足させた伊藤博文が中止させた），布引丸
に乗せなかった分の武器弾薬を急遽調達したものの，これが使い物にならない
廃弾であった（この一件は後に告訴沙汰となるが詳細は割愛する）。

(3) 滔天，浪花節語りとなる

　恵州事件の失敗後[53]，1901（明治43）年1月，犬養邸で開かれた新年会において滔天は，内田良平から布引丸事件（および恵州事件の際）の武器調達の責任を取れと厳しく追及されて口論になった挙句，皿を投げつけられて額を割る。満座の中での屈辱的な一件ですっかり意気消沈した滔天にとって「得意の四年間は終わ」り，「『半生夢醒めて落花を懐ふ』ときが来た」[54]として，革命運動の第一線からは身を引くことを決めた。そして，あろうことか浪花節語り（浪曲師）を志して当時の人気芸人，桃中軒雲右衛門に弟子入りし，自ら桃中軒牛右衛門を名乗るのである。浪曲師は，この当時，未だ河原乞食と賤業視されていた。実際，滔天は師匠の雲右衛門の一座と共に全国を巡業して，しかも，かつて革命の志士であった経歴を宣伝され，その目立つ体躯のせいもあり，半ば見世物の如き扱いをされたようだ。1903（明治36）年，九州博多での巡業の際，「筑豊の炭鉱王」こと伊ская伝右衛門——それから約20年後に滔天の長男龍介が駆け落ちをする歌人の柳原白蓮（燁子）とはまだ再婚する前ではあったが——から祝儀をもらうという偶然もあった。

　滔天は自らを「軽便乞丐」（乞食）と称してドサ周りの旅芸人に身を窶したわけだが，この間，1902（明治35）年1月より（6月まで）自らの半生を綴った『三十三年の夢』（以下，『夢』と表記）の連載を『二六新報』に開始する。そして，これが早くも連載の翌年，中国で翻訳されて広く中国の学生たちに読まれるようになった[55]。折しも日本に留学する中国人学生（留日学生）が急増する中で，滔天のことはもちろん中国人学生の多くは孫文のことを『夢』を読んで知ることとなったのである。留日学生たちは，滔天の自宅や出演する舞台にまで押しかけ，孫文の居場所を知りたがったという。些か自嘲的・自虐的なトーンが濃厚[56]ではある，そんな『夢』の出版が，滔天を再び革命運動に引き戻すきっかけとなったのである。特筆すべきは，滔天が，そのような留日学生の中にいた革命運動家たち，特に湖南（華興会）の黄興，宋教仁，陳天華や，河北出身の張繼，安徽出身の程家檉らと孫文とを引き合わせ，1905（明治38）年8月20日の「中国同盟会」の結成に寄与したことであろう。さらには翌1906年8月には『革命評論』誌を発行したことも——同誌は7か月後，わずか10号を発行しただけで廃刊となるが——明治日本における「アジア連帯

86　　　　　　　　　　第2部　公共専攻

主義」を謳う政治評論活動として一定の役割を果たしたと言えるだろう[57]。

3.　宮崎滔天の良き理解者・頭山満

（1）滔天と玄洋社

　浪曲師となった滔天が自らを「軽便乞丐」と呼んだ回想録を『日本及日本人』第639号に掲載するのはずっと後の1914（大正3）年のことであるが，その中で滔天は，こんなふうに記している。「予は肥後に生れながら肥後先輩の引立を受けず，却って筑前玄洋社先輩諸君の恩顧と，その社中同志に負ふところのものが多い」[58]。また数年遡ること1909（明治42）年2月〜12月に『日本及日本人』に連載した「浪人生活」と題した文章の中でも，「筑前の玄洋社と云えば浪人の本場…（中略）…東京の出張所には頭山満翁大胡坐をかき，清濁併せ呑むの量を被いて日本橋水天宮と其繁栄を競い（中略）…頃は明治29年の正月，これも玄洋社に因縁浅からぬ肥後の浪人宮崎滔天は」[59]などと自ら記している。滔天は遂に玄洋社員になったという事実はないが，玄洋社発行の『九州日報』の番外記者として多くの文章を書き残している。実際，上記浪曲師としての九州巡業の際も，早くも1903年1月には和解していた内田良平をはじめ，その仲介を取り持った末永節（1869［明治2］年〜1961［昭和36］年，旧福岡藩士，ジャーナリスト，政治運動家）など玄洋社員ら，かつての志士仲間たちが押し掛けて興行を盛り上げてくれた。しかし，滔天の浪曲師への転落——と当時の彼の境遇からすれば表現するのが相応しいだろう——に一番理解を示したのは，誰あろう頭山満であった[60]。

　『夢』の序文には，酔いに任せて祭文（浪曲の原型）を唸る滔天に，「祭文語りになっていたらば，いまごろは世界一になっておったものを」と頭山が言ったとか，滔天が意を決して浪曲師になることを報告しに行くと，頭山は笑みを漏らして「何でもよかろう。しかし，人はやかましく言うだろう。彼らが止めるのも賛成，君が肯かずにやるのも賛成。僕は両方とも賛成しよう。とにかく（高座に掲げる）幕ぐらい作らなくては」と言われたエピソードを記している[61]。上述した通り，1897（明治30）年，寅蔵最初の中国行きを前にして病気になり入院した時も治療費を出してくれた頭山であったが，その後も折に触れ

て滔天を助けてきた。ちなみに付け加えれば、頭山は滔天の「一兄」すなわち民蔵の「土地復権運動」への支援も惜しまなかった。1906（明治39）年、民蔵の全国各地を回って「土地均享法案」への署名を集める講演行脚をするとの民蔵の計画を何処からか聞きつけた頭山は、「主義なにかは己れには判らぬが、兎に角其熱心が面白いから二年間は己れが遊説費をし送ることにしよう」と申し出、民蔵と同志の相良寅雄（1866［慶応2］年～1942［昭和17］年、熊本県菊池郡出身）は「感涙に咽びて天にも登る心地」であったという[62]。

さて、以下に、特に1911年に漸くひとまず成功した辛亥革命に関連する出来事において頭山が滔天と行動を共にしたり、頭山が滔天を支援したケースについて述べておきたい。

(2) 辛亥革命と滔天と頭山

恵州起義の後も約10年に渡り数々の武装蜂起を起こしては失敗を繰り返していた孫文率いる同盟会および中国革命軍であったが、漸く1911（明治44）年10月10日、武昌での蜂起に成功する。日本からもこの機に乗じて数多くの「支那浪人」たちが海を渡った。滔天は11月になって廣東独立の報を聞き、何天炯と共に上海に上陸するが、この間、10月19日～12月7日に『東京日日新聞』に40回に渡って「清國革命軍談」[63]を連載した。これはいわゆるマスコミが滔天をその第一人者として革命に関する解説記事を書かせたのである。一方、東京では10月17日、頭山満、三浦観樹（梧楼）ら「在京浪人会」が日比谷公園で集会を開き、「隣邦支那の擾乱は亞州全面の安危に關し、吾人同志は之れを時勢の推移に鑑み（中略）我國をして厳正中立大局の砥柱となり、以て内外支持の機宜を誤らざらしめん事を期す」との決議を採択[64]、日本政府の介入に釘を刺した。その後12月に入って犬養、頭山が相次いで上海に入るが、特に「浪人の総領」たる頭山は、次々と日本から乗り込んでくる「有象無象ども」の取り締まりには一役買ったという[65]。

遂に1912年1月1日、アジアで初めての共和国・中華民国が誕生し、孫文が初代臨時大総統に就任した。しかし一方では、中国革命派内部およびそれらと結びつく日本の支援者たちなどとの間にも考え方の相違が鮮明になっていた[66]。せっかく樹立した中華民国政府も、北洋軍閥を率いる袁世凱（Yuan

Shikai, 1859～1916 年, 清国第 2 代総理, 中華民国初代大総統) の力を頼らずにはいられず, 約 1 カ月後の 2 月 14 日, 袁が清朝の宣統帝溥儀を退位させたことを条件に, 孫文は臨時大総統の職を袁に譲るのである。孫の就任式に出席した頭山, 犬養そして滔天も, 孫と袁の南北妥協には強く反対し, 普段は寡黙な頭山が特に雄弁に北伐を主張したというが, 孫文らはこれを受け入れなかった[67]。

しかし, 些か「後だしジャンケン」であることは否めないが, 頭山が南北妥協に強硬に反対したことは, わずか 1 年半後に国会開設の立役者であった宋教仁が暗殺され, 孫文・黄興らが蜂起するが再び日本に亡命し (第二革命), さらには袁世凱が自ら帝政を復活させようとしたところ, もはや政治意識に覚醒した幅広い層の国民からの反発によって, 結局のところ失脚した革命 (第三革命) に至ったという顛末を考えると, 頭山の慧眼を物語るものではなかったか。但し, 残念なことに, 孫文が頼りにしていた日本の政府は袁世凱政府に対して, 1915 (大正 4) 年, あの二十一か条要求を突きつけ, 他の列強と共に帝国主義的政策を益々強めていくのである。

おわりに―志半ばに終わったアジア雄飛と現代への教訓―

孫文は日本政府に失望したとはいえ, 第二革命に敗れた後, 再び日本に亡命してきたし (亡命当初, 匿ったのは頭山であった), この間 (1913～1916 年) 自身, 事実婚を含めれば 5 度目に数えられる結婚をしている。相手は自分の秘書であった宋慶齢, その披露宴を東京で開いたのが梅屋庄吉夫妻であった。これに滔天, 頭山, 犬養, 萱野なども列席した。その後も, この孫文と滔天, 頭山の 3 人に関して言えば, 彼らは政治的信条や立場, あるいは己の目的, 理想とする到達点は, それぞれに異なっても終生の友, あるいは義兄弟のような関係にあった。3 人の中で一番先に死んだのは一番若い滔天であったが, 滔天死去の翌年 1923 年 4 月, 異例ともいえる中国での日本浪人の追悼会が計画された[68]。滔天は「すでに自分は中國にとって無用の存在」[69] と述べており, 晩年は「大宇宙教」なる宗教に傾倒していたが, 孫文は終生変わらぬ滔天との友情に彼なりのリスペクトを示したのである。

滔天と頭山の関係もまた終生続き，滔天は頭山を尊敬してやまなかった。一例として1919（大正8）年9月17日付の『上海日日新聞』に寄稿した「東京にて」の中で，原敬内閣の崩壊後に誰が総理となるべきかについて滔天は，大隈重信再登板，犬養毅官僚内閣と並べて，頭山満を「最適任者」に挙げている（無論，頭山自身は絶対に受け入れなかっただろうが）。そして孫文も頭山に対する敬愛の念を持ち続けたし，頭山も，孫文が「容共・親ソ路線」を歩むことになってもこれを嫌わず，孫文の方針に理解を示し，支持したのである。頭山と孫文が最後に会うのは，孫文が有名な「大アジア主義」演説を行った1924年の神戸であった。孫文はその翌年，肝臓癌を患って有名な「革命未だ成らず」の言葉を残して他界する。頭山は，「中日両国民が長短相補い，お互い一つの心になって人道を世界に敷かなければならんという信念のもとに努力せられた」と，孫文を追悼した[70]。

国境を超える友情，あるいは個人間に信頼関係を築くことの重要性は，良好な国家間関係に資することは言うまでもないだろう。しかし，翻って21世紀の現代においては，民間人の資格において，体制変革が必要とされると思われる国——たとえばミャンマーの軍事独裁政権しかり，北朝鮮しかり——の反体制派と協力関係を結ぶなどということは甚だ困難であり危険である。明治の男たちには夢や野望を叶えられるかもしれないというロマンがあり，また向こう見ずな行動力が備わっていたということであろう。歴史から学ぶことがあるとすれば，そのような先人たちの思想や行動の上に，現代に生きる我々の存在もまたあるということを識るべきだ，ということになるだろうか。

注

1) これらの「主義」の内容に差異があることはたしかだが，本稿ではそれらをひとまとめにして「アジア主義」として扱うこととする。
2) ［高埜健2017］，［高埜健2020］を参照。
3) たとえば［竹内好1993：287-294］を参照。
4) この点，明治維新の精神の根底に「尊王攘夷」および公議公論の三位一体があったことを前提とすれば，少なくとも西郷の対外姿勢とりわけ朝鮮へのアプローチ，そして西郷の思想を引き継いでいった頭山らの考え方を，このように「アジア主義」の定義に盛り込むことは間違いではないと思われる。
5) 西郷自身は「征韓」という言葉を1回も発したことはない。［先崎彰容2017：105］。

第 2 部　公共専攻

6) ［葦津珍彦 2007：16-19］，［嵯峨隆 2020：26-27］等を参照。

7) 但し 1874 年の台湾出兵を主導したのは西郷の実弟・従道であったし，木戸孝允は，「征韓論を否定しておきながら台湾に派兵するのは矛盾である」として政府職を辞して下野したのは興味深いことである。

8) その経緯について本稿では詳しく触れる余裕がないので，たとえば［上村希美雄 1984a：77-88］を参照されたい。

9) ［先崎彰容 2017：70］。

10) このことについては，［上村希美雄 1984b：171-172］，［先崎彰容 2017：120］などを参照。

11) 結局「長兄」の八郎は早くに戦死したので，今日では 10 歳以上若くして生まれ育った弟たち，すなわち民蔵，彌蔵，寅蔵の三兄弟を「宮崎三兄弟」と呼ぶ（なお明治 10 年当時，民蔵 13 歳，彌蔵 11 歳，寅蔵 9 歳であった）。詳しくは上村希美雄の一連の著作を参照。また，宮崎兄弟の生家は 1993 年 6 月以降，宮崎兄弟資料館として一般に公開されている。詳しくは「荒尾市ホームページ」（https://www.city.arao.lg.jp/oshirase/kurashi/shisetsu/miyazaki-kyodai/）あるいは「熊本教育旅行」（https://kumamoto.guide/shugaku/programs/detail/230）を参照のこと（いずれも筆者最終確認 2024 年 4 月 1 日）

12) この父の発言は本によって異なるが，要するに官職に就くな，当時の明治政府に頼るなという意味である。［近藤秀樹 1984：12］，［渡辺京二 2006：52］，［加藤直樹 2017：46］などを参照。

13) 「自由民権の何物かを知らずして……」は滔天自身が書いた『三十三年の夢』［宮崎滔天 1993：37］を参照。「宮崎家はこうして自由民権一家となるのである」とは［近藤秀樹 1984：12］の表現である。

14) ［書肆心水編 2008：20］。

15) ［石瀧豊美 2010：iii-iv］。ジャーナリスト田原総一朗氏の 2010 年の言として紹介されている。

16) ［同上：iii-viii, 3-44］を参照。玄洋社にまつわる偏見と誤解がこれでもかと連ねられているところ，石瀧氏は，一つ一つ丁寧に説明を加え，それが如何に後年作られたイメージであるかを訴え，玄洋社の実像を示そうとしている。

17) 頭山満談「明治十年戦争の翌年，板垣退助との交渉」［書肆心水編 2013：28-31］。併せて［葦津珍彦 2007：26-27］も参照のこと。

18) たとえば［頭山統一 1977：166-167］や［竹内好 1993：340-342］，［石瀧豊美 2010：212-214］を参照。

19) 但し，最晩年まで「武力行使の意思は抱き続けていた」との証言もある。［頭山統一 1977：162］。

20) ［頭山統一 1977：12, 67］を参照。

21) ［葦津珍彦 2007：33］。

22) ［頭山統一 1977：93］。

23) 金はそれ以前にも 1882（明治 15）年 3 月から 8 月まで，また同年 10 月から 12 月にかけて（この時は壬午軍乱後の「謝罪使」として朴泳孝も共に）日本に滞在し，日本の近代化政策について学ぶため国内各地を旅し，その間，福澤諭吉と親交を結び，福

澤の紹介で多くの政治家や財界人と知己を得ていた。

24) 1884（明治17）年に起きた朝鮮開化派によるクーデタ（甲申事変）の失敗に呼応して，大井憲太郎（大分出身，天保14［1843］年〜大正11［1922］年）率いる自由党急進派が朝鮮半島に渡って改革運動を支援するという計画のために日本国内で爆弾製造をしたり，資金集めのために強盗を働いたりしていたところ，計画が発覚し，警察に一網打尽にされたという事件。

25) ［頭山統一 1977：100］。

26) しかし，頭山と大井の関係は切れたわけではなかった。後に頭山は大井を訪ねて大阪事件で使われなかった爆裂弾を譲り受ける交渉をし，それを玄洋社員来島恒喜が第三者を介して入手し，「屈辱的な」条約改正を中止させるため大隈重信を襲撃するという事件（明治22［1889］年10月）を起こしたのであった。

27) ジャンセンによれば，実際，金は大井らから全面的な相談を受けており，金も計画の詳細の多くに実際に関与していたという。［Jansen1954: 47］

28) 頭山満談「金玉均のこと」［書肆心水編 2013：32］。

29) ［同上：32-35］。この談話は昭和18（1943）年2月19日速記。

30) ［葦津珍彦 2007：57］。

31) ［Jansen1954: 47, 237 n.39］。なお，宮崎滔天も金玉均との関わりがあったが，本稿では紙幅の関係上，詳しく述べることはしない。『夢』［宮崎滔天 1993：88-93］，「亡友録」［宮崎滔天 1971b：532-537］，「金玉均先生を懐ふ」［宮崎滔天 1973：281-285］などを参照。

32) このことについては，玄洋社公式の『社史』においても「民権から国権への転向」との記述があるが，頭山統一も石瀧豊美も，その説には安易に与しない立場を取っている。［頭山統一 1977：157］，［石瀧豊美 2010：176-178］を参照。

33) しかし，民党（民権派）は党利党略を優先して，一方では対清「主戦論」を唱えながら海軍軍備増強予算には反対するという極めて矛盾した行動をとっていたのである。［頭山統一 1977：153-160］を参照。

34) ［石瀧豊美 2010：192-196］を参照。

35) ［頭山統一 1977：126］。

36) ［頭山統一 1977：129-130］。

37) ボースとの関係については，とりあえず［中島岳志 2005］が参考にはなるが，中島の頭山ならびに玄洋社に対する見方には疑問なしとしない。［石瀧豊美 2010］も併せて参照のこと。

38) ［夢野久作 2015］。

39) ［同上：11-12］。以下，同書からの引用は全て同左による。

40) 寅蔵から見た宮崎兄弟の呼称は「長兄」の八郎亡き後は，民蔵を「一兄」，彌蔵を「二兄」と呼ぶのが習わしとなっていた。

41) これを1890年中の出来事「でなければならない」とするのが［渡辺京二 2006：101］で，1891年6〜8月とするのが［上村希美雄 1984b：188］，［榎本泰子 2013：25］。『滔天全集』第5巻の年譜稿でも「1891年前半」とされているが，月日については不詳である。［宮崎滔天 1976：659］。

42) ［宮崎滔天 1993：76-79］を参照。

43) 「余が活動の源泉は涸れたり」［宮崎滔天 1993：157-158］。

44) ［宮崎滔天 1976：664-665］。

45) 「この誼忘るべからず」［宮崎滔天 1993：164］。

46) この孫文と寅蔵の「感動的な」出会いの場面は［宮崎滔天 1993：177-183］に詳しいが，その評価について［近藤秀樹 1984：52］，［上村希美雄 1987：133］，［榎本泰子 2013：60-61］などを参照。

47) 「幽閉録」そのものは［宮崎滔天 1971：425-469］に収録。

48) 寅蔵は 1897 年 11 月，孫・陳の両名を伴って熊本荒尾に帰郷する。その帰路長崎に寄った際に訪ねた渡辺元が，寅蔵に「白浪庵滔天」の雅号を送ったとされる。また「幽閉録」での筆名は正確には「滔天坊」である。

49) 『滔天全集第 1 巻』の小野川秀美による解説［宮崎滔天 1971：595-596］を参照。

50) ［宮崎滔天 1993：196］。

51) ［同上：213-214］。日本を後にした康有為は，その後，英領シンガポールを拠点に活動することになる。

52) ［渡辺京二 2006：172］。

53) 恵州起義の失敗後，孫文は南洋各地の華僑社会を訪れて革命への支持獲得と資金の調達に勤しんでいた。孫文と南洋華僑との関わりについては，たとえば［Khoo, Salma Nasution 2008］が参考になる。

54) ［渡辺京二 2006：187］。

55) 中国では 1903 年と 04 年に相次いで 2 種類の翻訳本が出版された。それは留日学生が急増する時期とちょうど重なり，彼らは挙ってどちらかの訳本を読んでいたと考えられる。［宮崎滔天 1971：606］（小野川秀美による「解説」）および［榎本泰子 2013：163-164］も併せて参照のこと。

56) ［榎本泰子 2013：135］。

57) ［上村希美雄 1996：538］および［榎本泰子 2013：193］などを参照。

58) 「軽便乞丐」の本文は［宮崎滔天 1971b：486-509］に所収。近藤秀樹による（ものと思われる）「解題」［同上：665-666］も併せて参照のこと。

59) ［宮崎滔天 1971b：404］。

60) 頭山満だけが滔天の心情をよく理解していたことは，［上村希美雄 1996：61］，［渡辺京二 2006：200-201］を参照。

61) 『夢』［宮崎滔天 1993：26-30］参照。

62) 「浪人生活」［宮崎滔天 1971b：414-433］および［上村希美雄 1996：419-420］を参照。

63) ［宮崎滔天 1971a：245-290］。

64) ［宮崎滔天 1971a：618］。

65) 「辛亥革命と滔天」（近藤秀樹による解説記事）［宮崎滔天 1971b：635］を参照。「有象無象」の表現は，滔天自身が当時妻槌子に宛てた手紙中の表現。併せて［井川聡 2015：452-455］も参照。

66) たとえば孫文と政治理念を異にする宋教仁が一方の指導者であったが，宋を支持する北輝次郎（一輝）や清藤幸七郎などは，孫や犬養・頭山らに敵対するようになり，彼らを痛烈に批判した。

67)〔宮崎滔天 1971b：648〕を参照。
68）但し，上村希美雄は，追悼会そのものがいつどこで開かれたのかはわからないと言っ
　　ている。〔上村希美雄 2004：416-417〕。
69）「炬燵の中より」1919（大正 8）年，〔宮崎滔天 1973：249〕。
70）〔井川聡 2015：471-472〕。

参考文献・資料一覧（著者五十音順）

葦津珍彦（2007）『大アジア主義と頭山満』有限会社葦津事務所。
井川聡（2015）『頭山満伝――ただ一人で千万人に抗した男』潮書房光人社。
石瀧豊美（2010）『玄洋社――封印された実像』海鳥社。
上村希美雄（1984a）『宮崎兄弟伝　日本篇（上）』葦書房。
―――（1984b）『宮崎兄弟伝　日本篇（下）』葦書房。
―――（1987）『宮崎兄弟伝　アジア篇（上）』葦書房。
―――（1996）『宮崎兄弟伝　アジア篇（中）』葦書房。
―――（1999）『宮崎兄弟伝　アジア篇（下）』葦書房。
―――（2004）『宮崎兄弟伝　完結篇』熊本出版文化会館。
榎本泰子（2013）『宮崎滔天――万国共通の極楽をこの世に』ミネルヴァ書房。
加藤直樹（2017）『謀反の児――宮崎滔天の「世界革命」』河出書房新社。
近藤秀樹（1984）『宮崎滔天　北一輝』中公バックス（日本の名著45），中央公論社。
嵯峨隆（2020）『アジア主義全史』筑摩選書。
書肆心水（清藤洋）編（2008）『アジア主義者たちの声（中）――革命評論社，あるいは
　　中国革命への関与と蹉跌　宮崎滔天，萱野長知，北一輝』書肆心水。
―――（清藤洋）編（2013）『玄洋社怪人伝――頭山満とその一派』書肆心水。
先崎彰容（2017）『未完の西郷隆盛――日本人はなぜ論じ続けるのか』新潮選書。
高野澄（1990）『伝 宮崎滔天――日中の懸橋』徳間文庫。
髙埜健（2017）「近現代日本のアジア主義に関する一考察――征韓論から東アジア地域主
　　義まで（一）」『アドミニストレーション』（熊本県立大学総合管理学会）第 24 巻第 1
　　号，2017 年 11 月，15-39.
―――（2020）「近現代日本のアジア主義に関する一考察――征韓論から東アジア地域
　　主義まで（二・完）」『アドミニストレーション』（熊本県立大学総合管理学会）第 27
　　巻第 1 号，2020 年 11 月，62-92.
竹内好（1993）『日本とアジア』ちくま学芸文庫。
田所竹彦（2002）『真筆に見る日中の絆　浪人と革命家―宮崎滔天・孫文たちの日々』里
　　文出版。
立野信之（1966）『茫々の記――宮崎滔天と孫文』東都書房。
頭山統一（1977）『筑前玄洋社』葦書房。
中島岳志（2005）『中村屋のボース――インド独立運動と近代日本のアジア主義』白水社。
―――（2014）『アジア主義――その先の近代へ』潮出版社。
藤本尚則編（1993）『頭山精神』（復刻版）葦書房。
宮崎滔天（宮崎龍介，衛藤瀋吉校注）（1967）『三十三年の夢』東洋文庫。

―――(1971a)『宮崎滔天全集 第1巻』平凡社.
―――(1971b)『宮崎滔天全集 第2巻』平凡社.
―――(1972)『宮崎滔天全集 第3巻』平凡社.
―――(1973)『宮崎滔天全集 第4巻』平凡社.
―――(1976)『宮崎滔天全集 第5巻』平凡社.
―――(島田虔次・近藤秀樹校注)(1993)『三十三年の夢』岩波文庫.
三好徹(1983)『革命浪人――滔天と孫文』中公文庫(初版,中央公論社,1979年).
夢野久作(2015)『近世快人伝――頭山満から父杉山茂丸まで』文春学藝ライブラリー.
渡辺京二(2006)『評伝 宮崎滔天(新版)』書肆心水(初版,大和書房,1976年).
Jansen, Marius B. (1954), *The Japanese and Sun Yat-sen*, Stanford, CA: Stanford University Press.
Khoo, Salma Nasution (2008), *Sun Yat Sen in Penang* (Penang: Areca Books).
Miyazaki Toten (translated, with an introduction, by Etoh Shinkichi and Marius B. Jansen) (1982), *My Thirty-Three Years' Dream: The Autobiography of Miyazaki Toten* (Princeton, NJ: Princeton University Press).

アドミニストレーション 30 年の軌跡

澤 田 道 夫

はじめに
1. 総合管理学部の 30 年
2. 「総合系」学部と総合管理学部
3. 30 年目の総合管理学部

はじめに

　本章は，2024 年に創立 30 周年を迎えた熊本県立大学総合管理学部の軌跡を振り返り，その理念と人材育成について論じるものである。

　熊本県立大学総合管理学部は 1994 年 4 月，熊本県立大学の創設と同時に設置された。文学部と生活科学部の 2 学部体制であった熊本女子大学に新たに学部を加え，男女共学の公立大学として新生した熊本県立大学にあって，パブリック・アドミニストレーション（行政学）とビジネス・アドミニストレーション（経営学）の知見を統合し，さらに関連する領域も包摂した「総合知」を探究する学部として誕生したのが総合管理学部であった[1]。

　それ以来こんにちまでの 30 年の間，社会は劇的に変化した。主なところをあげると，まずはバブル経済の崩壊がある。1990 年代初頭のバブル崩壊以来，日本は長期にわたる景気・経済の低迷状態に陥る。90 年代を指して使われた「失われた 10 年」という呼称はやがてその年数を 20 年に延ばし，さらには 30 年ともなった。これだけの長期間，日本のビジネス・アドミニストレーション（経営）はひたすら自らのあり方を模索し続け，しかも今なおそれを見出していないように思われる。

　その漂泊の様は，パブリック・アドミニストレーション（行政）においても

変わらないばかりか，なお酷いといってよい。バブル崩壊後の地域社会を支えるため行政は積極的に財政出動を行い，景気経済対策に取り組んだ。しかしそのケインズ的処方は功を奏さずかえって大幅な財政悪化を招くこととなる。この流れの中で中央集権体制への批判が高まり，90年代後半からの地方分権改革につながることとなった。この改革は2000年の地方分権一括法の施行により一つの到達点を迎えたが，2000年代に入っても行政の財政悪化は収まるどころかむしろ加速した。分権の仮衣をまとった三位一体の改革の推進により都道府県や市町村の財政はさらに危機的な状況となり，自治体はこれまで住民をあやす手段として重宝してきた「公共事業型まちづくり」の手法を継続することが不可能となる。このような自治体の財政悪化を一つの理由とし，住民たちの持つ力の相対的な高まりをもう一方の理由として，2000年代には日本全国で「協働」の機運が高まることともなった。

　一方で実体経済の方はリーマンショックというこれまた巨大な黒船の影響を受け瀕死の低空飛行を続けることとなる。2010年代以降になると技能実習制度により地方での外国人労働者も増加していき，2023年末には在留外国人の数も過去最高の341万人となる。海外からの流入に対する期待は，既に単純な労働力に止まらず，台湾企業TSMCの熊本県菊陽町への進出に見られるように日本経済に対する牽引力も求められている状況にある。さらに海外からの大量の資本や人員の流入は，これまで多文化共生への努力を怠りがちであった日本社会に対して新たな課題も突きつけている。

　日本全体で災害が多発するようになったことも大きな変化といってよい。気象庁震度階級が制定されて以来半世紀にわたって発生しなかった震度7の地震は，1995年の阪神・淡路大震災，2004年の新潟県中越地震，2011年の東日本大震災，2016年の熊本地震，2018年の北海道胆振東部地震，そして2024年元旦に起きた能登半島地震と，この30年の間に立て続けに起きるようになっている。地球温暖化の影響による気象の変化がもたらす豪雨災害も毎年のように各地を襲い，それらが弱体化した中央政府や自治体の財政をさらに圧迫することになる。さらに，2019年から始まった新型コロナウイルスによる実社会への影響はパンデミック災害の恐ろしさをまざまざと見せつけることとなった。

　30年間の社会の大きな変化をもう一つあげるとすれば，急激な情報化が指

摘できよう。学部創設当時は黎明期に過ぎなかったインターネットは，30 年の間に完全に社会の基礎的インフラの一つとなった。かつて連絡手段の中心であった手紙や電話はメールや SNS に取って代わられることとなり，広く普及していたポケットベルや折りたたみ式携帯電話もスマートフォンによって駆逐されることとなる。行政の計画にも ICT や DX，Society 5.0 やデータサイエンスという言葉が並び，今や情報こそが社会の鍵を握るようになっているといっても過言ではない。

　このような 30 年間の社会環境の変化の中で，大学もまた変わらざるを得ない。熊本県立大学総合管理学部の誕生と前後して「総合系」学部が増えていったのもその一つであろう。90 年代には多くの大学が「総合政策」を冠する学部の創設に動き，さらに 2000 年代には「地域政策」や「地域創造」，ここ最近では「文理融合」や「共創」などのキーワードをつけた学部が全国に次々に誕生している。これらの総合系学部は，本学部を含めて相互にある程度の類似性を持つといってよい。しかし，その根底に流れる理念において我が総合管理学部は他の総合系学部とは少しく異なるようにも思われる。その点についても本論で考察してみよう。

　さらに，本学部自体の改革の取り組みについても述べたい。総合管理学部においては 2024 年 4 月，過去 30 年間で初めてともいえる大きな組織改革が行われた。これまでは一学部一学科で行っていた学生教育に新たに専攻制を導入し，2 年次から学生を公共専攻・ビジネス専攻・情報専攻の 3 つの専攻に分けてより専門性を高める教育を行っていくこととしたのである。今回の改革は，総合性という本学部の教育の最大の特色は保ったまま，自らの専門性の軸を定めさせることによって各学生に明確に目的意識を持たせ，時代の要請に応じて自分自身を，組織を，そして地域社会を総合管理していくことができるような人材を養成することを目指すものである。

　以下の各節において，このような総合管理学部の取組みについて概観することとしたい。まずは学部の 30 年の歴史を紐解き，次いで全国に広がる総合系学部創設の流れを瞥見する。そのうえで総合管理学部が目指すこれからの人材育成について考えていくこととしよう。

1. 総合管理学部の 30 年

本節では過去 30 年間における総合管理学部の動きについて，その組織体制やカリキュラムの変遷を通じて跡付けることとしたい。

(1) 学部創設（1994 年）

1994 年 4 月，熊本女子大学は男女共学化し新たに熊本県立大学となった。従前から存在した文学部，生活科学部に加え，社会科学系の学部である総合管理学部が加わることにより，熊本県立大学は人文科学，自然科学，社会科学という科学の主要分野を網羅した「ミニマムかつコンパクトな総合大学」[2] としてスタートを切ることとなる。

総合管理学部の初代学部長は九州大学法学部から招聘された手島孝が務めた（手島はその後半年ほどで学長に就任することとなる）。

> ・卒業要件 139 単位（教養 34 単位，専門 105 単位）
> ・基礎科目群（1～2 年），基幹科目群（2 年～3 年），展開科目群（3 年）
> ・展開科目群の構成：行政関係科目，経営関係科目，情報関係科目，関連科目
> ・総合管理関連科目：アドミニストレーション総論（1 年），パブリック/ビジネス・アドミニストレーション（2 年）

学部設立時のカリキュラムにはその学部の目指す方向性と特色が色濃く顕れる。この時期のカリキュラムの特徴は 1～2 年次の科目の全てが必修となっていることにあろう。総合管理学部に入学した学生にはパブリック，ビジネス，そして情報の理論が徹底的に叩き込まれることとなる。それは正に手島が目指した諸学の総合としての "プルデンチア（総合知）" を目指す教育の体現であったろう（数学や統計学までもが必修である！）。そして，学部の理念である「総合管理」を理解させるための科目としてアドミニストレーション総論は 1 年前期に置かれ，手島自身が講義を担当することとなった。

もう一つカリキュラムで特徴的なのは，3 年次の選択科目である展開科目群

総合管理学部 歴代学部長・研究科長

年度	学部長	研究科長
1994	手島　孝 / 米澤和彦	－
1995	米澤和彦	－
1996	今野　登	－
1997	今野　登	－
1998	渡邊栄文	渡邊栄文
1999	渡邊栄文	渡邊栄文
2000	久間清俊	久間清俊
2001	久間清俊	久間清俊
2002	中宮光隆	中宮光隆
2003	中宮光隆	中宮光隆
2004	中宮光隆	中宮光隆
2005	中宮光隆	中宮光隆
2006	松野了二	松野了二
2007	松野了二	永尾孝雄
2008	松岡　泰	石橋敏郎
2009	松岡　泰	石橋敏郎
2010	三浦　章	黄　在南
2011	三浦　章	黄　在南
2012	松尾　隆	明石照久
2013	松尾　隆	明石照久
2014	黄　在南	荒木紀代子
2015	黄　在南	荒木紀代子
2016	黄　在南	宮園博光
2017	黄　在南	宮園博光
2018	進藤三雄	森美智代
2019	進藤三雄	森美智代
2020	澤田道夫	宮園博光
2021	澤田道夫	宮園博光
2022	澤田道夫	小泉和重 / 宮園博光
2023	澤田道夫	宮園博光
2024	宮園博光	澤田道夫

の中に「行政関係科目」や「経営関係科目」と並んで「情報関係科目」がグルーピングされていたことである。経済学や私法関係が軒並み「関連科目」というグループに入れられているのに対し，総合管理学部では学部設立当時から情報を行政や経営と並ぶ重要なポジションに位置づけていたことが分かる。前

述のとおりインターネットですら未だ一般的でなかった1994年時点にあって情報にこれほど比重を置いていることは総合管理学部が当初から「文理融合」を志向していたことの証左であり，30年後の現代にも通用するその理論枠組みには先見の明があるといわざるを得ない。

(2) 新カリキュラム施行・大学院設置 (1998年)

　1998年4月，学部設立から4年が経過し当初の教育課程が一巡したことを受けて，学部では新たなカリキュラムが施行された。また，同年新たに大学院アドミニストレーション研究科の修士課程が文部科学省の認可を受けて設置されている[3]。この時点での特徴を学部・研究科ごとに見ていこう。

【学部】
・卒業要件130単位（教養30単位，専門100単位）
・基礎科目群（1〜2年），基幹科目群（2年〜3年），展開科目群（3年）
・展開科目群の構成：パブリック関係科目，ビジネス関係科目，情報関係科目
・総合管理関連科目：アドミニストレーション総論（1年），パブリック/ビジネス・アドミニストレーション（2年）

　この時期のカリキュラムの特徴は必修科目が大幅に減少したことである。1年次の基礎科目群，2年次の基幹科目群のほとんどは選択必修とされ，必修として残ったのは1年後期に移ったアドミニストレーション総論と情報関係の2科目，そして2年前後期のパブリック，ビジネスそれぞれの該当科目のみとなった。これはおそらく，初期のカリキュラムでは余りにも学生の時間割編成の自由度が低すぎたことや，一度単位を落としてしまうとリカバリが困難であったりすることなど，学生の不利益を緩和することを企図したものであろう。一方で，情報の2科目はアドミニストレーション総論と並んで引き続き1年次必修に位置づけてるなど，学部における文理融合重視の姿勢は変わっていない。

> 【大学院修士課程】
> ・修了要件 30 単位（特別演習 8 単位，特殊講義 22 単位，修士論文）
> ・科目構成：社会領域，公共領域，経営領域，規範領域，関連科目

　新たに設置された大学院修士課程では，カリキュラムを大きく 4 つの領域に分けて科目が配置されている。特に必修科目は設定されず，4 領域から最低 1 科目ずつ履修すればその余は自由に単位を取ることが可能であった。また，当初から昼夜間それぞれに科目が配置され，社会人であっても無理なく進学することができるように配慮されていたのも大きな特徴といえよう。

(3) 大学院博士後期課程設置（2000 年）

　修士課程設置から 2 年が経過した 2000 年 4 月，アドミニストレーション研究科に博士後期課程が設置された。同時にこれまでの修士課程は博士前期課程となっている。

> 【大学院博士後期課程】
> ・修了要件 8 単位（指導教員の特別研究 4 単位，その他領域の特別研究 4 単位，博士論文）
> ・科目構成：社会領域，公共領域，経営領域，規範領域

(4) コース制導入（2003 年）

　従来の学部のカリキュラムに大きな変更が加えられたのが 2003 年である。このタイミングで，学生の学びの方向性を理解しやすくすることを目的に履修モデルとしての「コース制」が導入され，それに伴ってカリキュラムにも大幅な見直しが入ることとなる。

> 【学部】
> ・卒業要件 130 単位（教養 29 単位，専門 101 単位）
> ・導入・基礎科目群（1～2 年），基幹科目群（2 年），展開科目群（3 年）

- 導入・基礎科目群の構成：行政・社会，経営・経済，情報，規範
- 基幹科目群の構成：パブリック，ビジネス，情報
- 展開科目群の構成：パブリック・アドミニストレーションコース，ビジネス・アドミニストレーションコース，情報システムコース，地域ネットワークコース
- 総合管理関連科目：アドミニストレーション入門（1年），基礎演習（フィールドワーク），パブリック/ビジネス/システム・アドミニストレーション（2年），アドミニストレーション総論（3年）

今回のカリキュラム改正においては3年次以降の展開科目群について履修モデルとして4つのコースが位置づけられた。学部の理念である総合管理を教授する科目については，従来1年次必修とされていたアドミニストレーション総論が3年次必修に移され，代わりに1年次にアドミニストレーション入門が必修科目として設定されることとなった。また，学生が地域社会の課題を探究するための科目としてフィールドワークも必修化されている。

コース制の導入は，時代の流れとともに学生の質も変化し，ややもすれば総合管理学部で何を学んでいるか分からなくなるという学生が増えてきたことに対応するためであると考えられよう。この改革は功を奏したと見え，以後十数年にわたって基本的に同じ枠組みのカリキュラムが維持されることとなる。

(5) 看護・福祉の追加（2006年）

2006年は大学が地方独立行政法人に移行し公立大学法人熊本県立大学が誕生するという大きな変革の年であった。この変革の波は総合管理学部にも及ぶこととなる。今回の変革の中心となったのはアドミニストレーション研究科であった。少子高齢化が進み医療の高度化が求められるようになったことを受け，当時熊本県知事だった潮谷義子氏の肝いりで大学院の博士前期課程に「看護管理コース」が設置されることとなったのである。

【学部】（前回からの変更点のみ）
- 基幹科目群の構成：パブリック，ビジネス，情報，地域・福祉

> ・展開科目群の構成：パブリック・アドミニストレーションコース，ビジ
> ネス・アドミニストレーションコース，情報管理コース，地域・福祉
> ネットワークコース

　学部教育における主な変更点は，4つのコースのうち「情報システムコース」が「情報管理コース」に，「地域ネットワークコース」が「地域・福祉ネットワークコース」に変わったことである。それ以外は2003年の時点と大きく変更された箇所はない。

> **【大学院博士前期課程】**
> ・修了要件30単位（特別演習8単位，必修4単位，その他18単位，修士論文）
> ・科目構成：公共経営コース，企業経営コース，情報管理コース，看護管理コース

　大学院については1998年の創設以来初めてとなる大きなカリキュラムの変更となった。これまでは設定されていなかった必修科目として「アドミニストレーション特殊講義」と「ケーススタディ」が新たに必修化され，さらに自らの所属するコースの科目を10単位取ることが義務付けられたのである。これは，これまで院生の自主的な研究意欲に任されるところの大きかった大学院においてもある程度教育の枠付けを行おうという方向性の顕れといえる。

　また，科目構成についてもこれまでの「領域」から学部同様の「コース」の制度に移行し，新たに看護管理コースが設置された。看護管理コースについては学部を持たない大学院だけの課程ではあるものの，現在に至るまで多くの社会人院生に選ばれる進学先となっており，高度な専門社会人の育成という地域のニーズに能く応える選択であったといってよいだろう。

(6) アドミニストレーション科目の変更（2008年）

　2008年には学部における1〜2年次の科目やコース名を一部整序する修正が行われている。

> **【学部】**（前回からの変更点のみ）
> ・卒業要件 131 単位（教養 30 単位，専門 101 単位）
> ・導入・基礎科目群（1 年），基幹科目群（2 年），展開科目群（3 年）
> ・基幹科目群および展開科目群の構成：パブリックコース，ビジネスコース，情報管理コース，地域・福祉コース
> ・総合管理関連科目：アドミニストレーション入門（1 年），パブリック/ビジネス/システム/地域・福祉アドミニストレーション（2 年），アドミニストレーション総論（3 年）

　この時点の学部カリキュラムについては小規模な修正にとどまる。具体的には，1 年次の導入・基礎科目群におけるコース区分をなくし，2 年次の基幹科目群と 3 年次の展開科目群は統一のコース名とされた。さらに 2 年次必修の総合管理科目もパブリック，ビジネス，システム，地域・福祉それぞれのアドミニストレーション科目となっている。

(7) 大学院博士後期課程の微修正（2009 年）

　博士後期課程についてはこれまでほとんど変更がなかったが，10 年近く経過した時点でようやく「情報」の領域が追加されることとなった。

> **【大学院博士後期課程】**
> ・修了要件 8 単位（指導教員の特別研究 4 単位，その他領域の特別研究 4 単位，博士論文）
> ・科目構成：社会領域，公共領域，経営領域，規範領域，情報領域

(8) カリキュラムの全面改定（2017 年）

　法人化から 10 年余りが経過した 2017 年，学部教育において再度大きな改革が行われた。このときのカリキュラム変更ではこれまでの 4 コースが 3 つの部門（公共・福祉，ビジネス，情報）へと再編統合されている。

> **【学部】**
> ・卒業要件 127 単位（共通 30 単位，専門 97 単位）
> ・基礎総合管理科目（1〜2 年），基幹科目（共通）（1〜2 年），基幹科目
> 　（分野別）（2 年），展開科目（3 年）
> ・基幹科目および展開科目の構成：公共・福祉分野，ビジネス分野，情報
> 　分野
> ・総合管理関連科目：基礎総合管理学 I（1 年），基礎総合管理学 II（1 年），
> 　基礎総合管理学演習（1 年），基礎総合管理実践・実践演習（2 年）

　今回のカリキュラムにおいては「基礎総合管理科目」の枠を設け，基礎総合管理学 I と II という科目を必修で配置したことが特徴である。基礎総合管理学 I ではアドミニストレーションの理論を，II ではその実践としてのワークショップやファシリテーションなどの様々な手法を学ぶことで，理論と実践の両面から総合管理に関する理解を深めることとしている。さらにその発展形として，選抜学生が地域課題の解決に取り組む PBL 型の授業である基礎総合管理実践・実践演習という科目も配置された。

　これまでの 4 つのコースについては公共・福祉部門，ビジネス部門，情報部門の 3 部門に再編統合されることとなった。それに伴って科目配置も見直されることとなり，行政学・経営学・情報学・社会学・社会福祉学をそれぞれ必修とするカリキュラムが構築された。さらに，科目のナンバリング制を導入することにより憲法 I →憲法 II など科目間の連続性・発展性を分かりやすくするよう工夫するなど，極めて意欲的なカリキュラム構成となっている。

(9) 大学院カリキュラムの改定（2019 年）

　2019 年には大学院の博士前期課程，博士後期課程の双方で大きなカリキュラムの変更が行われた。これは学部の新しいカリキュラム改定を踏まえるとともに，2016 年度に実施された大学基準協会による認証評価における指摘事項に対応すべく行われた改善でもあった。

【大学院博士前期課程】
・修了要件 30 単位（特別演習 8 単位，必修 4 単位，その他 18 単位，修士論文）
・科目構成：公共・福祉分野，ビジネス分野，情報分野，看護分野

【大学院博士後期課程】
・修了要件 20 単位（指導教員の特別研究 12 単位，指導教員の特別演習 4 単位，他の分野の特別演習 4 単位，博士論文）
・科目構成：公共・福祉分野，ビジネス分野，情報分野

　この時点の改定で最も力点が置かれたのが，認証評価における指摘事項である「リサーチワークとコースワークの適切な組み合わせについて改善が必要」という部分である。従来，博士後期課程においては単位が課されるのは講義科目のみであり，研究指導と学科指導の区分が存在していなかった。その部分を改善するため，博士後期課程に講義科目（特別演習）と別にゼミ（特別研究）の単位が設定されることとなった。また，これに合わせて博士前期課程においても必修 4 単位のうち 2 単位を「アドミニストレーション研究方法論」という科目に変更し，リサーチワークの実施を明確化している。

（10）専攻制の導入（2024 年）

　総合管理学部が 30 周年を迎える 2024 年に合わせて行われた最も新しい改革が専攻制の導入である。このカリキュラムおよび学部体制の大幅な変革は本学部創設以来の大規模なものであるといってよい。今次の改革の大要を以下に見てみよう。

【学部】
・卒業要件 128 単位（共通 31 単位，専門 97 単位）
・総合管理科目（1 年），基幹科目（共通）（1 年），専門科目（専攻別）（2〜3 年）
・専門科目の構成：公共専攻，ビジネス専攻，情報専攻

・総合管理関連科目：総合管理学 I（1 年），総合管理学 II（1 年），総合管
理学 III（1 年）

今次のカリキュラム体系については，基本的に 2017 年度の改正の枠組みを
引き継ぎつつできるだけシンプルなものとしている。総合管理関連科目として
は，引き続き総合管理学 I で理論，II で実践を学ぶほか，新たに専攻について
理解を深めることを目的とする総合管理学 III を必修としている。

最も大きな変更となるのは「専攻」の部分であろう。本学部の専攻は他とは
異なり，入試の段階から入口を分ける専攻ではない。入試はあくまでも共通
で，1 年次は全員が同一のカリキュラムで総合管理を学ぶこととなる。そのう
えで，2 年次に進級する時点で自らの学びの軸足となる専攻を選び，そこに配
属されることとなる。2 年次，3 年次の講義については専攻ごとに取得単位に
一定の縛りが設けられることとなるが，他の専攻の講義の受講には何らの制限
もなく，どの専攻の学生も全ての専門分野の知識を身につけることができるの
はこれまで同様である。

以上が総合管理学部における新たな専攻制の導入の大要である。総合的な学
びという総合管理学部の良さを活かしつつ，学生に自らの軸となる専門分野を
持たせることによって総合性も専門性も高めていくこと，それこそが学部創立
30 周年を迎えた総合管理学部における新たな挑戦なのである。

2. 「総合系」学部と総合管理学部

総合管理学部が改革に取り組んできた 30 年の間，全国的にも大学のあり方
は大きく変わってきた。中でも注目すべきは本学部と同一視されがちな「総合
系」学部の増加である。大学設置基準の大綱化以降，設置基準の簡略化がなさ
れたことに伴い様々な学部名称が誕生していった。その中にあって，総合系の
学部は社会環境の変化と地域ニーズの変容に対応しつつ，「総合政策学部」，
「地域政策学部」，「文理融合学部」などの形でその数を増やしている。本節で
は，近年の総合系学部の増加とその動向について概観したうえで，それらの学
部と本学部の理念上の差異について指摘したい。

(1)「総合系」学部の増加

① 1980年代以前

大学の学部の名称として従来より使われ，そして今日でも最も一般的なものは単一の学問分野（discipline）を冠するものである。法学を教授する「法学部」，経済学を教授する「経済学部」などがそれに当たる。それに対して総合系の学部は，単一の学問分野ではなく学際的（inter-discipline）に社会の諸課題の解決に取り組むものであるため，その名称に学問分野を冠さない場合が多い。このような総合系学部は1990年代より増加してくるわけであるが，それより以前にも複数の学問分野を合わせた複合型の学部名称は存在していた。その最も古いものは1882年創立の早稲田大学政治経済学部であろう。同大はその前身の東京専門学校の時代に政治経済学科を設立したが，他学科に包含されるのが一般的であった政治学と経済学とを並立させ，かつ一つの学科として独立させたのは同校が初であり，極めて斬新な取組みであったといえよう[4]。また，明治期から大正期にかけては同じく私立大学の雄である明治大学が政治経済学部を設置している（1912年政治経済科，1925年政治経済学部）。他にこのような複合型の学部名称を持つ大学としては，1981年設立の千葉大学の法経学部（現法政経学部），1982年設立の青山学院大学の国際政治経済学部などがあげられる。

② 1990年代：「総合政策系」学部

1980年代半ばまで，大学の数の増加に対し学部名称の種類はあまり増えていなかったが，1990年代に入ってその状況は激変する[5]。90年代半ばまでは四文字学部が，90年代半ば以降はカナ文字の学部が大幅に増えることとなった。この理由の一つは1991年に行われた「大学設置基準の大綱化」であろう。これにより，授業科目の区分（一般教養，専門科目など）の廃止，卒業要件単位数の科目区分ごとの設定の廃止，単位の計算方法の弾力化など，大学設置基準の簡略化が行われた[6]。この大綱化により，各大学で教養学部の廃止が進んだり，様々な分野の学問を包含した総合系の学部が設置されるなど，大きな変革が起こることとなる。

この大綱化に先んじて新たな学部の設置に動いたのが慶應義塾大学である。同大は1990年，湘南藤沢キャンパス（SFC）に環境情報学部と並んで総合政策

学部を開設した。この慶應の総合政策学部設置以降，中央大学総合政策学部（1993），立命館大学総合政策科学部（1994），関西大学総合情報学部（1994），関西学院大学総合政策学部（1995）と私立大学を中心に相次いで「総合政策系」の学部が開設されることとなる[7]。このような学部設置の流れは公立大学にも広がり，岩手県立大学が1998年，島根県立大学が2000年に同系統の学部を開設している。しかし2000年以降は余り新たな設置は見られず，徐々に後述の「地域政策系」の学部にシフトしていっている[8]。

③　2000年代：「地域政策系」学部

2000年代に入ると，日本の大学政策はより新自由主義的性格を強めていく。2001年には小泉内閣のもとで進められた構造改革の一貫として文部科学省より「国立大学の構造改革の方針」が出され，国立大学の再編統合，民間の経営手法や競争原理の導入が打ち出される[9]。また，2003年には国立大学法人法や地方独立行政法人法が制定され，国公立大学の独立行政法人化も進められた。

このような中で，地方大学には地域との連携を打ち出した「地域政策系」の学部を設立する大学も増えていく。1996年の高崎経済大学の地域政策学部を皮切りに，2000年代に入ると地方部の大学における同種の学部の創設が相次ぐこととなる。その例をあげると，富山国際大学地域学部（2000），奈良県立大学地域創造学部（2001），鳥取大学地域学部（2004），山形大学地域教育文化学部（2005），愛知大学地域政策学部（2011），高知大学地域協働学部（2015）などである。さらに2016年には文部科学省の「地（知）の拠点整備事業」，いわゆる大学COC事業により，宇都宮大学地域デザイン科学部，福井大学国際地域学部，宮崎大学地域資源創成学部，長崎県立大学地域創造学部など多数の大学で一斉に地域政策系学部が設置されることとなった[10]。

④　2010年代後半：「文理融合系」学部

2010年代後半からは，いわゆる文系学部と理系学部で教授される内容の双方を備えた新たな「文理融合系」の学部が増加することとなる。従前から「人間科学部」や「情報文化学部」といった文系・理系双方の知見を融合させた学部は多くの大学に存在していたが，近年増加している文理融合系の学部はDXの潮流やデータサイエンス・AIなどに関する教育を取り入れているのがその特徴である[11]。

このような文理融合系の学部としては，愛媛大学社会共創学部（2016），滋賀大学データサイエンス学部（2017），新潟大学創生学部（2017），九州大学共創学部（2018），東海大学文理融合学部（2022）などがあげられよう。

(2) 総合管理の理念

ここまで様々な「総合系」学部が増えてきたことについて概観してきた。それでは，これらの総合系学部と我が総合管理学部の違いは何であろうか。総合政策や地域政策，あるいは文理融合という言葉は総合管理の概念と同一のものなのだろうか。「総合管理学部」は「総合政策学部」や「地域共創学部」に名称変更することができるものなのであろうか。

これらの総合系学部と総合管理学部の明確な差異は，おそらくその学部創設における理念のあり方の違いにあると思われる。(「理念」の違いではなく「理念のあり方」の違いである。その意味で，本考察は理念の文言ではなく理念そのものの建て方に関するメタ考察的なものである。)[12]

総合管理学部の学部理念は「多様な考え方や専門分野を総合し創造的に課題を解決する総合管理（アドミニストレーション）の教育・研究を通して，社会的諸課題に取り組み，地域社会ひいては国際社会に貢献することを目的とする。」というものである。他の多くの総合系学部においても各個の理念は掲げられており，「総合管理（アドミニストレーション）」の部分を除いては概ね同じような内容であろう。しかし，他の総合系学部の理念と本学部の理念には一点の大きな差異が存在している。それは「理念に理論的バックボーンが存在しているか，いないか」という点である。

総合管理学部の創設に当たって前出の手島が掲げたのは，総合管理の原語たる「アドミニストレーション」の一元観である。日本においては「行政」と「経営」という全く異なる用語が使われていた存在は，英語においてはパブリック・アドミニストレーションとビジネス・アドミニストレーションであり，いずれもその上位概念であるアドミニストレーションに包括されるものである。そのため「総合管理学部は，パブリックやビジネスなど様々な場面に存在するアドミニストレーションを貫く「総合知」としてのアドミニストレーションを探究する学部である」という理論枠組みが成立する。アドミニスト

レーション概念はパブリックとビジネスを種差化，同位化せしめ，両者の協働を可能とするものであることから[13]，これら異なる学問領域の知識を同一の学部，同一の学科の中で教授することへの懸念はここに解消されることとなる。これこそが，本学部の掲げる理念の裏付けとなる理論である。

　他の大半の学部において，その理念はあくまで「理念型」である（トートロジーではあるが）。しかし我が総合管理学部（のみ）においては，理念でありかつ「科学」であるといえよう。このような学部は他には存在していない。従って，本項の冒頭に掲げた「総合管理学部の名称は他の名称に変えられるものなのか」という疑問に対する答えは「否」となる。改めて，30年前の総合系学部の黎明期にこのような学部理念を掲げた先達には敬服するほかない。

3. 30年目の総合管理学部

(1) 専攻制導入の経緯

　前述のとおり，学部創設30年目にして総合管理学部は専攻制の導入を柱とする改革を行った。この改革は，2020年度末に行われた4年生に対するアンケートの結果に端を発するものである。このときの4年生は，2017年度に行われたカリキュラム改定後，最初の完成年度の学生であった。そのためこのアンケートは，新設した基礎総合管理科目の成果としての総合管理の理解度の多寡や，部門制やナンバリング制の導入による専門課程へのスムーズな移行と学部学修効果の充実など，新カリキュラムで目指した効果を検証するものとして期待されたところである。

　アンケートは2017年入学者に対してWebフォームに入力させる形で行った。質問項目は，4年間で学んだ内容，基礎総合管理科目，ゼミ活動，学位授与方針（ディプロマ・ポリシー）に基づいた項目における能力向上，良かった点，改善すべき点，学部への意見などである。総対象者318名（うち卒業生284）のうち回答数281（うち留年9含む），部門別では公共・福祉部門111名，ビジネス部門94名，情報部門76名であった。データの分析についてはビジネス部門（当時）の丸山泰教授と本田圭市郎准教授が行った。

　アンケートの結果からは，総合管理学部の学生が以下のように考えているこ

とが分かった。

> ・ディプロマ・ポリシーの各項目に対する学生自身の評価は全体的に高く，学位授与方針で目指す目的は概ね達成。
> ・4年間の学びに対する学生の自己評価として，総合管理の理解や多様な学問の土台，協働の学びについては評価が高く，基礎総合管理科目の設置に一定の効果が見られている。総合的な学びについても肯定的に捉えている学生が多い。
> ・ゼミ活動については極めて満足度が高い。
> ・一方で専門分野の知識・技術を学べたという自己評価の数値は想定的に低く，「もっと専門的に学びたかった」という声が大きい。

　学部にとって，総合管理を理解していると感じる学生の割合が高かったことはカリキュラム改定の大きな成果であった。その反面，専門的な知識が思うように得られていないという感覚を持つ学生が多いことが判明し，この学生からの専門性の希求に対しどのように応えていくかが次なる学部の課題となったのである。

　アンケートの結果を受け，学部において学生の専門性を高めるための方策が検討された。折から，新型コロナウイルスの影響による大学での学びの変化や台湾の半導体企業であるTSMCの熊本県への進出の決定，文部科学省「地域活性化人材育成事業」（SPARC）の本学部を含めた「くまもと型文理融合DX教育」事業の採択など，本学部を取り巻く環境も大きく変化していたこと，さらに大学本部から学生の専門性を高めるための方策の検討依頼も受けたことを踏まえ，2022年度から学部あり方検討委員会を設置して議論が行われた。そして2024年度から，新たに公共専攻，ビジネス専攻，情報専攻という3つの専攻を備えた新生総合管理学部がスタートしたところである。

(2) 専門性のある "総合家" へ

　これまで総合管理学部の30年間の軌跡を辿ってきた。本章の最後に，専攻制を踏まえたこれからの総合管理学部の人材育成について述べておこう。

繰り返し述べてきたとおり，本学部の最大の特徴は「総合知」としてのアドミニストレーションの概念をその理論的支柱としていることである。そのため，今回の専攻制導入による専門性の向上もあくまで総合管理の理念の範囲内での専門性という話であり，学生を個別学問のタコ壺に誘い込もうとするようなものでは決してない。これまで同様，入学試験は学部で一つのものとし，一つの入学者選抜方針のもとで学生の受け入れが行われる。そして，入学した学生は1年次を通して共通のカリキュラムで講義を受けることとなる。新入生は全員「総合管理学」の講義の中でアドミニストレーションの理論と実践を学び，そのうえで自らの興味関心と各専攻での専門知識について理解を深めたうえで，2年進級時点でそれぞれの専攻に入っていくこととなるのである。いわば「総合性と専門性の総合」を実現することが，今般の改革の狙いということとなる。

　繰り返しになるが，本学部の教育の本質は「総合知」を目指すところにある。専攻に進んだ学生は様々な専門知識を身につけ専門性を高めるであろう。しかし，どのような接頭語のつく専門知識であれ，いずれもその後に続く「アドミニストレーション」の視座から見れば種差に過ぎない。その意味で，総合管理学部において学生が身につける専門性は「現住所」のようなものであり「本籍地」はアドミニストレーションということになる。系統樹的に発想すれば，アドミニストレーションの太い幹があってそこから各専門性の枝が力強く伸びていけるようにすることが今次改定の目指すものである[14]。

　世の中に専門家を名乗る者は数多いが，その中で総合性に目覚めたものはごく僅かである。その所以は，もともとの依って立つ基点が専門性にあるからであろう。しかし，自らの基点を総合性に持ちつつ専門分野も理解できる学生を育てることができたらどうであろうか。そのような学生は専門家ならぬ“総合家”として活躍してくれるであろう（総合家という言葉は造語ではあるが）。

　総合性を持つ専門家ならぬ「専門性を持つ“総合家”」の育成。それこそが，これからの総合管理学部の果たすべき役割なのではないだろうか。

注

1）手島孝『総合管理学序説』有斐閣，1999，8-9頁。

2）手島孝「七年目の総合管理学」，熊本県立大学総合管理学会編『アドミニストレーション』第7巻3・4合併号，2001，199-200頁。

3）学部の名称を決定する際，「ファカルティ・オブ・アドミニストレーション」という英語が先にあり，それを指す日本語が存在しないことから「総合管理学部」という名称が使われたが，その4年後の研究科の名称決定の際にはあえて原語を採用することとなったとされる。手島（1999）前掲書3-4頁。

4）伊東久智「政治経済学科と法律学科」，早稲田大学HP「早稲田ウィークリーコラム」2013.6.27，https://www.waseda.jp/inst/weekly/column/2013/06/27/13421

5）吉見俊哉『「文系学部廃止」の衝撃』集英社文庫，2016，118-119頁。

6）室井尚『文系学部解体』角川新書，2015，50-52頁。

7）中道寿一編著『政策科学の挑戦』評論社，2008，3頁。

8）島根県立大学総合政策学部についても既に募集を停止しており，2021年からは国際関係学部と地域政策学部に移行している。

9）室井前掲書59頁。

10）岩崎保道「国立大学における地域学系学部の動向」，関西大学教育開発支援センター『関西大学高等教育研究』第7号，2016，136頁。

11）中央教育審議会大学分科会「学修者本位の大学教育の実現に向けた今後の振興方策について」，2023，5-6頁。

12）澤田道夫「Meta-discipline としてのアドミニストレーション」，熊本県立大学総合管理学会編『アドミニストレーション』第17巻3・4合併号，2011を参照せよ。

13）渡邊榮文「アドミニストレーションの学窓から見えるもの」，熊本県立大学総合管理学会編『アドミニストレーション』第14巻3・4合併号，2008，218-220頁。

14）渡邊榮文「アドミニストレーションの系統樹」，熊本県立大学総合管理学会編『アドミニストレーション』第16巻3・4合併号，2010を参照せよ。

「法制一元化」後の熊本県内における
個人情報保護制度の動向

上　拂　耕　生

はじめに
1. 「法制一元化」後の県内自治体における条例の現状
2. 考察・コメント
おわりに

はじめに

　筆者は，2004 年 4 月に熊本県立大学総合管理学部（行政法担当教員）に赴任以来，主に自治体法務の面から「地域への貢献」を求められることがよくある。実際，「社会的活動」として，自治体の各種審査会・審議会の委員を多数務めるとともに，行政法関連の自治体職員研修の講師をすることも多い。なかでも情報公開・個人情報保護分野で，審査会委員や研修講師等を通して実務との「接点」を持つことが多くなった。そこで，（熊本県内の情報公開制度について以前に論及する機会があったので[1]）今回の 30 周年記念論文集では，熊本県内の個人情報保護制度を対象に寄稿することにしたい。

　2023 年 4 月，2021 年改正の個人情報保護法[2] が全国すべての地方自治体に適用される形で施行され，一元化された個人情報保護法制が地方でも開始された。それ以前，日本の個人情報保護法制は，「セグメント方式」と「分権的法制」という 2 つの特色を有するとされた[3]。セグメント方式は，民間部門を対象とする規制（旧法の第 3 章以下）と，公的部門，すなわち国の行政機関等を

対象とする規制（旧行政機関個人情報保護法や旧独立行政法人等個人情報保護法）がそれぞれ別個の法律として定められ，つまり官民分離方式を意味する。分権的法制は，公的部門の中でも国の行政機関等とは別に，全国の地方自治体（都道府県や市区町村）がそれぞれ個人情報保護条例を制定している態様を意味する。セグメント方式と分権的法制という特色をもつ「保護3法＋条例」の個人情報保護法制の枠組みに対して，近年は，官民を通じた個人情報の流通と共有・利用を阻害しているなど消極的評価がなされ，特に「個人情報保護法制2000個問題」という有り難くない言葉も，人口に膾炙した[4]。そこで2021年法改正では，従来の「保護3法＋条例」という基本的枠組みが抜本的に見直され，個人情報保護法に統合・一本化された。すなわち，地方自治体についても全国的な共通ルールが定められ，官民の監督機関も国の個人情報保護委員会に一元化された。もっとも，個人情報保護法制の一元化により，地方自治体についても全国的な共通ルールが定められたとはいえ，憲法上の地方自治の保障との関係，地方ごとに実情が異なるという現実を考慮すると，完全に統一することは適切とは言えないから，条例要配慮個人情報その他例外を一部認めている。

　日本の個人情報保護法制の歴史を振り返ると，地方分権の推進とも相俟って，地方自治体が国に先駆けて個人情報保護制度を発展させてきた経緯もある[5]。したがって，憲法上の地方自治の保障，地方ごとの実情を踏まえた地方分権の推進に逆行するなどの観点から，このような個人情報保護法制の「一元化」「統一化」志向への批判も，実際上少なくない[6]。しかし，これら批判的論稿の整理・分析は紙幅の関係上難しいので，本稿では，改正法の施行，つまり「法制一元化」後の熊本県内自治体（熊本県及び県内市町村）の個人情報保護制度の動向について概観する。全国共通の個人情報保護ルールといっても，上述したように，自治体側は条例要配慮個人情報その他例外を一部定めることが認められている。また，地方公共団体の長は，個人情報の保護に関する条例を定めたときは，遅滞なく，その旨及びその内容を個人情報保護委員会に届け出なければならず（法167条1項），この届出があったとき，委員会は，当該届出に係る事項をインターネットなど適切な方法により公表しなければならない（同2項）。したがって，本稿では，個人情報保護委員会のホームページで公表

された[7]，熊本県内の個人情報保護条例を手掛かりに，「法制一元化」後の動向を概説・考察する。

1. 「法制一元化」後の県内自治体における条例の現状

(1) 条例の制定状況

　熊本県及び県内45市町村すべてが独立条例としての旧個人情報保護条例を廃止し，法律実施条例として個人情報保護法施行条例を制定している（2023年4月1日より施行）。法制一元化により独立した個人情報保護条例の制定は不可であり，また，法律実施条例として，法の趣旨に反する規定（例えば，死者情報を含める個人情報の定義，オンライン結合の原則禁止，目的外利用の例外の詳細な規定など）を置くことはできない。したがって，立法裁量が認められる余地（条例で定めることができる事項）は，(2)以下で述べるように，限られた事項に過ぎない。

(2) 条例要配慮個人情報

　個人情報のうち，人種，信条，社会的身分，病歴，犯罪歴，犯罪被害等で，不当な差別や偏見など不利益を生むおそれがあることから特に慎重な配慮が要求されるため，一般の個人情報とは区別して厳格な規律が必要とされるものを，要配慮個人情報という（法2条3項）。法60条5項の規定に基づき，地方自治体は，地域特性に応じて「条例要配慮個人情報」に関する定めを条例に設けることができる。個人情報保護制度の見直しに関するタスクフォース『個人情報保護制度の見直しに関する最終報告（令和2年12月）』（以下「最終報告」とする）は，「地方公共団体等がそれぞれの施策に際して保有することが想定される情報で，その取扱いに特に配慮が必要と考えられるものとして『LGBTに関する事項』『生活保護の受給』『一定の地域の出身である事実』等」の個人情報については，「不当な差別，偏見等のおそれが生じ得る情報として，地方公共団体が条例により『要配慮個人情報』に追加できることとすることが適当である」としている。

　熊本県内では，多良木町，南小国町，南関町の3町で条例要配慮個人情報に

関する規定がある。多良木町条例は、「本人の性的指向又は性自認に関する事項」「本人の属する世帯が生活保護法による保護を受けていること又は受けていたことがあること」「本人が成年被後見人、被保佐人若しくは被補助人であること又はこれらであったこと」を定める（3条）。南小国町と南関町の条例では、これらに加え「特定の地域の出身であること」をも規定する（3条3号）。

(3) 個人情報取扱事務登録簿等

個人情報ファイルとは、保有個人情報を含む情報の集合物であって、一定の事務の目的を達成するためにデータベース化（電子計算機を用いて検索することができるように体系的に構成）されているものだけでなく、マニュアル処理であっても、一定の事務の目的を達成するために氏名、生年月日、その他の記述等により特定の保有個人情報を容易に検索することができるように体系的に構成したものを含む（法60条2項1・2号）。行政機関の長等は、当該行政機関が保有している個人情報ファイルについて、所定の事項を記載した帳簿、すなわち個人情報ファイル簿を作成し、公表しなければならない（75条1項）。ただし、改正法は、地方自治体が条例の定めにより、個人情報ファイル簿とは別の個人情報の保有の状況に関する事項を記載した帳簿を作成し、公表することを認めている（75条5項）。これは、すでに多くの自治体で、個人情報取扱事務登録簿を作成し公表している実態があることが考慮されたものである[8]。個人情報ファイル簿と個人情報取扱事務登録簿を比較した場合、後者の方が個人情報ファイルに記録されてない保有個人情報（散在情報や本人の数が1,000人未満の保有個人情報を取り扱う場合）についても所在等を把握でき、把握できる個人情報の範囲が広く、事務単位の方が住民に分かりやすく探しやすいといった意見がある[9]。

熊本県内において条例で個人情報取扱事務登録簿の規定を置くのは、熊本県及び8市町（八代市、玉名市、阿蘇市、上天草市、大津町、氷川町、南小国町、湯前町）である。熊本県条例3条1項は、「保有している個人情報ファイル（法第74条第2項第9号に掲げるものに限る。）について、それぞれ同条第1項第1号から第7号まで、第9号及び第10号に掲げる事項並びに政令第21条第6項に規定する事項を記載した帳簿を作成し、公表しなければならない」と

規定する。つまり，法75条に従い個人情報ファイル簿を作成・公表するとともに，本人の数が政令で定める数に満たない（本人の数が1,000人未満の）個人情報ファイルついても，個人情報取扱事務登録簿を作成・公表するものとしている。他方，個人情報取扱事務について，その名称，目的，所管組織の名称，個人情報の対象者の範囲，個人情報の項目，主な収集先，収集方法などを記載した帳簿を備え付け，一般の閲覧に供するよう規定し，旧個人情報保護条例と同様の規定ぶりをする自治体もある（八代市，阿蘇市，上天草市，南小国町，氷川町など）。

(4) 不開示情報

改正法は，78条1項1号から7号で保有個人情報の開示請求に係る不開示情報を定めている。情報公開制度との整合性を図る観点から，地方自治体が条例により，情報公開条例と無関係な非開示情報を追加することは許容されないが，情報公開条例の規定と同様の非開示情報を追加することは許容される（法78条2項）。不開示情報については，熊本県及び13市町（八代市，宇土市，玉名市，山鹿市，荒尾市，菊池市，合志市，上天草市，菊陽町，大津町，芦北町，湯前町，苓北町）が読み替え適用の規定を置いている。公務員等の氏名を開示すべき情報として定める条例（熊本県，八代市，玉名市，宇土市，菊陽町等）や，不開示とする必要のある情報を情報公開条例に定める不開示情報と同様なものと定める条例（菊池市，合志市，苓北町等）がある。

(5) 開示請求手数料

法89条2項は，「地方公共団体の機関に対し開示請求をする者は，条例で定めるところにより，実費の範囲内において条例で定める額の手数料を納めなければならない」と規定し，地方自治体は，自己情報の開示請求に係る手数料を条例等で定めなければならない。これにつき，熊本県及び県内45市町村すべてが手数料（費用負担）に関する規定を設けている。そして，そのすべてが手数料を無料（不徴収）とし，開示請求に係る実費負担のみを定める。旧個人情報保護条例では，多数の自治体が申請手数料を無料とし，従量制で開示実施手数料を徴収していたが，法89条2項に基づく条例においても，実費の範囲内

である限り，従量制の開示手数料を定めることは可能であり，また，条例で手数料を無料と定めることも，住民代表である議会が条例で住民の意思を集約して示したといえるので，妥当なものと考えられる[10]。

(6) 開示決定等の期限

開示請求から決定までの期限について，法は原則として請求から30日以内と規定する（83条1項）。法98条は，「地方公共団体が，保有個人情報の開示，訂正及び利用停止の手続並びに審査請求の手続に関する事項について，この節の規定に反しない限り，条例で必要な規定を定めることを妨げるものではない」と規定する。したがって，条例により開示決定等の期限及びその延長日数を短縮することは可能と解されている[11]。熊本県内でも，熊本県及び19市町村で期限の短縮を条例で定めている（熊本市，八代市，山鹿市，宇城市，玉名市，合志市，菊池市，荒尾市，上天草市，天草市，大津町，長洲町，芦北町，あさぎり町，多良木町，湯前町，苓北町，山江村，球磨村）。

法は，開示決定等の期限を30日，事務処理上の困難その他正当な理由がある場合における延長日数を30日と定めるが，熊本県内では，原則的な期限を15日及びその延長日数を30日とする条例が多い（熊本県，菊池市，荒尾市，上天草市，大津町，あさぎり町，山江村など）。原則的な期限を14日とする条例も多い（熊本市，天草市，玉名市，多良木町，球磨村など）。このほか，原則的な期限及びその延長日数を14日・15日（宇城市），14日・45日（山鹿市）と定める条例もある。一般に，開示請求数が国よりも少ない地方自治体では，30日よりも短い開示決定等の期限で運用可能であり，また，法制一元化により無理に法の期限に合わせることは，開示請求等を行う者にとって不利益となるので[12]，かかる対応は法の認めるところであり，妥当である。

(7) 行政機関等匿名加工情報の利用に関する手数料

行政機関等匿名加工情報とは，行政機関・独立行政法人等が保有する個人情報を特定の個人を識別することができないように加工し，かつ当該個人情報を復元できないようにした情報をいう（法60条3項）。法第5章第5節は，行政機関等匿名加工情報の提供制度を定める。この制度は，「新たな産業の創出並

びに活力ある経済社会及び豊かな国民生活の実現の資する」（法1条）ことを目的に，行政機関等が保有している個人情報ファイルについて，その特質を踏まえつつ，匿名加工して民間部門に提供するために設けられた制度であるが，匿名加工の困難性・高コストという点で利活用が困難であって，保護3法の下で普及が進んでこなかったという事実に鑑み[13]，今後における普及には大きな課題が残されている[14]。

　2021年法改正により，匿名加工情報の活用に関する提案募集等の規律が，地方自治体にも適用されることになった。公的部門における匿名加工情報の提供制度は，公的部門が有するデータを，地域を含む豊かな国民生活の実現に資することを目的として，個人を識別できないよう加工した上で，民間事業者に提供しその活用を促すものであり，2016年行政機関個人情報保護法の改正により創設されたものであるが，このような制度趣旨は，地方自治体にも基本的に妥当することから，地方自治体にも，その保有する個人情報ファイルについて，匿名加工情報の活用に関する提案募集等行うことを規定している[15]。そして，受益者負担の考え方から提供を受ける者に費用を負担させることが公平であるという観点から[16]，「行政機関等匿名加工情報の利用に関する契約を行政機関の長と締結する者は，政令で定めるところにより，実費を勘案して政令で定める額の手数料を納めなければならない」（119条1項）。

　改正法は，行政機関等匿名加工情報の利用に関する契約を地方自治体の機関と締結する者について，119条3項で「第115条の規定により行政機関等匿名加工情報の利用に関する契約を地方公共団体の機関と締結する者は，条例で定めるところにより，実費を勘案して政令で定める額を標準として条例で定める額の手数料を納めなければならない」と規定し，同4項で「前条第2項において準用する第105条の規定により行政機関等匿名加工情報の利用に関する契約を地方公共団体の機関と締結する者は，条例で定めるところにより，前項の政令で定める額を参酌して政令で定める額を標準として条例で定める額の手数料を納めなければならない」と規定する。もっとも，都道府県・政令指定都市以外の地方自治体においては，匿名加工に関する十分な知見を持った人材を確保することに困難が予想されることから，当分の間，義務ではなく，任意で提案募集等を行うものとされている（附則7条）。

行政機関等匿名加工情報の利用に関する手数料について条例で定めるのは，熊本県及び熊本市以外では，すなわち当該制度の導入が任意の自治体では，山鹿市，宇城市，湯前町の3市町である。そして手数料の具体的な金額については，いずれも個人情報の保護に関する法律施行令31条を参照し[17]，国の行政機関等と同様のものとなっている。

(8) 審議会等への諮問

　法制一元化後も，地方自治体の機関は，条例の定めるところにより，個人情報の適正な取扱いを確保するため専門的な知見に基づく意見を聴くことが「特に必要である」場合に，審議会等に諮問することができることとしている[18]。しかし，旧個人情報保護条例にみられた，本人以外からの個人情報の取得，個人情報の目的外利用・第三者提供，オンライン結合等について，類型的に審議会等への諮問を要件とする条例を定めることは，法改正（法制の一元化）の趣旨に照らして許容されない。最終報告は，「現在，多くの地方公共団体の条例においては，個別の個人情報の取扱いの判断に際して，地方自治法第138条の4第3項に規定する附属機関である審議会等の意見を聴くこととしているが，法制化後は，法律による共通ルールについて国がガイドライン等を示し，地方公共団体等はこれに基づきあらかじめ定型的な事例について運用ルールを決めておくことにより，個別の個人情報の取扱いの判断に際して審議会等に意見を聴く必要性は大きく減少するものと考えられる。」「他方，条例で，審議会等の役割として，個人情報保護制度の運用についての調査審議やその在り方についての意見具申の役割を規定している例も多く見られるが，このような役割は今後も求められるものであり，今後，審議会等の役割は，上記のような個別の個人情報の取扱いの判断に際して諮問を受けるものから，定型的な事例についての事前の運用ルールの検討も含めた地方公共団体等における個人情報保護制度の運用やその在り方についての調査審議に重点が移行していくことになるものと考えられる」としている。

　このように，法制一元化により，従前において自治体の審議会等が個人情報保護条例の解釈・運用に果たしてきた機能（上述した例など）の多くは，個人情報保護法の定める共通のルールの解釈・運用の問題として，個人情報保護委

員会への照会によりなされることになる。この限りで，また条例の改正につい
ても，独自条例の制定範囲はかなり限定的であるので，審議会等の役割は縮小
されることになる。つまり，審議会等の役割は，定型的な事例についての事前
の運用ルールの検討を含めた，自治体における個人情報保護制度の運用やその
あり方についての調査審議に重点が移行するものとされている[19]。しかし，
地方自治体が行う個人情報を取り扱う多種多様な事務事業について，網羅的に
ガイドライン等を定めることには無理があり，引続き個別の個人情報の取扱い
の判断に際して審議会等に意見を聴く必要は残るとの意見もある[20]。

　熊本県及び県内45市町村すべてが，審議会等への諮問手続について，個人
情報保護法施行条例または情報公開・個人情報保護審査会条例で定めている。
条例をみると，諮問事項の類型として，①条例の規定を改正または廃止する場
合，②法66条1項の規定に基づき講ずる措置（安全管理措置）の基準を定め
ようとする場合，③実施機関における個人情報の取扱いに関する運用上の細則
を定めようとする場合，④法第3章第3節の施策を講ずる場合であって，個人
情報の適正な取扱いを確保するため専門的な知見に基づく意見を聴くことが特
に必要であると認められる場合などが定められている。このうち，(a) ①③を
定める（熊本県，菊池市，合志市，八代市，玉名市，湯前町等）条例，(b) ②
③を定める条例（熊本市，荒尾市等），(c) ①②③を定める条例（宇土市，大
津市，嘉島町，甲佐町，御船町，益城町，山都町，美里町，長洲町，和水町，
芦北町，錦町，苓北町，高森町，西原村，南阿蘇村，相良村，山江村，球磨
村，五木村，産山村等），(d) ①②③④を定める条例（阿蘇市，上天草市，南
関町，小国町，氷川町等），(e) ②③④を定める条例（多良木町），④のみを定
める条例（山鹿市，あさぎり町等），といったパターンがある。

2. 考察・コメント

　地方自治体の個人情報保護制度は，従来の「分権的法制」のもとでは，自治
体が地域の特性等を踏まえて独自条例として個人情報保護条例を制定し，それ
ぞれ創意工夫をしながら運用してきたが，改正法の施行によりピリオドが打た
れることとなった。分権的法制が成立した背景としては，主に次の2点が考え

られる。第1に，一般法としての個人情報保護法がない時代に，住民のプライ
バシーその他権利利益を保護するため，自治体が国に先駆けて独自の個人情報
保護条例を制定し，その後全国の自治体に普及拡大するなど，個人情報保護法
制は「自治体先行」「自治体先導」で行われてきたことである。これに加え，
第2に，国の個人情報保護法制の整備時期が，第1次地方分権改革と同時期で
あったという歴史的事情が考えられる[21]。このような分権的法制については，
地方自治体の創意工夫を促し，その情報が共有されることによって，法の発展
を促す長所があるなど，積極的評価もなされていた[22]。

　グローバル化・デジタル社会の進展ないしデータ流通の活発化を背景に，規
律の不均衡・不整合の是正のため「法制の一元化」のもと，従来の独自条例と
しての個人情報保護条例は原則的に廃止されることになった。これに代わり，
自治体の個人情報保護法制は，個人情報保護法の全国的な共通ルールにより規
律され，統一的な制度運用を行うことが求められるようになった。このような
個人情報保護法改正に対しては，特に自治体政策法務の推進の観点から，例え
ば「『統一化志向』『平準化志向』により，集権的な決定傾向すら感じられる」
「分権改革改革に対する巧妙な揺り戻しが発生している」などの批判がなされ
ている[23]。熊本県内でも，熊本県及び県内45市町村すべてが独立条例として
の個人情報保護条例を廃止し，個人情報保護法施行条例を制定している。法律
実施条例である以上，自治体側の立法裁量が認められるスペースは縮小され，
その規定の具体的な状況は，前章で述べた通りである。すなわち，従来の条例
の独自性は薄れ，開示請求に係る期限の短縮，手数料無料など，限られた立法
裁量事項の範囲で規定を設けるに過ぎず，いささか寂しい感を否めない。

　ここでは，以下2点を指摘したい。1つは，審議会等の役割である。前述し
たように，多くの自治体の旧個人情報保護条例のもとで規定された，公益上の
特別の必要性により本人以外の第三者から個人情報を収集するとき，公益上の
特別の必要性によりセンシティブ情報を収集するとき，公益上の特別の理由に
よりオンライン結合するとき，公益上の特別の理由により個人情報を目的外利
用または外部に提供するときなどに，審議会等に意見を聴く手続を条例で設け
ることは禁止される。しかし，自治体の個人情報保護実務の観点からすると，
審議会の手続は，個人情報を扱う施策を進める上で，住民の個人情報を適切に

保護し，また個人情報の取扱いに係る透明性を確保するための重要な仕組みとなっていることが指摘される[24]。この個人情報の適正管理と透明性確保の機能のほか，審議会等への諮問手続には，プライバシー影響評価の一環として先駆け的に実施されてきたという側面も有する[25]。したがって，様々な地方自治体があり，かつ自治体が個人情報を取り扱う事務事業も多種多様であるから，個人情報保護委員会が網羅的に統一的な考え方をガイドライン等で示すことは実際上困難であり，また，個人情報保護員会のリソースにも限界があることなどを考慮すると，地方自治体における個人情報保護審議会等の第三者機関が果たす役割は，依然として大きな意義を有すると考えられる[26]。このほか，熊本県内の審議会等の委員を長年多く経験して感じるのは，専門性を持った人材（委員および担当職員）の確保である[27]。これは，いわゆる小規模自治体におけるリソースの問題ということになろうが，個人情報保護制度を健全に運営していくためには，審議会において必ずしも専門家でない委員の意見も含めて，個人情報保護法制のあり方等，施策について多種多様な意見を確保することが重要であろう[28]。

　2つ目は，議会の個人情報保護についてである。旧個人情報保護条例では，議会を実施機関に含め，自治体の行政機関等と同じ個人情報保護の規律が適用された[29]。しかし，法制一元化により，法の対象機関は，地方自治体の機関及び独立行政法人とし，国と同じ規律を適用するが，自治体の議会は，基本的に地方自治体の機関の対象から除外され，法第5章の規定する行政機関等の個人情報の取扱いに係る義務等の規律対象とされず，国会や裁判所と同様に自律的な対応のもと個人情報保護が適切に行われることが期待される。最終報告は，議会については，旧行政機関個人情報保護法が「行政機関を対象とし，国会や裁判所がその対象となっていないこととの整合を図るため，新制度の適用の対象とはしないこととすることが適当である。なお，ほとんどの団体（1,748団体）で議会は個人情報の保護に関する条例等の対象とされており，引き続き，条例等により，共通ルールに沿った自律的な措置を講じることが望まれる」としている。法制一元化により，地方議会の個人情報保護のレベルが低下するのは避けるべきであり，したがって，旧条例のもと実施機関に含まれていた議会については，独自の個人情報保護条例を整備することが期待され

る[30]。熊本県内でも，熊本県，宇土市，大津町など改正法の施行に合わせて，議会個人情報保護条例を制定している自治体もみられる。

おわりに

　本稿では，法制一元化後の熊本県及び県内市町村における個人情報保護制度の動向を概説したが，その規定ぶりからして，各自治体の対応には若干の差異があっても，「個人情報保護法施行条例」である以上，その独自性は従前と比べて，随分と薄まったものとなっている。確かに，情報（データ）の自由な流通という観点からすると，個人情報保護法制の「統一化」「平準化」志向が要請されることは理解しうることである。しかし，個人情報保護法制を一元的に所管する国の個人情報保護委員会の姿勢に対しては，地方自治体の独自の個人情報保護施策を極めて強く抑制しているという批判もある[31]。すなわち，データの利活用やサービス向上という名の下に，国家による集権的な個人情報の管理を通して，中央集権化を志向する新たな統治手法をとりうることに対しては，これまでの地方分権の流れと逆行し，憲法上保障された地方自治と緊張関係に立ちことからも，十分に警戒する必要がある。

注

1) 拙稿「地方創生と自治体の政策―熊本県内の情報公開条例の比較分析―」熊本県立大学総合管理学部 COC 事業プロジェクトチーム編『地方創生への挑戦』中央経済社 2018 年 171～184 頁。
2) 正式名称は「個人情報の保護に関する法律」。以下，「法」ないし「改正法」（2021 年に改正された個人情報保護法を特に指す場合）とする。
3) 宇賀克也『個人情報保護法制』有斐閣 2019 年 14 頁以下，22 頁以下。
4) 湯淺墾道「地方公共団体における個人情報保護法制の課題」『都市問題』110 巻 2 号（2019 年）55 頁，鈴木正朝「番号法制定と個人情報保護法改正：個人情報保護法体系のゆらぎとその課題」『論究ジュリスト』18 号（2016 年）51 頁，など。
5) 例えば，2007 年改正前の住民基本台帳法や戸籍法において，住民票や戸籍抄本の交付請求が不当な目的でなければ何人にも認められていた。しかし，第三者からのこれらの交付請求が「不当」かどうかを実際に判断するのは困難であるのを，いち早く「認知」したのは自治体であり，それを踏まえ，自治体は「本人通知制度」を創設した（宇賀克也編・宍戸常寿・髙野祥一著『2021 年改正・自治体職員のための個人情

「法制一元化」後の熊本県内における個人情報保護制度の動向　　　127

報保護法解説』第一法規 2021 年 8 頁）。
6）人見剛「個人情報保護法制の法律による一元化と自治体条例」日本弁護士連合会情報問題対策委員会編『個人情報保護法改正に自治体はどう向かい合うべきか』信山社 2022 年 12～13 頁，日本弁護士連合会「地方自治と個人情報保護の観点から個人情報保護条例の画一化に反対する意見書」（2021 年 11 月 16 日）も，強い反対の意見を表明している。
7）個人情報保護委員会条例届出・公表ウェブサイト，https://www.jourei.ppc.go.jp/，参照。
8）宇賀克也編・前掲注 5），229～230 頁。
9）宇賀克也編・前掲注 5），167～168 頁。
10）宇賀克也『新・個人情報保護法の逐条解説』有斐閣 2021 年 612～613 頁。
11）他方，当該期限に係る規定は，全国的に最大限の期限として設けられたものであり，開示決定等の期限およびその延長日数を条例で 30 日より長期間とすることは許されない。宇賀克也・前掲注 10），584～585 頁。
12）宇賀克也・前掲注 10），674 頁。
13）法改正以前，旧行政機関等非識別加工情報の仕組みを導入しているのは，都道府県 2 団体及び市区町村 5 団体のみであった（総務省自治行政局地域情報政策「地方自治情報管理概要（令和元年度）」（2020 年 3 月）46 頁）。
14）岡村久道『法律相談・個人情報保護法』商事法務 2023 年 198 頁。
15）富安泰一郎・中田響編著『一問一答・令和 3 年改正個人情報保護法』商事法務 2021 年 49 頁。
16）宇賀克也・前掲注 10），699 頁。
17）個人情報の保護に関する法律施行令 31 条は，「法第 119 条第 1 項の規定により納付しなければならない手数料の額は，21,000 円に次に掲げる額の合計額を加算した額とする。」「一　行政機関等匿名加工情報の作成に要する時間 1 時間までごとに 3,950 円」「二　行政機関等匿名加工情報の作成の委託を受けた者に対して支払う額（当該委託をする場合に限る。）」（1 項），「法第 119 条第 2 項の規定により納付しなければならない手数料の額は，次の各号に掲げる行政機関等匿名加工情報の利用に関する契約を締結する者の区分に応じ，当該各号に定める額とする。」「一　次号に掲げる者以外の者　法第 115 条の規定により当該行政機関等匿名加工情報の利用に関する契約を締結する者が法第 119 条第 1 項の規定により納付しなければならない手数料の額と同一の額」「二　法第 115 条（法第 118 条第 2 項において準用する場合を含む。）の規定により当該行政機関等匿名加工情報の利用に関する契約を締結した者　12,600 円」（2 項）と規定する。
18）法 129 条は，「地方公共団体の機関は，条例で定めるところにより，第三章第三節の施策を講ずる場合その他の場合において，個人情報の適正な取扱いを確保するため専門的な知見に基づく意見を聴くことが特に必要であると認めるときは，審議会その他の合議制の機関に諮問することができる」と規定する。
19）宇賀克也編・前掲注 5），206～207 頁。
20）宇賀克也編・前掲注 5），222 頁。
21）板橋勝彦「地方公共団体における個人情報保護の仕組みのあり方と国の関係」『ジュ

リスト』1561 号（2021 年）53〜54 頁。

22）宇賀克也・前掲注 3），24 頁。

23）北村喜宣『自治力の闘魂』公職研 2022 年 23〜24 頁。

24）犬塚克「一自治体の現場から見た改正個人情報保護法の課題」『自治実務セミナー』711 号（2021 年）18 頁。

25）宇賀克也「個人情報保護法制の一元化」『行政法研究』39 号（2021 年）33 頁。

26）宇賀克也編・前掲注 5），238 頁。

27）この点について，情報公開・個人情報保護審査会等交流フォーラムにおいて，報告したことがある（『季報・情報公開個人情報保護』84 号（2022 年）14〜15 頁）。

28）藤原静雄「個人情報保護法制の一元化」『自治実務セミナー』711 号（2021 年）6〜7 頁。

29）議会に関する個人情報保護条例を別に制定する自治体もあるが，議会独自の個人情報保護条例を制定している場合は，改正法の影響は受けない。

30）宇賀克也編・前掲注 5），136〜137 頁。

31）幸田雅治「地方自治を侵害し個人情報を軽んじる個人情報保護委員会（上）」『自治実務セミナー』736 号（2023 年）46 頁以下。

リスクマネジメントと組織倫理

井　寺　美　穂

はじめに
1. リスクマネジメントの意義
2. リスクマネジメントと組織倫理
3. 組織の存在意義
おわりに

はじめに

　人口減少時代における地方行財政問題や続発する不祥事を受け，信頼され責任ある地方行政を実現するために，2020年以降，都道府県及び指定都市において内部統制制度が本格導入されている[1]。これは，先行するビジネスにおける取り組みをモデルに制度設計が行われた。これによって，現在，我が国ではパブリックおよびビジネスの双方において内部統制制度の一環としてリスクマネジメントが実施されていることになる。

　期待とその現実や結果との乖離をリスクと見た場合，それらをゼロにすることはできずとも，期待したものへ近づけるためにリスク発現の可能性を検討し，それらへ対処することは有意義な活動である。問題を未然に防ぐことは元より，仮にそれができなかったとしても，即座にそれらへ対処する体制づくりを行っておくことで，組織に与える損失は低減するであろう。

　果たしてパブリック及びビジネスにおける「組織の損失」，すなわち組織の存続目的に相違はあるのであろうか。本稿では，リスクマネジメントと組織倫理の取り組みの観点からパブリック及びビジネスの組織の存続目的の相違について考察する。まず，リスクマネジメントの意義について言及したのち（第1

節），リスクマネジメントと組織倫理の関係性について検討する（第2節）。最後に，パブリック及びビジネスにおける組織の存在や存続意義の相違について考察する（第3節）。

1. リスクマネジメントの意義

(1) リスクマネジメントと危機管理

　リスク（Risk）という言葉は，「勇気をもって試みる」という意味を持つイタリア語の Risicare に由来するという[2]。現代では，組織への「損害や損失をもたらす危険」や「期待から逸脱し，損失の発生の可能性を引き起こす客観的な状態を指すもの」[3] などとして捉えられている[4]。人は将来や未来に対して，不完全な知識しか持ち得ないことから，そのような定義づけがなされる。

　また，リスクと類似する概念として危機（Crisis）があるが，両者は異なる概念である。危機とは，組織目的の実現やその存在を脅かすものであり，その点では類似しているが，不特定で起こりがたい事象を指す。パブリックの地方行政を事例とすると，その危機のひとつに[5]，緊急事態が挙げられる。緊急事態とは，「自然災害（地震や火山噴火，台風，大雨，崖崩れ等）」や「大事故（火災や飛行機，船舶，電車，自動車，工場等）」「都市施設の事故・故障（電気・ガス・水道・電話等のライフラインや遊園地等施設）」等を指す。その他にも，食中毒やO157，鳥インフルエンザ，BSE，違法薬品販売などの食品衛生に係る問題も地方行政の危機である。これらは緊急事態とは問題の性質が異なり，日常的な監視や発見が求められる。その他にも，凶悪事件や頻発事件，少年犯罪，DV などの犯罪，NBC や暗殺，爆弾などのテロリズムも危機である。これらは，本来的には警察行政の対象となるものであるが，このような事件が発生した場合，市役所等の一般行政にも住民に対する避難誘導等の活動が求められる。更に，着上陸侵攻やミサイル着弾などの戦争が生じた場合には，市町村長には避難指示の伝達や誘導，消防等の役割が法令で定められている[6]。これらに加えて，汚職や職員の犯罪，情報流出，コンプライアンス違反などの不祥事も危機に挙げられる。日常的に不祥事を防止するための活動はリスクマネジメントとも言えるであろうが，市民の信頼を回復するための活動は

危機管理（crisis management）の一環と捉えられる。

これらの組織目的の実現に対する脅威を「対処」に限定せずに，回避することで組織目標の追及が妨げられないようにすること，そして仮に生じた場合には対処のあとに行われる復旧・復興や再発防止の取り組みまでを含めて「危機管理」という。つまり，危機管理とは，様々な危機に対して，危機の予測や予知（＝情報活動，研究）を行い，それらの危機の防止または回避に努め，仮にそれらが生じた場合には対処と拡大防止，再発防止を行う一連のプロセス化された活動である。

同様に，リスクマネジメントも，組織における発生し得るリスクを認識し，損害の潜在的な頻度と厳しさを評価した上で，適切なリスクマネジメントの手段（回避や損害のコントロール，保険，協力，連携など）を選択し，それを実行する。その上で，その手段の評価と再検討を行いながら，PDCAサイクルの形でリスクの低減を図ろうとする。これらの一連のプロセスに注目すると[7]，マネジメント手法は類似している。一般に，危機が発生しないようにする活動をリスクマネジメント，発生した後の活動を危機管理と簡易に区別するような考え方もあるようであるが，リスクマネジメントが損失の発生する確率に基づきリスクを計算し，発生する確率が高い事象の場合にはその回避に努めるが，損失は大きくとも発生する確率が低い事象の場合には大きな注意を払わないこともあることを考慮するならば，両者には違いもあるといえるであろう。危機とは，不特定で起こりがたい事象であり，過去の経験に基づいて危機の発生する確率を計算することが難しい不確実性を伴ったものである。他方で，損害が予想を超え，リスクが危機に転じることは起こり得るものであり，そうなった場合にはリスクマネジメントではなく，危機管理が必要となるとされる[8]。

以下の図1は，地方公共団体における内部統制のあり方に関する研究会が内部統制制度検討の段階で試みに区分したリスク図を簡易に書き直したものである。図のとおり，先述した危機は地方行政へ与える影響が大きいものや発生頻度が高いものとして区分されていることがわかる。

(2) リスクマネジメントの意義

上記のようなリスクを認識・評価し，適切なリスクマネジメントの手段を選

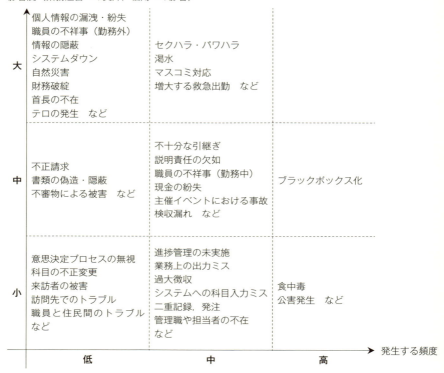

図 1 地方行政を取り巻くリスクの影響度とその発生頻度

(出典) 地方公共団体における内部統制のあり方に関する研究会 (平成 21 年)「内部統制による地方公共団体の組織マネジメント改革:信頼される地方公共団体を目指して」, 28 頁の図を加筆修正

択した上で, それらを実行し, 更にはその手段の評価と再検討を行いながら, リスクの低減を図ることの意義は何であろうか。直接的な意義として, 基本的に, ①業務の効率的かつ効果的な遂行 (業務の目的の達成に向け, 効率的かつ効果的にその業務を遂行すること), ②財務報告等の信頼性の確保 (組織の財務報告または非財務報告に重要な影響を及ぼす可能性のある情報の信頼性を確保すること), ③業務に関わる法令等の遵守 (業務に関わる法令その他の規範を遵守すること), ④資産の保全 (資産の取得, 使用及び処分が正当な手続及

び承認の下に行われるよう，資産の保全を図ること）が挙げられる。これらの4つの意義が達成されるように，すなわちこれらの意義が達成されないリスクを一定の水準以下に抑えるためにリスクマネジメントが実施されている。更には，これらの意義が実現されることで，市民を含むステークホルダーから信頼される組織，責任ある組織の実現に繋がる。

　他方で，リスクマネジメントの仕組みが適切に整備されたとしても，それを運用する組織や職員の過失や想定外の環境変化によって，十分に機能し得ない可能性も生じ得る。単に仕組みどおりに行動することが自己目的化（チェックさえすれば良しとする考え）することにより，リスクマネジメントの本来の目的を見失う可能性がないように注意しなければならない。そのためには，職員が高い意識で主体的に考え，判断する力や行動力が重要であろう。

2. リスクマネジメントと組織倫理

（1）リスクマネジメントの目的

　リスクマネジメントの目的は，組織目的に従属するといわれる[9]。一般に，パブリックにおけるリスクマネジメントは，公益の実現（住民の福祉の増進）を図ることを基本とする行政組織の目的が達成されるように，それを阻害する要因をリスクとして識別及び評価し，対応策を講じることで，適正な行政運営の執行を確保するために行われる。また，ビジネスにおけるリスクマネジメントも同様に，企業に関わる「リスク」[10]への対応を通して，企業価値の維持や増大を図るために行われている[11]。先行研究等では企業がリスクマネジメントを行う理由として，「倒産リスクを軽減することにより，企業の存続と操業の継続を保証する」「営業の安定した成長を妨害する不安定要素を取り除く」「自らリスク分散できないステークホルダーをリスクの脅威から守る」「債権者と投資家との間のエージェントコストを軽減する」等が挙げられ，更にはこれらに加えて社会的責任としてリスクマネジメントを行うことが求められている[12]。

　このような目的で実施されているリスクマネジメントであるが，その一方でそれらの組織目的の実現を阻害する汚職事件や不祥事は絶え間なく生じてい

る。その原因は，職員や経営者の倫理観の欠如や組織体質，風土など多様である。以下では，リスクマネジメントと組織倫理の関係性について考察する。

(2) リスクマネジメントと組織倫理

　組織における倫理保持の取り組みは，汚職や不祥事を未然に防ぐという観点から見ると，リスクマネジメントの一環として，それらのリスクの低減を目指す取り組みとして捉えることも可能である。リスクを「期待から逸脱し，損失の発生の可能性を引き起こす客観的な状態を指すもの」として捉えた場合，ここにおける期待とは，パブリック上では「公務員は清廉潔白である」「公正な行政運営が行われる」などの汚職や不祥事が発生しない状態を意味するであろう。それに対して，期待とは異なる問題が発生し，公務に対する不信感の高まりや非協力といった業務運営に支障をきたすような状態が生まれることを直接的な損害と捉えることができる。一般に，組織倫理は内部統制の基本的要素のひとつである「統制環境」に含まれるとも指摘される[13]。また，汚職や不祥事事件の発生を契機に，それらの再発防止のための取り組みとして，失墜した行政に対する信頼を確保するために倫理法や倫理条例の制定を行ってきた実態は，危機管理のマネジメントプロセスに沿った取り組みであると見ることもできる。

　しかし，組織倫理の確保は，単に不祥事防止やその再発防止だけが目的ではない。組織倫理は，組織を社会の大きなシステムの一部と位置づけ，組織活動の社会へ与える影響の大きさに鑑み，社会との調和および組織存続のために求められるものである。例えば，パブリックにおいては，行政組織やその職員は全体の奉仕者として位置づけられ，公正さ，誠実さ，清廉さ，公平・中立，秘密保持，配慮，丁寧さ，透明・開放性，能力開発，忠誠心などの価値を追求しながら公益の実現が目指される。そこでは，職員自らが適切な行動を主体的に考え，行動する力の育成が目指され，より高い倫理観を内実化させた職員を確保することも組織倫理の目指すもののひとつとなる。また，それらを法規範によって確保しようとする取り組みは，組織や職員の倫理観を民主的に統制しようとする動きと捉えることもでき，その意味ではこれらの現象は，社会的要請や市民による統制と捉えることもできる。

3. 組織の存在意義

（1）組織目的

　先述のとおり，パブリックの組織目的は「公益の実現」である。そのため
に，「社会におけるルールを作り，住民の行動を規制しながら，社会秩序を維
持し，紛争を解決する」「住民が安全で豊かな暮らしを送るための財やサービ
スを生産し，供給する」等の活動を行っている[14]。それに対して，ビジネス
における組織目的は，一般に「利潤の追求」「利益最大化」，「株主価値を極大
化すること」といわれる。それに加え，事業目的を顧客創造と捉えた上で，企
業の社会的責任を強調する考え方もある。近年では，社会貢献や環境負荷に対
する社会の意識の高まりとともに，ビジネスにおいても ESG や SDGs のよう
なサステナビリティを重視する傾向は常態化しており[15]，企業に社会的責任
を求める考え方は一般化している。

　上述のとおり，パブリックとビジネスにおける組織目的には類似点はあるも
のの，明らかな違いもある。これまでの考察から類推される大きな違いは「組
織の存続」と組織の与える「利益の範囲」ではないであろうか。以下では，そ
の二つの観点からパブリックおよびビジネスにおける組織の存在意義の相違に
ついて考察する。

（2）組織の存続の観点

　ビジネスにおけるリスクマネジメントで回避しようとする組織の「損失」と
は倒産リスクを意味することが多い。リスクを回避，低減し，組織の存続と操
業の継続を保証することで，組織目的の達成を促すことができる。

　他方で，パブリックは，全体の奉仕者として市民との信託関係のもと，公益
を追求する責務（義務）を担っている。また，それらの存在は，憲法をはじめ
とする各種法令によって保障されており，政府そのものが民間企業のように倒
産するという事態は生じ得ない。その意味においては，倒産リスクを軽減する
というよりは，公務に対する信頼を確保しながら，法で規定された責務を担う
ために，リスクマネジメントを実施しているという捉え方が一般的であろう。

　しかし，政権交代や首長交代という運営主体レベルでアプローチする場合に

は，リスクの発生やそれらへの不適正な対処方法は政権交代等の事態を生じさせる要因となる可能性は十分に起こり得るのかもしれない。

(3) 利益の範囲の観点

組織論の分野では，受益者によって組織を分類するという研究が行われているが，組織の存在意義を考察する際には当然に利益の範囲や受益者の違いも重要となるであろう。

先述のとおり，パブリックにおける行政およびその職員は「全体の奉仕者」と位置付けられ，その活動がもたらす利益の範囲は社会全体である。日本政府であれば「国民」，都道府県は「県民」，市町村は「市民」を対象にサービスの提供を行っている。それに対して，ビジネスはどうであろうか。ビジネスにおいては，基本的にその利益の範囲は消費者（サービスの利用者）や株主に限定されるであろう。もちろん，企業を社会的責任主体として位置づけ，その与える影響力を拡大解釈することも可能であるし，企業製品の利用主体が国民に留まらず，世界的なユーザーが存在していることを考慮するならば，その与える影響の大きさはパブリックを超えるとする見方もできるかもしれない。両者の影響の大小を比較することは困難であるが，その利益の範囲に違いがあることは確かであろう。

おわりに

以上のとおり，本稿では，リスクマネジメントの意義をはじめ，なぜそれらが行われるのかについて，パブリック及びビジネスにおける倫理活動や組織の損失の観点から，組織の存続意義の相違について考察した。

一般に組織とは「2名以上の人々による，意識的に調整された諸活動や諸力の体系」と捉えられる。その意味では，個々の組織がその組織目的を達成するために行われる活動やそのマネジメント方法は多くの共通現象が見られ，実際には倫理確保やリスクマネジメントの手法も，共通する点が多い。他方で，組織の存続や利益範囲の観点の違いにより，組織の存在意義やリスクの大きさには違いがあることを確認することができた。

影響の大小はあるにせよ，組織を期待したものへ近づけるためにリスク発現の可能性を検討し，それらへ対処する活動は有意義な活動である。活動のための仕組みは整備されているが，それが正しく機能しているかどうかは別問題であり，未だ課題も多いというのが一般的な評価であろう。これらが適切に実施されるためには，首長や経営者等の組織トップの意識の更なる向上をはじめ，現場サイドにおける理解や協力が不可欠であるが，それらの浸透は発展途上の段階である。今後，個人や組織の特性や姿勢の観点から，リスクマネジメントの文化が定着されることにより，その実現が図られることを期待したい。

注

1) 2017 年 6 月に地方自治法等の一部を改正する法律が成立し，都道府県の知事と指定都市の市長に対して，内部統制の整備・運用が義務付けられている。本格的導入は 2020 年度から実施され，その翌年から各自治体における成果報告書の公表が行われている。

2) 後藤茂之（2018）「不確実性のマネジメント：デジタル・リスク社会のリスク管理考察」『経済学論纂』58（5-6），中央大学経済学研究会，57 頁を参照した。語源は，ラテン語の Risicare（岩礁の間を航行する）にあり，それがイタリア語で「勇気をもって試みる」という意味へ派生している。

3) ピーダーアナンタスク，チャテイー「企業組織における統合的な危機管理」『三田商学研究』48（2），慶應義塾大学出版会，108-109 頁を参照した。

4) 本稿では「組織に対する」という前提で論考を進めるが，人や社会等もその対象となるであろう。

5) 地方行政における危機については，自治体危機管理研究会（2006）『実践から学ぶ危機管理』，（株）都政新報社，2-6 頁を参照した。

6) 「武力攻撃事態等における国民の保護のための措置に関する法律」は 16 条において，市町村の実施する国民の保護のための措置について定めている。

7) 前掲註 3) ピーダーアナンタスク，チャテイー，110 頁

8) 同上（ピーダーアナンタスク，チャテイー），125 頁。また，彼らは危機管理プロセスとは，発生した危機に対応するプロセスであるが，損害の抑制プロセスとして捉えるだけでは不十分であり，危機の予防・損害抑制のための対応や再発防止のための学習プロセスとして考える必要があると指摘する。そうすることで，危機の予防をはじめ，危機の経験から学習して効果的な危機予防方法の開発ができるとする。これについては 107 頁を参照した。

9) 中林真理子（2005）「リスクマネジメントと企業倫理」『経営学論集』75，日本経営学会，210 頁を参照した。

10) 戦略リスク（需要の減退や競争上の圧力，商品問題等）やオペレーショナル・リスク（コスト割れ，不正会計，非効率的経営等），金融リスク（為替，株価変更等），自然

災害リスクがある。これについては，上田和勇（2009）「企業倫理とリスクマネジメント：効果的な倫理リスクマネジメントのあり方を中心に」『危険と管理』40，日本リスクマネジメント学会，14-15頁を参照した。

11）同上（上田），14頁。

12）前田裕治（2020）「日本企業のリスクマネジメントは米国と何が違うのか？」『保険学雑誌』648，日本保険学会，166頁を参照した。

13）これは「組織が保有する価値基準や組織の基本的な人事，職務の制度等を総称する概念あり，組織独自の意識や行動を規定し，組織内のリスク管理に対する考え方に影響を与える最も重要な基本的要素」と定義され，具体的には組織文化や組織風土が当てはまるといわれる。これについては，井寺美穂（2022）「地方自治体における内部統制と公務員倫理」『アドミニストレーション』第28巻第2号，総合管理学会，70頁を参照した。

14）伊藤正次，出雲明子，手塚洋輔（2016）『はじめての行政学』，有斐閣，8-9頁を参照した。

15）伊藤和憲（2022）「企業目的の意義と実現の方法」『会計学研究』48，専修大学会計学研究所，2-3頁を参照した。

参考文献

・田中正博（2003）『実践自治体の危機管理』，株式会社時事通信社
・自治体危機管理研究会（2006）『実践から学ぶ危機管理』，（株）都政新報社
・地方公共団体における内部統制のあり方に関する研究会（2009）「内部統制による地方公共団体の組織マネジメント改革：信頼される地方公共団体を目指して」，総務省ホームページ
・澤田善次郎（2004）「リスクマネジメントに関する一考察」『標準化研究』3（1），標準化研究学会，41-50頁
・中林真理子（2005）「リスクマネジメントと企業倫理」『經營學論集』75，日本経営学会，210-211頁
・ピーダーアナンタスク，チャテイー（2005）「企業組織における統合的な危機管理」『三田商学研究』48（2），慶應義塾大学出版会，107-128頁
・池田耕一（2009）「企業倫理とリスクマネジメント：[問題提起]企業倫理の動的かつ多方面への展開」『危険と管理』40，日本リスクマネジメント学会，1-13頁
・上田和勇（2009）「企業倫理とリスクマネジメント：効果的な倫理リスクマネジメントのあり方を中心に」『危険と管理』40，日本リスクマネジメント学会，14-27頁
・羽原敬二（2009）「企業倫理とリスクマネジメント：企業不祥事の防止とリスクマネジメント」『危険と管理』40，日本リスクマネジメント学会，44-58頁
・後藤茂之（2018）「不確実性のマネジメント：デジタル・リスク社会のリスク管理考察」『経済学論纂』58（5-6），中央大学経済学研究会，55-75頁
・前田裕治（2020）「日本企業のリスクマネジメントは米国と何が違うのか？」『保険学雑誌』648，日本保険学会，165-181頁
・伊藤和憲（2022）「企業目的の意義と実現の方法」『会計学研究』48，専修大学会計学研

究所，1-23 頁
・小林麻理（2024）「政府における統合的リスクマネジメント・モデルの提言：持続可能な行財政運営に向けたわが国の課題」『現代社会と会計』18，関西大学大学院会計研究科，69-82 頁

モンタナ州成年後見法と資力が不十分な
高齢者に対する支援

西　森　利　樹

はじめに
1. モンタナ州成年後見制度における支援の担い手
2. 資力が不十分な高齢者に対する支援
3. 若干の考察—わが国への示唆
おわりに

はじめに

　本稿の目的は，アメリカ・モンタナ州における資力が不十分な高齢者に対する成年後見における支援内容を検討することを通じ，今後，わが国において公的後見制度の導入を検討する上での一資料および示唆を得ることである[1]。

　アメリカには，資力が不十分であったり身寄りがいなかったりすることから成年後見人の担い手が確保できない場合に行政や裁判所等の公的な機関が成年後見人として支援をする公的後見制度（Public Guardianship）がある。アメリカの成年後見制度および公的後見制度は州法により規律されている。そのため制度内容は州によって異なり，制度の名称に関しても，公的後見（Public Guardianship）といった言葉を使用した制度（明示的な制度）を有する場合があるほか，必ずしも Public Guardianship という言葉を用いずに同様の機能を有する制度を設けている場合（非明示的な制度）もある[2]。

　モンタナ州法は，Montana Code Annotated（MCA）と称され，MCA は，モン

タナ州憲法（THE CONSTITUTION OF THE STATE OF MONTANA）および全ての法律をまとめたものである。州憲法を除く法律は91編に及ぶ。

　モンタナ州法における成年後見制度は，州法第72編（財産，信託および信任関係（ESTATES, TRUSTS, AND FIDUCIARY RELATIONSHIPS））の第5章（統一検認法典―障害を有する者の身上後見および財産後見（UPC - PERSONS UNDER DISABILITY GUARDIANSHIP AND CONSERVATORSHIP））において規定されている。第72編第5章は，さらに6つの節に分けられており，未成年後見，無能力者に対する身上後見，未成年者および障害を有する者に対する財産の保護（財産後見），委任，統一成年後見保護手続などが定められている。

　公的後見制度は，成年後見制度における支援の担い手，すなわち，高齢者等に対する支援体制に関わるものである。そこで，以下では，モンタナ州における成年後見人の担い手に関する規定を概観したうえ，低所得者といった資力が不十分な高齢者に対する支援のあり方を検討する。また，モンタナ州の成年後見制度は，成年後見制度において身上後見と財産後見を規定するのではなく，身上後見（Guardianship）と財産後見（Conservatorship）とを分けて規定している。そこで，以下では，両者を分けて担い手に関する規定を概観したうえで，資力が不十分な者に対する支援のあり方について触れる。

1. モンタナ州成年後見制度における支援の担い手

（1）身上後見（Guardianship）における成年後見人の要件―優先順位

　身上後見に関する規定は以下の通りである。すなわち，法的能力を有する者または適切な機関，団体，非営利法人またはその構成員は，無能力者の身上後見人に選任されることができる（MONT. CODE ANN. § 72-5-312 (1)(2023)）。この規定を前提とし，欠格事由に該当しない場合は以下の順序で身上後見人に選任される。

①　無能力者が指名した個人，団体または民間非営利法人であって，裁判所が，指名の時点で無能力者に合理的な選択をする能力があったと特に認めた場合（MONT. CODE ANN. § 72-5-312 (2)(a)(2023)）。

②　無能力者の配偶者（MONT. CODE ANN. § 72-5-312 (1)(b)(2023)）。

③　無能力者の成人した子（Mont. Code Ann. § 72-5-312 (2) (c) (2023)）。

④　無能力者の親（死亡した親が遺言書その他の書面によって指名した者を含む）（Mont. Code Ann. § 72-5-312 (2) (d) (2023)）。

⑤　無能力者が申立ての 6 カ月以上前から同居している無能力者の親族（Mont. Code Ann. § 72-5-312 (2) (e) (2023)）。

⑥　長年にわたり無能力者の福祉に誠実な関心を示してきた親族または友人（Mont. Code Ann. § 72-5-312 (2) (f) (2023)）。

⑦　無能力者のための後見プログラムを有する民間の団体または非営利法人，無能力者の後見人として活動することを団体または法人によって承認された民間の団体または非営利法人の構成員，または，無能力者の後見人として活動する意思を有し適格性があるとして団体または組織の公式リストに挙げられている者（Mont. Code Ann. § 72-5-312 (2) (g) (2023)）。

⑧　無能力者を介護している者または無能力者に給付金を支給している者が指名した者（Mont. Code Ann. § 72-5-312 (2) (h) (2023)）。

　上記のような優先順位が定められているものの，これらの規定における優先順位は拘束力を有さず，裁判所は，最も適任であり，かつ，後見人を担う意思を有する個人，団体または非営利法人を選任するものとされる（Mont. Code Ann. § 72-5-312 (3) (2023)）。

　優先順位にもとづき身上後見人を選任することができればよいものの，必ずしも候補者や適任者がいるとは限らない。担い手が不足することもありうる。そのため，身上後見人となる意思や資格を有する者がいない場合についての規定が設けられている。すなわち，後見人となる意思を有し，かつ，後見人となる資格を有する者がいないと裁判所が判断した場合，裁判所は，本人または本人が有する障害に対してサービスを提供する権限を付与され，または法令によりサービス提供が義務付けられている州政府または連邦政府の機関，または当該機関から指名された者を身上後見人に選任することができる。公的機関が身上後見人に選任される場合，裁判所は，無能力者の特定の利益を代表する限定後見人を選任することもできる。限定後見人が選任された場合，無能力者の特定利益は限定後見人のみが責任を負い，代理人の責任から除外される（Mont. Code Ann. § 72-5-312 (5) (2023)）。

身上後見人の選任に際しては，以下の欠格事由が定められている。裁判所は，個人，施設，団体，または非営利法人が次のいずれかに該当する場合，その個人，施設，団体，または非営利法人を無能力者の後見人に選任することはできない。

① 後見人としての職務以外に，専門的または事業としての職務において，後見の期間中，無能力者に実質的なサービスを提供する，または提供する可能性がある場合（MONT. CODE ANN. § 72-5-312（4）（a）（2023））。

② 後見人以外の立場において，後見の期間中に無能力者の債権者である，またはその可能性がある場合（MONT. CODE ANN. § 72-5-312（4）（b）（2023））。

③ 後見の期間中に，無能力者の利益と対立する可能性のある利益を有している，またはその可能性があること（MONT. CODE ANN. § 72-5-312（4）（c）（2023））。

④ 72-5-312条（4）項（a）から（c）号の規定により不適格とされる個人，機関，団体または非営利法人に雇用されていること（MONT. CODE ANN. § 72-5-312（4）（d）（2023））。

ただし，上述の公的機関が選任される場合には，たとえ欠格事由に該当したとしても選任されることができるとされる（MONT. CODE ANN. § 72-5-312（4）（2023））。

（2）財産後見（Conservatorship）における成年後見人の要件─優先順位

財産後見に関して，モンタナ州法では，第72編第5章4節に定められており，節のタイトルは，「未成年者および障害を有する者の財産保護」（Protection of Property of Minors and Persons Under Disability）とされている。上記で触れた身上後見人とは別に，モンタナ州法では，財産後見人の要件に関する定めがある。

裁判所は，被保護者の財産後見人として，管財人としての一般的権限を有する個人または法人を選任することができる（MONT. CODE ANN. § 72-5-410（1）（2023））。また，以下に挙げる者は，列挙された順序で選任を考慮される権利を有する。

① 被保護者が居住する他の法域の適切な裁判所によって選任され，または

認められた財産後見人，または他の同様の受託者（MONT. CODE ANN. § 72-5-410（1）（a）（2023））。

②　被保護者が14歳以上であり，かつ，裁判所の判断において，知的な選択をするのに十分な精神能力を有する場合には，当該被保護者が指名する個人または法人（MONT. CODE ANN. § 72-5-410（1）（b）（2023））。

③　被保護者の配偶者（MONT. CODE ANN. § 72-5-410（1）（c）（2023））。

④　被保護者の成人の子（MONT. CODE ANN. § 72-5-410（1）（d）（2023））。

⑤　被保護者の父母または死亡した父母の遺言により指名された者（MONT. CODE ANN. § 72-5-410（1）（e）（2023））。

⑥　被保護者の親族で，被保護者が申立ての前に6箇月以上同居していた者（MONT. CODE ANN. § 72-5-410（1）（f）（2023））。

⑦　被保護者を介護し，または被保護者に給付金を支払っている者が指名する者（MONT. CODE ANN. § 72-5-410（1）（g）（2023））。

⑧　モンタナ州法第35編第2章に基づき設立された財産後見法人（MONT. CODE ANN. § 72-5-410（1）（h）（2023））。

⑨　遺産管理官（the public administrator）[3]（MONT. CODE ANN. § 72-5-410（1）（i）（2023））。

また，（a）号および（c）号から（f）号までに掲げる優先順位の者は，その者に代わって職務を行う者を書面で指名することができる（MONT. CODE ANN. § 72-5-410（2）（2023））。

同等の優先順位を有する者については，裁判所は，財産後見人を務める意思のある者の中から最も適任である者を選出する。裁判所は，正当な理由があれば，優先権を有する者を差し置いて，優先権の低い者または優先権のない者を指名することができる（MONT. CODE ANN. § 72-5-410（3）（2023））。

⑨の遺産管理官については，財産後見人の担い手が見つからない場合に備え，財産後見人選任申立ての義務が課せられている。すなわち，第53の21の102条に規定される専門家[4]が，本編に基づき，ある者がその者の財産または事務を効果的に管理するために財産後見人の選任を必要とし，かつ，その者のために財産後見人となることができ，かつ，その意思を有する親族，友人またはその他の適切な者がその者にいないときは，その専門家は，遺産管理官に通

知しなければならない（MONT. CODE ANN. § 72-5-415（1）（2023））。この通知を受けた遺産管理官は，合理的な理由がある場合，財産後見人選任の申立てをしなければならない（MONT. CODE ANN. § 72-5-415（2）（2023））。

2. 資力が不十分な高齢者に対する支援——Adult Protective Service（APS）

　既に述べたように，モンタナ州法においては，公的後見制度に関する明文規定はないものの，担い手が見つからない場合の規定が設けられている。すなわち，身上後見人となる意思および資格を有する者がいない場合，裁判所は，本人または無能力者が有する障害に対してサービスを提供する権限を付与され，または法令により義務付けられている州政府または連邦政府の機関，または当該機関から指名された者を身上後見人に選任することができ（MONT. CODE ANN. § 72-5-312（5）（2023）），財産後見の場合には遺産管理官の選任がなされる（MONT. CODE ANN. § 72-5-410（1）（i）（2023））。

　本規定のように，裁判所は公的機関等を後見人として選任することができ，モンタナ州では，Adult Protective Service（APS）が成年後見を提供するとされている[5]。APS は，日本語では成人保護サービスとも訳され，成人保護サービス（APS）の使命は，モンタナ州の高齢者と障害者を虐待，ネグレクト，搾取から保護することであり，同時に最も制限の少ない方法で，その人の安全，自由，自己決定権を支援することである。成人保護サービス（APS）はアメリカ各州において実施されているものであるが，その制度内容は州によって異なる[6]。モンタナ州において成人保護サービス（APS）を所管するのは，モンタナ州公的保健福祉省（The Department of Public Health and Human Services：DPHHS）である。モンタナ州法では，州内のヴァルネラブルな成年者に対し成人保護サービスを受ける機会を保障し，1972 年の社会保障法改正を実施するため，立法府は州公的保健福祉省（DPHHS）が保護サービスを提供する公的機関であるとする（MONT. CODE ANN. § 52-3-203（2024））。州公的保健福祉省（DPHHS）は，ヴァルネラブルな成年者からの保護サービスの要請，またはヴァルネラブルな成年者に代わってサービスを要請する親族，友人，その他の信頼できる人物からの要請に対応する責任を負う（MONT. CODE ANN. § 52-3-2034（2023）。こ

こで，ヴァルネラブルな成年者とは，① 60 歳以上の者，② 18 歳以上であり，かつ，（a）身体障害または精神障害を有し，自己の介護または保護を行う能力を実質的に制限されている者，（b）発達障害を有する者のいずれかに該当する者であると定義されている（MONT. CODE ANN. § 52-3-803（11）（2023））。

州公的保健福祉省（DPHHS）内において成人保護サービスを所管するのは，高齢者および長期ケア部門（Senior and Long Term Care Division）である[7]。成人保護サービスの原則は以下の通りである。すなわち，①法律上可能な限りにおいて，ヴァルネラブルな成年者がサービスを選択する，あるいは拒否する選択権を持つようにすること。②ヴァルネラブルな成年者は，できる限り自分のことは自分でする。③保護サービスは，自立を認め，最も制限の少ない適切な環境で提供される。④保護サービスの介入は，リスクが軽減もしくは除去されるまで，または法的能力を保持するヴァルネラブルな成年者がサービスの受け入れを拒否するまで維持される。

モンタナ州法は，ヴァルネラブルな成年者に対する虐待を防止する規定を設けている（Title 52 Chapter3 Part8 Montana Vulnerable Adult Prevention of Abuse Act）。そこでは，まず，虐待等の定義がなされ（MONT. CODE ANN. § 52-3-803（1）（2023）），虐待に関する通報義務等を定めるとともに（MONT. CODE ANN. § 52-3-811（2023）），通報がされた場合の担当部局の対応のあり方等が規定されている（MONT. CODE ANN. § 52-3-811（2023））。虐待の認定がなされた場合には，ヴァルネラブルな成年者の虐待，ネグレクト，搾取，脅迫，遺棄を防止または終息させるために，ヴァルネラブルな成年者に対して高齢者および長期ケア部門が連携して提供する緊急サービスである保護サービス（Protective services）が提供されるほか（MONT. CODE ANN. § 52-3-202（2）（2023），MONT. CODE ANN. § 52-3-804（3）（2023）），虐待を受けているヴァルネラブルな成年者が無能力者であると判断できる合理的根拠がある場合には，緊急保護サービスを提供する（MONT. CODE ANN. § 52-3-804（5）（2023））。また，虐待に対応するための学際的なメンバーによる成人保護サービスチーム（Adult protective service teams）に関する定めもある（MONT. CODE ANN. § 52-3-805（2023））。

ヴァルネラブルな成年者のための保護サービスに加え，成人保護サービス（APS）は，法令（タイトル72，第5章）によって，裁判所が，能力がなく後見

人を必要とすると判断したヴァルネラブルな成年者に後見人サービスを提供する権限を与えられた，または法令によって要求された州の機関である。裁判所が他に適当な個人，機関，団体，または非営利法人が存在しないと判断した場合，裁判所はその裁量でDPHHSの成人保護サービス（APS）を身上後見人として，同意なしに任命することができる[8]。

　モンタナ州地方裁判所によると，2013年の成年後見に関する新規申請件数は，身上後見・財産後見の事件が1,061件，虐待・ネグレクトに関する事件が1,527件であるとされる。原則として，身上後見人が必要であるかどうかを判断するために，地方裁判所に申し立てを行うのは，家族，友人，民間機関などの利害関係者である。身上後見人になるのは家族や友人が望ましいとされるものの，家族や友人の多くは後見人になったり，その役割を果たすことに消極的である。後見人の責任と要件が理解されていないようであるが，家族の間でも，後見人になることを希望する人が少なくなっている傾向があり，これは公的後見制度に対する需要の増加につながる。モンタナ州法72-5-312条は，誰がどのような順番で身上後見人になる資格があるかを定めているが，資力のあるモンタナ州民は，弁護士や手続きを利用することができるものの，資力や家族構成に恵まれないモンタナ州民は，DPHHSが介入しない限り，しばしば手段を失うことになるとされる[9]。

　そのため，高齢者，身体的または精神的疾患を有する者，または知的障害者が危機に瀕しており，医療関係者がサービスを提供するために身上後見人が必要であると考えている場合，または施設への入所を決定するために身上後見人が必要であり，この役割を引き受ける家族，友人，または他の人がいない場合，成人保護サービス（APS）がこの役割を引き受ける。モンタナ州法72-5-315条は，身上後見人選任の手続きを定めている[10]。

　成人保護サービス（APS）は，モンタナ州内を4つの地域に分割して提供されている。一つ目の地域は，イエローストーン（Yellowstone）郡ビリングス（Billings）を中心とする地域であり，スタッフの人数は10人である。二つ目がカスケード（Cascade）郡グレートフォールズ（Great Falls）を中心とする地域であり（スタッフ数8人），三つ目がミズーラ（Missoula）郡ミズーラ（Missoula）（スタッフ数10人），四つ目がルイスアンドクラーク（Lewis and Clark）郡ヘレ

ナ（Helena）を中心としている（スタッフ数9人）。それぞれの地域の担当者には，さらに担当区域が定められている[11]。

このようにモンタナ州では成人保護サービス（APS）が後見サービスを提供することとなっているものの，公的後見制度に対する個別の予算はなく，成人保護サービス（APS）の州予算と民間からの寄付によって賄われている。成人保護サービス（APS）のプログラムは，依頼者の財産から料金を徴収しない[12]。また，そのほかの予算としては，米国救済計画法（American Rescue Plan Act of 2021：ARPA）による1,995,000ドルがあり，その内訳は，Grant1が2021年8月〜2023年9月までで645,450ドルである。同様に，ARPAのProposed Grant2により1,349,550ドルを受けている（2022年8月から2024年9月まで）[13]。

3. 若干の考察—わが国への示唆

アメリカの成年後見制度は州により異なり，Adult Guardianshipの制度のなかで，身上後見（Guardian of the Person）および財産後見（Guardian of the Estate）ならびに両者を合わせた完全後見（Plenary Guardianship）を定める制度が最も典型的であるものの，そのほかに，身上後見をGuardianshipとし，財産後見をConservatorshipとして規定するものがある。本稿が扱ってきたモンタナ州は，後者の類型を採用している。また，二つの類型に分けることに加え，制度利用の手続きも別途定められており，後見人といった担い手に関してもそれぞれ規定がなされていた。これは，高齢者等の制度利用者が身上面に対する後見を必要とするのか，財産に対する後見を必要とするのかによって利用する制度を入口の段階で明確に分けるものであり，高齢者等が必要とする支援によって制度を類型化しているものといえよう。これに対し，わが国は，制度利用時における判断能力の低下の程度によって制度を類型化しており，モンタナ州の制度との違いが明らかな部分であろう。

また，モンタナ州法は，身上後見および財産後見のそれぞれについて，担い手に関する優先順位を明文で規定している。わが国は，個人および複数ならびに法人が後見人になることができるとするのみであり，モンタナ州成年後見制

度は，成年後見人の選任における優先順位などを規定していないわが国との違いが顕著である。ただし，モンタナ州法においても，身上後見の選任に関する優先順位は拘束力を有しないとされており，裁判所は，優先順位に関わらず，最も適任であり，かつ，支援する意思を有する個人，団体または非営利法人を選任するものとされる。わが国では，優先順位に関する規定がないものの，適任者を選任するための考慮事情等が定められており（民法843条3項），適任者の選任という点では両者は実質的には異ならないといえよう。

モンタナ州は，低所得者などの資力が不十分な者に関する，いわゆる公的後見制度を明示的に定めておらず，非明示的な制度を設けている州であるといいうる。明示的な制度はないものの，身寄りがないことや資力が不十分であることを理由として成年後見人の担い手が見つからない場合はありうることから，そうした場合に公的後見制度と同様な機能を果たしている制度があり，それが，成人保護サービス（Adult Protective Service）であった。本来，成人保護サービスは高齢者をはじめとしたヴァルネラブルな成年者に対する虐待を防止するためのサービスおよびサービス提供機関である。

モンタナ州公的保健福祉省（DPHHS）がまとめたレポートでは，成年後見人の担い手としての家族や親族が，その役割を果たすことに消極であることから担い手の確保が困難になり，公的後見制度への負担が増加することが指摘されていた[14]。わが国における法定後見人は，親族の割合が低下し続けており，親族以外の後見人の担い手の確保が課題であり続けている。法律・福祉の専門職が対応してきてはいるものの，その状況もいずれ限界がくるものと思われる。そのため，モンタナ州の状況はわが国と同様な状況にあるといえよう。わが国においても担い手の確保をどのように図るかが今後も課題となるものの，資力が不十分な場合は，それ以外の場合に比べ担い手を確保することに困難を伴う。また，身体的虐待や経済的虐待といった親族等による不適切なかかわりがなされている場合には，親族などに後見人を委ねることはできず，専門職である第三者が後見人になるとしても，虐待案件はいわゆる困難事例であって対応が難しいことがある。この点，モンタナ州では，成人保護サービス（APS）が後見人としての役割をも担い，ヴァルネラブルな高齢者が虐待における対応を受けつつ地域において生活を送ることができるようにしていた。わが国で

は，高齢者，障害者，児童のそれぞれについて虐待防止法が制定されており，虐待対応を行うのは市町村などの行政機関である。虐待事例では，早期発見および早期対応が重要であり，後見人としての介入も早期対応が求められる。また，対応における専門的な知識の必要性などを考慮すると，そうした虐待対応などのノウハウを有するような機関が成年後見人の業務をも担うことが考えられよう。そのため，モンタナ州において虐待対応を担当する行政機関である成人保護サービス（APS）が後見人としての役割を担うことは，今後のわが国おける担い手の議論において示唆となるといえよう。

　アメリカにおいては，フロリダ州などをはじめとして，いわゆる公的後見制度（Public guardianship）の整備が進んでいる州がある。そうした州では，Public guardianship という明示的な制度を用いるのみならず，州法において明文の規定を設けるとともに，公的後見制度の担い手の確保や財源の確保などの工夫および法改正がなされている[15]。それに対し，直接の明文規定がない州も存在し，2016 年の段階では直接の明文規定のない州は 15 州であった[16]。モンタナ州も直接の明文規定のない州のひとつである。そうした州であったとしても，資力が不十分である等の高齢者の後見人の担い手を確保することが困難であるとの課題は同様にあることから，その場合に成人保護サービス（APS）といった既存の制度を活用しつつ対応していた。また，いわゆる困難事例といわれるケースにおいて虐待が伴っていることが多いことも成人保護サービス（APS）による対応に至った理由であるとも考えられよう。わが国は，成年後見制度利用支援事業による報酬等の助成の仕組みがあるものの，アメリカのような公的後見制度は未だ整備されていない状況にある。こうした状況においても資力が不十分な高齢者の成年後見人の確保の課題は存在している。今後，フロリダ州のような先進的な州を参考とした公的後見制度の導入をすることもありうるものの，新たな制度を導入するまでに至らない段階においても，既存の制度の改正により課題に対応することも考えられよう。その意味において，モンタナ州の取り組みはわが国に示唆となりうるといえよう。

おわりに

　認知症等により判断能力が不十分になった場合に支援が必要とされるのは，本人に資力があるかどうかに関わらないものである。たとえ資力がなくとも支援は必要である。高齢期において，認知症等になったことにより判断能力が低下した場合において，当該本人の資力の状況にかかわらず支援を受け続けながら最後まで人生を全うできるようにすることは，人の尊厳ある生の実現につながるものである。成年後見制度利用促進法により，成年後見制度の今後の施策の目標として，全国どの地域においても必要な人が成年後見制度を利用できるような地域連携ネットワークの構築を図ることが挙げられている。アメリカにおいては，公的後見制度により資力の有無に関わらない成年後見による支援体制が整備され，その制度の充実化を図るための改良が加え続けられている。また，アメリカにおいては，先進的な取り組みを行っている州だけではなく，必ずしも先進的ではなくとも，公的後見制度と同様の機能を果たすべく制度を活用または運用している州もある。本稿が検討したモンタナ州もその一つである。いまだ公的後見制度を導入するには至っていないわが国にとっては，必ずしも先進的ではない取り組みが，現状の課題への対応方法や今後の制度構築において参考になる部分があると考えられる。

　アメリカは個人の自由や自己責任を尊重する傾向にあるものの，比較的早い段階から，身寄りがなく資産が不十分な認知症高齢者等に対して公的機関の大幅な関与を認める公的後見制度が制定され運用されてきた。そのため，日本における公的後見制度のあり方を検討する上で，今後もアメリカ等の制度を参照しつつ検討を積み重ねていくことが求められよう。

［付記］

　本研究は，JSPS 科研費 JP20K13730，JP20KK0022，JP21H00665 の助成を受けたものである。

注

1) わが国におけるアメリカ公的後見制度に関する研究としては，西森利樹「アメリカ公

的後見制度における提供体制―フロリダ州を中心として」横浜国立大学成長戦略研究センター Discussion Papers（2016 年）〈http://www.cseg.ynu.ac.jp/doc/dp/2015-CSEG-04. pdf〉（2024. 5. 2），同「資力の如何に関わらない成年後見による継続的支援」社会老年学（2017 年）第 2 号 1 頁〈http://www.ando-lab.ynu.ac.jp/andolab/wp-content/uploads/20160305_al_rp_02_v2.pdf〉（2024. 5. 3），同「社会福祉サービスとしての公的後見制度の導入可能性―アメリカ公的後見制度を手がかりに―」社会保障法第 32 号（2017 年）113 頁，同「アメリカ公的後見法制をめぐる近年の改正動向」アドミニストレーション 27 巻 2 号（2021 年）43 頁，同「フロリダ公的後見制度における財源確保と信託」アドミニストレーション 28 巻 2 号（2022 年）193 頁，同「アメリカ成年後見法における成年後見人の要件に関する近年の改正動向」アドミニストレーション 29 巻 2 号（2023 年）112 頁，同「資力が不十分な高齢者に対する成年後見と信託の活用―フロリダ公的後見制度共同特別ニーズ信託を中心として―」年金と経済 42 巻 1 号（2023 年）26 頁，同「信託の活用を通じた資力が不十分な高齢者に対する成年後見」アドミニストレーション 30 巻 2 号（2024 年）33 頁を参照のこと。

2）Drothy Siemon, Sally Balch Hurme, Charles P. Sabatino, Public Guardianship: *Where Is It and What Does It Need ?*, CLEARINGHOUSE REV, 1993, at 588. 他に，アメリカ公的後見制度に関しては，以下の文献を参照のこと。MARY JOY QUINN, GUARDIANSHIPS OF ADULTS ACHIEVING JUSTICE, AUTONOMY, AND SAFETY 44, 96（2005），Pamela B. Teaster, Erica F. Wood, Naomi Karp, Susan A. Lawrence, Winsor C. Schmidt, Jr., Marta S. Mendiondo, *Ward of The State: A National Study of Public Guardianship*, at 54（May, 1, 2024, 0:00 AM），https://citeseerx.ist.psu.edu/document?repid=rep1&type=pdf&doi=710bf0e972ba5d2364504cd80a26 e531e44a513c, PAMELA B. TEASTER, WINSOR C. SCHMIDT JR., ERICA F. WOOD, SUSAN A. LAWRENCE, AND MARTA S. MENDIOND, PUBLIC GUARDIANSHIP IN THE BEST INTERESTS OF INCAPACITATED PEOPLE?（2010），Eleanor B. Cashmore, *Guarding the Golden Years: How Public Guardianship for Elders Can Help States Meet the Mandates of Olmstead*, 55 B.C.L, REV. 1214. at 1240, THE FLORIDA BAR, FLORIDA GUARDIANSHIP PRACTICE 20-3（8th ed. 2014），LAWRENCE A. FROLIK & ALISON MCCHRYSTAL BARNES, ELDER LAW CASE AND MATERIALS 393（6th ed. 2015），REBECCA C. MORGAN, MARK D. BAUER, ROBERTA K. FLOWERS, JOSEPH F. MORRISSEY, THERESA J. PULLEY RADWAN, ELDER LAW IN CONTEXT 264（2017），LAWRENCE A. FROLIK & RICHARD L. KAPLAN, ELDER LAW IN A NUTSHELL 247（7th ed. 2019），NINA A KOHN, ELDER LAW PRACTICE, POLICY, AND PROBLEMS 156（2th ed. 2020）THE FLORIDA BAR, FLORIDA GUARDIANSHIP PRACTICE 20-1（11th ed. 2021），RAYMOND C. O'BRIEN, THE FUNDAMENTALS OF ELDER LAW CASE AND MATERIALS 165（2th ed. 2022）.

3）Public Administrator とは，遺産管理手続がなされる必要がある場合に，当該法域内に遺産管理人の適格者が不存在である場合に職務としてこれを行う公務員またはこれに準じる者というとされる。田中英夫編集代表『英米法辞典』（東京大学出版会，1991 年）680 頁。

4）ここにいう専門家とは精神保健の専門家であり，具体的には以下の者である。認定された専門家，第 37 編第 3 章に基づき免許を受けた医師，第 37 編第 39 章に基づき免許を受けた臨床専門カウンセラー，第 37 編第 17 章に基づき免許を受けた心理学者，第 37 編第 39 章に基づき免許を受けた臨床ソーシャルワーカー，第 37-8-202 条に規

定される上級実践登録看護師で，精神科精神保健看護を臨床専門としている者，第
37編第20章に基づき免許を受けた，精神科精神保健を臨床専門とする医師助手，第
37編第39章に基づき免許を受けた結婚・家族セラピスト。

5) PAMELA B. TEASTER, et al., *supra* note 2, at 230.

6) アメリカにおける高齢者虐待に関する制度については，NANCY R. GALLO, ELDER LAW
(2009), at 280, LAWRENCE A. FROLIK & ALISON MCCHRYSTAL BARNES, *supra* note 2, at 495,
ELDER LAW CASE AND MATERIALS 393 (6th ed. 2015) RAYMOND C. O'BRIEN, *supra* note 2, at
741, LAWRENCE A. FROLIK & RICHARD L. KAPLAN, *supra* note 2, at 403, BRIDGET LEWIS, KELLY
PURSER, KIRSTY MACKIE, THE HUMAN RIGHTS OF OLDER PERSONS A HUMAN RIGHTS-BASED
APPROACH TO ELDER LAW 175 (2020), 多々良紀夫編著＝二宮加鶴香訳『老人虐待：アメ
リカは老人の虐待にどう取り組んでいるか』（筒井書房，1994年），前田美也子「ア
メリカにおける高齢者虐待の現状と対策：制度的観点から」龍谷大学大学院研究紀要
社会学・社会福祉学5号（1998年）79頁，多々良紀夫「海外ケア情報アメリカにお
ける高齢者虐待とその対策」地域ケアリング（2000年）14頁，多々良紀夫「高齢者
の虐待について―アメリカと日本の取り組みの現状―」老年社会科学25巻3号
（2003年）339頁，前田美也子「アメリカにおける高齢者虐待防止制度―その二重構
造と課題―」社会保障法19号（2003年）47頁，Bryan A. Liang, Fusako Seki,
Protecting the Elderly-Policy Lessons from an Analysis of the United States and Japan, 横浜
国際経済法学18巻2号（2009年）1頁，多々良紀夫「アメリカにおける高齢者虐待
防止の取り組み高齢者公正法（EJA）の成立と今後の課題」高齢者虐待防止研究7巻
1号（2011年）24頁，樋口範雄『アメリカ高齢者法』（弘文堂，2019年）250頁。

7) MONTANA Department of Public Health and Human Services, *Department of Public Health
and Human Services Organizational Chart*,（May, 5, 2024, 4:01 PM），https://dphhs.mt.
gov/assets/dphhsorganizationalchart.pdf.

8) MONTANA Department of Public Health and Human Services, *Guardianship and Conser-
vatorship for the Vulnerable Adults The Changing Demographics of Montana's Population*, at
3,（May, 5, 2024, 9:57 PM），https://courts.mt.gov/External/wings/resources/APS%20White%
20Paper%203-30-2014.pdf?ver=2019-12-31-133550-527

9) MONTANA Department of Public Health and Human Services, *supra* note 8, at 6.

10) *Id.* at 4.

11) APS の州内での区分や担当についての詳細は以下を参照のこと。MONTANA Depart-
ment of Public Health and Human Services, *Adult Protective Services Regional Contacts*,
（May, 5, 2024, 6:26 PM），https://dphhs.mt.gov/sltc/aps/apsregionalcontacts, MONTANA
Department of Public Health and Human Services, *Adult Protective Services Staff Directory
Document*,（May, 5, 2024, 6:26 PM），https://dphhs.mt.gov/assets/sltc/aps/APSContactList.
pdf.

12) PAMELA B. TEASTER, et al., *supra* note 2, at 230.

13) Administration for Community Living, *APS Program Operational Plan: Montana*,（May, 5,
5:54 PM），https://acl.gov/sites/default/files/grants/MT%20ARPA%20II_Operational%20Plan_
3-18-2022_DC_Check.pdf.

14) MONTANA Department of Public Health and Human Services, *supra* note 8, at 6.

15) アメリカ公的後見制度に関する法改正の動向については，西森・前掲論文注（1）（「アメリカ公的後見法制をめぐる近年の改正動向」）を参照のこと。

16) 直接的な規定がない 15 州は，アラバマ州，コロラド州，コネチカット州，コロンビア特別区，アイダホ州，アイオワ州，ルイジアナ州，マサチューセッツ州，ミシガン州，ミズーリ州，モンタナ州，ニューハンプシャー州，ロードアイランド州，ヴァージンアイランド州，ウィスコンシン州である。Commission on Law and Aging American Bar Association, *State Public Guardianship and Guardianship of Last Resort Citations*.

認知症になっても安心して暮らせる
まちづくりに関する教育的活動

安　武　　綾

　は じ め に
　1. 目　　　的
　2. 活動内容
　3. Orange Project® での活動を通して得られた Benefit
　お わ り に

は じ め に

　熊本県立大学総合管理学部は，多様化，複雑化してきた社会の諸問題を，総合的に捉え，解決していくため，社会学，行政学，社会福祉学，経営学，情報学などを統合・体系科した総合管理（アドミニストレーション）学を専門的に教育・研究することを目的としている。

　多様化，複雑化してきた社会の諸問題として，2024 年度の日本の高齢化率は 29.1％と過去最高を更新し世界一の割合となった。日本の高齢化率は，今後も高水準を維持していくことが見込まれ，2040 年には高齢化率が 35％を超えると予想されている（内閣府，2020）。特に，後期高齢者では，慢性疾患の罹患率が高く，複数の疾患をもちながら在宅で療養をする高齢者の割合が増加傾向にある（山本，2019）。また，厚生労働省の発表において，わが国では，急速な高齢化に伴い，65 歳以上の認知症患者の推定有病率は 2025 年には約 700 万人に増加するということがすでに報告されている（厚生労働統計協会，2020/

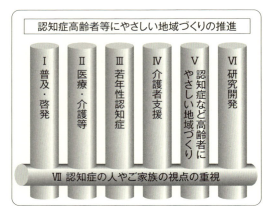

図1 認知症施策推進総合戦略（新オレンジプラン）

```
1. 認知症の人に関する国民の理解の増進等
2. 認知症の人の生活におけるバリアフリー化の推進
3. 認知症の人の社会参加の機会の確保等
4. 認知症の人の意思決定の支援及び権利利益の保護
5. 保健医療サービス及び福祉サービスの提供体制の整備等
6. 相談体制の整備等
7. 研究等の推進等
8. 認知症の予防等
```

図2 共生社会の実現を推進するための認知症基本法

2021）。

　現在使用されている「認知症」という名称は，2005年の介護保険法の改正で使用されるようになった。その後，わが国は2005年度から10年間を「認知症を知り地域をつくる10ヵ年」と位置づけ，認知症サポーターの養成講座を開始するなど，地域ぐるみで認知症高齢者本人や家族を支える仕組みづくりを構築することが喫緊の課題とされてきた。認知症サポーター養成講座は，2012年認知症施策推進5か年計画（オレンジプラン）で策定され，現在は2014年内閣総理大臣からの下命を受けて，国は2015年に認知症施策推進総合戦略（厚生労働省，2016）（以下新オレンジプラン）；認知症高齢者にやさしい地域づくりに向けて新オレンジプランを策定し，その基本的な考え方として，具体的に7

つの柱の下にさまざまな施策を展開している（図1）。

　さらに，2024 年 1 月 1 日には，「共生社会の実現を推進するための認知症基本法」（e-GOV 法令検索，2024）が施行された。世界で最も早いスピードで高齢化が進んできたわが国における，社会を上げた取り組みのモデルを積極的に各国に発信するとともに，認知症の人ができる限り地域のよい環境で自分らしく暮らし続けることができる社会の実現を目指すこととなった（図2）。

　認知症サポーター養成講座は，認知症を理解すると同時に，認知症状の早期発見や認知症の人への対応についても市民意識が変革していくことが期待されている。熊本県は全国でも初めて県庁内に認知症地域支援推進課を設置した県でもあり，認知症の正しい理解の促進のため，都道府県県・市町村，関係団体が協働して積極的に認知症サポーターの養成を進め，認知症サポーター数が県人口に占める割合が過去 12 年間連続全国 1 位を誇っている。

　このような状況の中，2005 年「認知症になっても安心してくらせるまちづくりに貢献する」をコンセプトに活動する Orange Project® が発足した。Orange Project® は，認知症サポーター養成講座を受講し，認知症サポーターとなった大学生が，地域のニーズに合わせて，新オレンジプランの 7 つの柱の「I.　認知症の普及・啓発」「V.　認知症など高齢者にやさしい地域づくり」などに沿った活動を都道府県・市町村，関係団体とともに協働しながら主体的に活動している（OrangeProject, 2022）。

　今回は，「認知症になっても安心してくらせるまちづくりに貢献する」をコンセプトに活動する Orange Project® の本学総合管理学部学生メンバーが関与する活動内容を記述し，メンバーの学びをまとめる。さらに，大学生認知症サポーターの活用事例を提示することにより，認知症の発症を遅らせ，認知症になっても希望を持って日常生活を過ごせる社会を目指し，認知症の人や家族の視点を重視しながら「共生」と「予防」を車の両輪として認知症基本法で謳われる施策を推進していく一助になる知見を得ることを目的にしている。

1.　目　　的

　「認知症になっても安心してくらせるまちづくりに貢献する」をコンセプト

に活動する Orange Project® の本学総合管理学部学生メンバーが関与する活動内容を記述し，活動メンバーの学びをまとめる。

2. 活動内容

（1）2022年11月熊本市東区キッズ認知症サポーター養成講座

　熊本市高齢者支援センターささえりあ江津湖主催のキッズ認知症サポーター養成講座の講師を担当した。Orange Project はファシリテーターとして子どもたちの積極的な参加や学びを促し，最年少は3歳の男の子から小学6年生までの子どもたちとその保護者合計約30名が受講した。

（2）2022年11月認知症サポーター養成講座

　安武ゼミ学生を対象に認知症サポーター養成講座を行った。また，認知症の方やご家族，認知症に関わる皆が大切にしていることについて NPO 法人コレクティブのご協力のもと「旅のことば」カードを使用した演習を通して学びを深めた。

（3）2023年6月熊本市立長嶺中学校で中学1年生110名を対象に

　キャラバン・メイト講師を当方が担い，本学学生が認知症サポーター養成講座ファシリテーターとして活躍した。

（4）2023年7月にやっちろ保健室研修

　一般社団法人看護のココロ，やっちろ保健室利用の八代市民の皆様のご協力のもと，熊本県八代市ゆめタウン八代で，やっちろ保健室利用者であり，交通手段が不便な八代市坂本町の住民の皆様の要望で開催された買い物ツアーの支援を行った。活動を通して，目線や話す速度など高齢者の方とのコミュニケーションの取り方を学ぶことができた。また，地域の公共交通手段が不便なことも分かり，高齢者の方でも安心して簡便に使うことができる交通手段やサービスのあり方を考えていく必要性も学んだ。

⑸ 2023 年 7 月地域共生社会研修

　一般社団法人のあそび labo，荒尾こころの郷病院，有明圏域認知症疾患医療センター，荒尾市民病院脳神経内科部，荒尾市役所地域包括支援センター，荒尾市役所地域振興部スマートシティ推進室のご協力のもと，荒尾市地域共生社会研修が地域住民が協働運営している一般社団法人のあそび labo にて行われた。学生たちは，現在の地域包括ケアシステムの変遷と現状，今後の地域共生社会実現に向け，One Team Arao として産官学民一体となって地域の住民の健康を支えていることについて学びを深めた。

⑹ 2023 年 11 月 VR 認知症 VR 発達障害体験

　総合管理学部 2 年生を対象に，松本ゼミ，森山ゼミ，西森ゼミ，安武ゼミの学生 52 名が，株式会社シルバーウッドの VR 認知症 VR 発達障害体験を行い，当事者の気持ちや周囲に求めることを感じ取ることができ学びを深めた。

⑺ 2023 年 12 月「SOS ネットワーク事業」「どこシル伝言板」「見守りシール」啓発の意見交換会

　総合管理学部 2・3 年生を対象に安武ゼミの学生が，熊本市の協力のもと「SOS ネットワーク事業」「どこシル伝言板」「見守りシール」の説明会と活用のための意見交換 SOS ネットワーク事業についての意見交換を行った。熊本市「SOS ネットワーク事業」「どこシル伝言板」「見守りシール」が，多くの方に活用していただくために熊本市と学生が意見交換を行った。学生たちからは，SNS を活用するなど，貴重な意見が出された。

⑻ 2023 年 12 月 NPO 法人あやの里の認知症対応型グループホームおよび認知症カフェ訪問

　認知症対応型グループホームおよび認知症カフェ「as a cafe」に訪問し季節行事に参加することで，認知症当事者と家族介護者の体験が生活に与える影響について考察し，地域住民として，認知症の人と家族への支援のあり方について学びを深めることができた。

162　　第 2 部　公共専攻

（9）2023 年 12 月 Orange Project 記念式典

　熊本県認知症施策・地域ケア推進課や NPO 法人あやの里のご協力のもと Orange Project 記念式典が熊本県立大学にて実施された。「認知症になっても安心して暮らせるまちづくりに貢献する」をコンセプトに活動する団体として，1 年間の活動報告，優秀功労者の受賞式などが執り行われ，本学，熊本大学，崇城大学，熊本保健科学大学，畿央大学，天理大学，四天王寺大学，同朋大学の各顧問と学生メンバーが情報交換を行い，交流を深めた。

3. Orange Project® での活動を通して得られた Benefit（安武綾，2022）

　Orange Project® での活動を通して得られた Benefit について以下に記す。

（1）研究デザイン

　横断的な質的記述研究。

（2）調査対象

　2018 年 4 月 1 日から 2021 年 3 月 28 日まで Orange Project® メンバーとして活動した者 140 名。

（3）調査方法と内容

　電子データで作成した調査票を Orange Project® のもつ SNS を使用して配布した。回収期間は，対象者の負担も考慮し 2 週間後を設定した。質問項目は，対象者の基本属性，活動した都道府県，活動内容に加えて，① Orange Project® に参加する理由，② Orange Project® での活動を通して得られた Benefit について回答を求めた。

（4）用語の定義

　Benefit とは，主に人や社会のために得られる恩恵とした。

（5）分析方法

　回答者の基本属性については，単純記述集計を行った。また，基本統計の結果に示した割合は，全て有効回答数を分母に用いた。選択肢にない数値の誤回答及び空欄の無回答は，欠損として集計から除いた。全ての集計処理には，Microsoft Execl 2019 を使用した。また，回答から得られた自由記述内容は，Hodson, R.の内容分析方法（Hodson, 1999a）を用いて，意味のまとまりごとに区切り，類似性の高いものをまとめてカテゴリーとした。その後，それぞれのカテゴリーの頻度を計数した。また，信頼妥当性を高めるために，2人以上の意見を統一して，最終的な学びに関するカテゴリーとした。

（6）倫理的配慮

　対象者へは調査の目的，および居住地域，個人，所属などが特定される集計や報告は行わない，調査を拒否または途中辞退しても不利益を被らない旨を電子データで説明し，回答をもって調査への同意とした。

（7）結　　果

①　対象者の概要

　調査の回収率は43.6％（61名）であった。回答者の性別は，男性24.6％（15名），女性が75.4％（46名）であった。平均年齢（標準偏差）は，21.3歳（± 2.2）であった。

②　Orange Project® に参加する理由（表1）

Orange Project® に参加する理由として頻度の多い順に，認知症ケアについて理解を深めたいと思った（21），就職活動や社会人になっても役立つことをしたかった（14），認知症とともに生きる親族が身近におり，関わり方に関心があった（8），知人から紹介された（7）であった。

③　Orange Project® の活動を通して得られた Benefit（表2）

Orange Project® の活動を通して得られた Benefit として頻度の多い順に，他領域の学生だけでなく地域住民や専門職の方々とのつながりが広がった（16），理論と実践がつながり，認知症とともに生きる方への理解が深まった（16），認知症とともに生きる方と接することができ経験知が増した（10），自身の

表 1 Orange Project® に参加する理由

*（ ）は頻度を示す　　　　　　　　　　　　　　　　　　　　　　　　　　　　　　　n=61

認知症ケアについて 理解を深めたいと思った (21)	認知症についてより深く知りたかった（7）
	認知症についての理解を深めたかった（3）
	実際に認知症の方と関わることで関わり方を学びたいと思った（2）
	社会問題である少子高齢化や認知症について学びたいと思った（2）
	誰もが発症する可能性のある認知症。その認知症について，少しでも理解し，その関わり方について学ぶことで，今後臨床に出た際，看護に生かせることがある考えた（1）
	保健師に興味があることと，授業を通して認知症に対する理解がもっと自分に必要だと感じた（1）
	これから認知症の方と接する機会が増えるから（1）
	机上の学習だけではわからない学びがあると思った（1）
	将来，認知症を中心とした老年看護に関わりたいと思った（1）
	説明会で説明をきいて，興味を持った（1）
	TV・新聞等で認知症の方々の諸症状，またその家族の介護の大変さについて知り，胸が痛む思いがした（1）
就職活動や社会人になっても 役立つことをしたかった (14)	これから先の高齢化社会で認知症に関する知識などを身につけておくのは役立つと思った（3）
	大学生になったらボランティアをしたかった（3）
	就職活動でアピールできると思った（2）
	大学生のうちにしか経験できないことだと思い，メンバーになり，様々な経験を積みたかった（1）
	保健師の資格もとりたかったので，活動が役に立つと思った（1）
	大学生のうちにしか経験できないことだと思い，様々な経験を積みたかった（1）
	認知症啓発活動を行うことで，身近に認知症当事者がいらっしゃる方々が同じような後悔をせず，より豊かな時間を過ごして欲しいと思った（1）
	友達が入っており，自分も就活の際に活かしたいと思った（1）
	認知症サポーターになりたかった（1）
認知症とともに生きる親族が 身近におり，関わり方に関心 があった（8）	祖母が認知症だから認知症に興味があった（2）
	祖父母が認知症で，あまり支援ができず，このサークル活動の中で認知症患者の役に立ちたいと思った（1）
	当事者を支援してくれる人を増やしたかった（1）
	認知症の方と対面した時にどう話したらいいか分からなかった（1）
	わたしの祖父が認知症になり，認知症について全然知らない自分が悔しく，活動を通じて学びたいと思った（1）
	祖父が認知症で，もっと一緒にできることがあったのではないかと思った（1）
	親戚に認知症になった人がいて，その方には支援ができなかったため他の人の役に立ちたいと思った（1）
知人から紹介された（7）	友達，先輩からの誘いがあった（5）
	教員から講義で Orange Project® について紹介された（2）

表 2 Orange Project® 活動を通して得られた benefit

* （　）は頻度を示す　　　　　　　　　　　　　　　　　　　　　　　　　　　　　　　n=61

他領域の学生・地域住民・専門職の方々とのつながりが広がった（16）	他の学年や他大学の人たち，地域の方々，先生，行政の方，その他関係者の方々など，つながりが広がった（4）
	多世代交流できたこと（3）
	高齢者とふれあう機会が得られた（1）
	様々な職業の方と出会い，関わることができた（1）
	様々な活動に参加し多くの人と関わることができた（1）
	貴重な経験がたくさんできた（1）
	知らない知識や認知症の考え方がかわった（1）
	他の学年や他大学の人たち，地域の方々，先生，行政の方，その他関係者の方々など，つながりが広がった（1）
	認知症の方のために日々努力している人達と知り合うことができた（1）
	活動しなくては出会えなかった様々な人に出会えた（1）
	同じ目標を持って一緒に活動する仲間・友達ができた（1）
理論と実践がつながり，認知症とともに生きる方への理解が深まった（17）	認知症になっても，ともにいる人の理解があれば幸せに暮らせるという見通しがついた（3）
	認知症への理解が深まった（2）
	自分自身が無意識に持つ認知症への偏見・意識が変わった（2）
	認知症とともに生きる方とも普通に接することができるようになった（1）
	周りの人に認知症について広めることができた（1）
	認知症に関するさまざまな活動の内容を知ることができた（1）
	社会状況やまちづくりについて，当事者や家族の目線でより深く考えるようになった（1）
	認知症の方との交流を積極的にできるようになった（1）
	就職に対する視野が広がった。様々な活動に参加し多くの人と関われた（1）
	机上では分からなかったことが，活動を通して後で繋がったり，考えるきっかけもあった（1）
	研修会などに参加すると，地域の方とお話ができたり，日本の最前線の方のお話が聞けてよかった（1）
	認知症の方と接する機会が増え，認知症に対するイメージが変わった（1）
	認知症の方のイメージが変わった（1）
認知症とともに生きる方と接することができ，経験知が増した（10）	認知症の方と実際にお話する機会はなかなかないので，貴重な経験になった（1）
	認知症の対応を知ることができ，実習で活かすことができた（1）
	先生方や先輩方のさまざまな活動について，知ることができた（1）
	認知症の当事者や家族と実際に関わる機会があり，体験的な学習ができた（1）
	認知症について理解が深まり，対応の方法などを学べた（1）

認知症とともに生きる方と接することができ，経験知が増した（10）	認知症の知識を得るだけでなく，実際に使える技術を身につけることができたし，実習で認知症の方を受け持ちした際に，学んだ技術や知識を活かすことで，信頼を築くことができた（1）
	色々な方と協力することが多く，人との繋がりの大切さがわかり，以前よりも初対面の方とコミュニケーションをとることがうまくできるようになった（1）
	認知症の方との関わりを持つ機会が増えた（1）
	認知症当事者の方々と直接触れ合い，楽しそうな様子を見られたこと（1）
	経験的な学びによって自信がついた（1）
自身の QOL が向上した（7）	ボランティアをしていなかった時のような学生生活を送っていたら経験できないような多くの貴重な経験ができた（2）
	実習では経験できないことを学べた（1）
	協賛の取り方や新しい企画の発足にも立ち会えて充実した日々を送れた（1）
	認知症カフェに行ったり，そこの施設の方と交流を持てるなど貴重な体験ができた（1）
	活動そのものが楽しい（1）
	自身の QOL が上がる瞬間が知れた（1）
就職活動に役立った（4）	就職活動ではオレプロの活動について話し，就職後も知識を役立てていきたいと述べることができた（1）
	実際に就職活動で役に立った，アピールをすることができたし，相手にも関心があることが伝わったし，とても興味を持ってもらえて嬉しかった（1）
	就職活動をするときや，他の活動に参加したときにオレンジプロジェクトの話をすると，興味をもってもらえた（1）
	就職に対する視野が広がった（1）

QOL が向上した（7），就職活動に役立った（4）であった。

（8）考　　察

　本調査では，「認知症になっても安心してくらせるまちづくりに貢献する」をコンセプトに活動する Orange Project® の活動内容を記述し，活動メンバーの Benefit を明らかにすることを試みた。

　①　Orange Project® 活動を通して得られた Benefit

　認知症サポーター養成講座受講者における認知症受容度の追跡調査を行った金ら（金，2011）の研究では，認知症サポーター養成講座受講者の認知症受容度は，受講前に比べ受講後に有意に上昇していた。さらに，精神障害分野においても，講座や教育プログラムの実施が偏見の軽減，あるいは否定的な態度の

変化に有効であったことが指摘されている（Mann CE, 2008），（荒井，2004）。
Orange Project® メンバーは，基本的に全員が認知症サポーター養成講座受講者
であり，講座で得た基本的な認知症の知識をもとに，実践活動を行なってい
る。このことが，本研究結果である "自分自身が無意識に持つ認知症への偏
見・意識が変わった" "認知症になっても，ともにいる人の理解があれば幸せ
に暮らせるという見通しがついた" などの記述が含まれる「理論と実践がつな
がり，認知症とともに生きる方への理解が深まった」という Benefit が得られ
ることにつながっていると考えられた。

　また，認知症に関する情報に接する態度，および主な情報源と認知症受容度
の変化の交互作用には，有意な効果が見出されるなど，普通の生活の中で，認
知症に関する情報にふれる機会が多い人，講演会，医療・福祉機関から情報を
得ている人は，認知症サポーター養成講座受講前から認知症受容度が高く，時
間の経過に対する変化が少ないことが明らかになっている（Essler V, 2006）。本
研究結果においても，「認知症とともに生きる方と接することができ，経験知
が増した」という Benefit を得られることは，認知症受容度を高めている同様
の結果と推察された。

　さらに，Orange Project® の活動は，地域の認知症カフェや公民館，小学校，
高校，一般企業などで開催される認知症サポーター養成講座のファシリテー
ターを担うことも多く，社会人としての理想のロールモデルに出会うことも多
い。自分の専門領域の人的資源ネットワークだけでなく，専門外の領域の学生
交流，多世代交流，職業人との交流が，メンバーの人としての感受性の豊さを
育み，自分の専門領域の特徴をあらためて意識する機会になっており，「自身
の QOL が向上した」や「就職活動に役立った」という Benefit を得られる結果
となっているのではないだろうか。これは，学生のキャリア形成にも関与する
重要な Benefit であることが今回明らかとなった。

　したがって，2020 年以降，以前と比較すると，現在は地域での対面活動は
減少しているが，可能な限り地域に出向いて直接対面で活動を行う意義も大き
いと考えられる。また，対面での活動が難しい場合でも，オンラインで活動を
継続するなどの活動方法の工夫も行われていることも，Orange Project® メン
バーが活動を継続するモチベーションにつながっていると考えられる。

一方で，1人あたりの活動回数には差があり，積極的に活動するメンバーと1から2回のみの活動のメンバーも多く存在することから，今後はより多くのメンバーが活動に参加しやすい仕組みづくりを行っていくことが課題であることが明らかとなった。

②　参加理由からみた近年の傾向

本研究において，Orange Project® に参加する理由として「認知症とともに生きる親族が身近におり，関わり方に関心があった」という回答が多く散見された。厚生労働省の将来推計では，2025年には65歳以上人口に占める認知症の有病率は700万人にのぼるといわれており（厚生労働省，2016），すでに親族として認知症とともに生きる方と接する機会がある Orange Project® メンバーの存在も明らかとなった。現在は，ヤングケアラーの社会的課題も注目されていることから，Orange Project® メンバーも例外ではないことが窺えた。今回の結果の中には，"わたしの祖父が認知症になり，認知症について全然知らない自分が悔しく，活動を通じて学びたいと思った"という Orange Project® メンバーもおり，Orange Project® の活動が，認知症とともに生きる人の理解を深め，自分自身の内省につながり，その後の人生に役立てる機会にもなる可能性が示唆された。

おわりに

本調査対象者は，認知症啓発活動を行う1つのボランティア団体を対象としていることから，結果の一般化可能性には欠ける可能性がある。今後は，全国の地域の認知症サポーターが活躍する団体を母集団とすることで，一般化可能性を高めることができると考えられる。

しかし，本研究結果における Orange Project® の活動は，認知症啓発活動を行う学生ボランティア団体として，多岐にわたる Benefit があることが明らかとなった。

今後，本学の，「地域に生き，世界に伸びる」をスローガンに，豊かな教養を備え，21世紀の地域社会ひいては国際社会の発展に貢献できる，有為で創造性豊かな人材の育成を目指す本学部として，多様化，複雑化してきた社会の

諸問題を，総合的に捉え，解決していくため，社会学，行政学，社会福祉学，経営学，情報学などを統合・体系科した総合管理（アドミニストレーション）学を専門的に教育・研究するべく，地域課題を身近に感じることができる地域の認知症サポーターのロールモデルの１つとして教育活動に活用する一助となることを期待したい。

［謝辞］

　本学教育活動にご尽力くださった皆様，および日頃より Orange Project® の活動にご支援ご協力いただいている皆様に心より深謝いたします。

引用文献

e-GOV 法令検索．（2024 年 1 月 1 日）．e-GOV 法令検索．参照先：共生社会の実現を推進するための認知症基本法：https://elaws.e-gov.go.jp/document?lawid=505AC1000000065，閲覧日 2024/ 5/ 1.

Essler VA, Stickley TArthur.（2006）. Using a school-based intervention to challenge stigmatizing attitudes and promote mental health in teenagers. Journal of Mental Health, 15（2），243-250.

HodsonR.（1999a）. Analysing Documentary Accounts. London Sage.

Mann CEMJHimelein.（2008）. Putting the person back into psychopathology ; an intervention to reduce mental illness stigma in the classroom. Social Psychiatry and Psychiatric Epidemiology, 43（7），545-551.

OrangeProject.（2022）. 活動紹介．参照先：Orange Project: https://www.orange-project.org/，閲覧日 2024/ 5/ 1.

安武綾，西森利樹，山﨑尚美，戸渡洋子，高島利，谷川千春，内藤豊，杉本多加．（2022）．認知症啓発活動を行う認知症サポーター 大学生ボランティア団体「Orange Project ®」．アドミニストレーション，29（1），11-20.

金高閣，鄭小華，増井香名子，黒田研二．（2011）．認知症サポーター養成講座受講者における認知症受容度の追跡調査．日本認知症ケア学会誌，10（1）88-96.

厚生労働省．（2016）．平成 18 年版厚生労働白書．参照先： 平成 18 年版厚生労働白書：https://www.mhlw.go.jp/wp/hakusyo/kousei/06/，閲覧日 2024/ 5/ 1.

厚生労働統計協会．（2020/ 2021）．国民の衛生の動向.

荒井由美子．（2004）．家族介護者の介護 負担その評価および今後の課題．老年梢神医学雑誌，15（増），111-116.

山本由子，亀井智子，金盛琢也，中山優希．（2020）．慢性疾患を持つ在宅高齢者へのテレナーシング推進に向けた課題：セミナー参加者調査から．東京医療保健大学紀要，14（1），93-99.

内閣府．（2020）．令和 2 年度高齢社会白書．2020.

第3部

情報専攻

メディア・アートがもたらす地域への効果

─熊本県の事例をとおした対話性と可変性の役割─

石　橋　　賢

はじめに
1. メディア・アートの普及要因
2. 地域活動における課題とその解決策
3. 対話性と可変性のもたらす効果
おわりに

はじめに

日本各地の地域イベントにて，デジタル技術を活用した作品がみられるようになった。熊本県における企業主体の取り組みとして，2015 年に teamLab がグランメッセ熊本にて開催した『チームラボ学ぶ！未来の遊園地』[1]，2021 年に NAKED, INC. の手掛けた熊本城にて開催された『くまもと 500 年光と夢の広場』[2]，阿蘇火山博物館にて開催された『ネイキッド阿蘇ナイトミュージアム』[3]など，拡張現実感（AR）技術，プロジェクションマッピング技術，センサや照明を用いたインタラクティブなコンテンツの事例が挙げられる。このようなメディア・アートのイベントは，屋内外を問わずその場所を演出することで，新しい付加価値を生み出すメリットがある。一方で，文献[4]で言及した地域の特性と課題の面では，いずれの企業事例も 1～2ヶ月間限定で単発的な開催となっており，費用の観点でも継続が難しいことが推察される。NAKED, INC.の事例は，熊本県や阿蘇の花をモチーフとするなど地域資源をコンテンツに活用しているが，機材や技術，演出全般については，企業の既存パッケージ

を単に利用するにとどまっており，地域文化を発信するさらなる発展は見込めない。地域創生の話題提供や集客力の高さという点では，対話性のあるメディア・アートを用いた好例であることは明らかである。しかしながら，地域社会の持続可能性にも配慮する必要があり，大型の予算を要する企業主体の開催は，観光の中心地以外への展開が容易ではない。

　本章では，筆者らの研究グループがこれまでに取り組んできた研究活動におけるメディア・アート作品の地域活動事例を取り上げる。その中で，継続的な地域イベントの運用において求められるメディア・アートの対話性，ならびに，可変性を各事例から抽出しその役割について言及する。特に，小規模なメディア・アート作品を継続的に地域へ提供できる要因について触れ，実践的な地域課題解決に繋がった事例，および，その解決策の仕組みを紹介し，各事例から得られた結果や共通点を含めて本題となる対話性と可変性の役割について議論する。

1. メディア・アートの普及要因

(1) 制作におけるハードウェアとソフトウェア

　メディア・アート作品の制作に使用されるハードウェアやソフトウェアは，表現の方法によって多岐にわたる。それらの中でもよく利用されるハードウェアやソフトウェアを取り上げ，メディア・アート作品が年々生み出される普及要因について考察する。主なハードウェアとしては，映像（プロジェクタやディスプレイ），照明（電球やムービングライト），音響（スピーカーやヘッドフォン），制御（PC やマイコン）などの各種機器やセンサ類が挙げられる。また，それぞれの機器に対するソフトウェアとしては，映像や音響の制作・編集用ソフトウェア，それらを連携させ制御するためのミドルウェアなどが存在する。メディア・アート作品制作の普及要因として，表 1 に示すように，ハードウェアとソフトウェア（ミドルウェア含む）それぞれ 5 つの項目が考えられる。

　最初に，前者のハードウェアについて説明する。近年，一般家庭向け機器の高性能化と小型軽量化が進み，かつては専門業者が独占的に使用していた専用

表 1 メディア・アートの普及要因

ハードウェア	ソフトウェア
H1 高性能化	S1 多機能化
H2 小型軽量化	S2 自動化
H3 無線化	S3 マルチプラットフォーム化
H4 共通規格化	S4 共通規格化
H5 廉価化	S5 廉価化

機器と同等の性能を持つ機器が一般に流通するようになった。これにより，個人・小規模での制作が可能となり，必要機材の運搬も容易となったことで，大型トラックを必要とするケースが減少し，個人や小規模グループでの活動の幅が広がった。さらに，無線技術と規格の進歩により，機器の設置や連携が簡素化され，廉価化に伴い複数の機器を組み合わせる技術的・コスト的ハードルが下がった。具体的には，H1 高性能化，H2 小型軽量化によって制作・展示が容易になったこと，H3 無線化，H4 共通規格化，H5 廉価化によって展示場所を制限せず多様な作品を手軽に制作できる機会が増加したことが理由として挙げられる。

　次に，後者のソフトウェアについて説明する。ソフトウェアは年々多機能化・自動化が進み，煩雑な作業や高度なスキルが求められるなどの制作における課題は，自動化機能の恩恵により改善され，多様な機能により制作者の意図を反映した効率的な制作が可能となった。また，主要なソフトウェアはマルチプラットフォームに対応しており，使い慣れた作業環境で簡単に機能を実現できるため，学習時間も短縮されている。さらに，ソフトウェア業界全体のサブスクリプション化の流れにより，ユーザは適正な価格で期間を決めて高価格帯のソフトウェアを利用できるようになり，利用環境の整備が進んだ。一方，企業側もメリットがあり，大型アップデートや修正パッチのリリースが容易となり，多機能化や自動化，対応する規格の増加など，ユーザのニーズへの対応サイクルが早まった。具体的には，S1 多機能化，S2 自動化，S3 マルチプラットフォーム化により制作速度が向上し，S4 共通規格化と S5 廉価化により開発コストが下がったことが主な理由として挙げられる。

(2) 周知媒体としての SNS の活用

　本項では，広報面におけるメディア・アートの普及要因について考察する。既存のクリエイターが新たにメディア・アート制作に携わる，または，新規に制作したいと考える個人や団体を増やすためには，メディア・アートの魅力を周知することが重要となる。周知媒体としては，若年層を中心に情報共有・収集手段として広く利用されている SNS が，メディア・アートの認知度向上に大きく寄与しているものと考えられる。2015 年と 2018 年の調査によると，メディア・アートの代表格ともいえるプロジェクションマッピングの認知率は，若年層で約 60％に達している結果となった[5)6)]。これは，動画による視聴覚的な周知方法が，若年層に対して効果的な情報伝達に繋がった結果だと考えられる。動画ストリーミングサービスの YouTube は，動画を扱う SNS の代表格であり，プロジェクションマッピングが日本国内の市民権を得るきっかけとなったといえる。国内におけるプロジェクションマッピングの火付け役となったイベントとして，2012 年に NHK エンタープライズの制作した東京駅プロジェクションマッピングがある[7)]。現在 YouTube 上でも，数多くの個人や団体のプロジェクションマッピングに関する動画投稿が確認でき，スマートフォンをとおして録画から投稿まで，誰でも簡単に配信できる環境が整備されたことは，テレビ放映以外での周知要因として影響が大きいといえる。

(3) メディア・アートによる地域活動の課題

　日本のアートについて，多様な視点からまとめられた『アートと経済社会について考える研究会報告書』（経済産業省）[8)] がある。本報告書は，アート全般に触れているが，テクノロジーや地域に関するメディア・アートについても多く言及している。ここでは，報告書の内容を踏まえて，地域活動の課題を抽出するとともに，その解決策について考察する。

　多くの人たちにとって，“アート” という言葉は，アートに直接関係ない人たちにとって，“創造的” という印象が強いだろう。ここでの創造的という言葉は，文化的創造性と呼ばれる想像力や独創的アイディアといった意味を持つ。その言葉のイメージからも，専門外の人たちは自分には関係ないものという印象を与えてしまう。同報告書では，企業における課題として，「一過性の

取組が多く，継続的に企業価値が向上するまでに至っていない場合が多い。」ことが，地域における課題として，「効果を生むまでの継続性の確保。そのための効果測定や実施体制，地域住民等の理解獲得，参加促進，待遇改善。」がそれぞれ一番目に提示されている。メディア・アートでも，これらの課題は多く存在する。しかしながら，現状では企業や自治体といった依頼者側が，専門家や専門業者に完全に委託することになるため，依然として依頼者側と運営側の溝は埋まることなく，課題が放置された状況が多い。本来であれば，依頼者側の理解促進や両者の協働による継続可能な仕組みづくりによりこの溝を埋め，継続的に改善することが望まれる。メディア・アートは，前述の創造性の高い対象という認識に加え，ICT 技術を用いることから専門的で高度な技術というイメージが強くなり，協働しづらい状況を作り出している。

　地域でのアートづくりは，地域住民との対話による地域資源の提案，芸術表現による再構築がもたらす内発的な地域資源の発掘，地域の住民および環境の特性に合わせた継続的な活動団体の発足，あるいは，地域に寄り添い，アートをインストールできる高度な人材育成が解決策として考えられる。地域に根ざす大学のメリットは，専門的な知識や技術を提供しつつ，地域での実践をとおした作品制作を学生たちが行うことで，知識や技術を獲得した人材を県内各地へ輩出することにある。次に，これらの課題を解決するために，地域と協働し，地域で運営することを目指した大学主体の地域密着型実践事例を取り上げ，各課題と解決策について紹介する。

2. 地域活動における課題とその解決策

（1）AR デバイスとセンサを用いた太鼓演奏と連動したプロジェクションマッピング事例

　地域活性化の一環として，2016 年から熊本県八代市をフィールドにプロジェクションマッピングイベントを開催してきた[9)10)11)]。本活動の中では，対話型の仕組みを取り入れ，リアルタイムでの映像変化を導入することで誘客効果を図った。2020 年と 2021 年には，ユネスコ無形文化遺産の一つである八代妙見祭の御夜（前夜祭）で，塩屋八幡宮への誘客を目的に，伝統文化を現代的

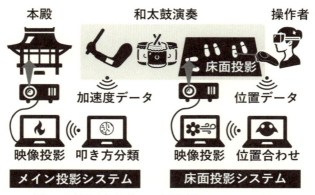

図1 太鼓演奏と連動した映像投影システムの概要図

かつ視覚的に表現するプロジェクションマッピングを実施した[12]。本イベントでは，伝統文化をイメージしやすく，地域の持つ特徴を活用するため，熊本県八代市にある秀岳館高等学校の雅太鼓部と協力し，太鼓演奏と連動したリアルタイムプロジェクションマッピングを企画した。太鼓演奏に合わせて映像を変化させることで，より臨場感のある演出を実現している。

本取り組みでは，太鼓演奏とのリアルタイム連動を実現するため，映像効果の自動化と映像効果を動的に切り替える仕組みの2つのアプローチを試みた。映像の自動化では，太鼓演奏時の演奏者の動きを検知する必要があり，主な検知手法として深度カメラやレーザスキャナ（LiDAR）といったセンサ類を利用する方法が用いられる。しかしながら，これらの手法の導入にあたり，演奏エリアと観客エリアとの距離が近く，演奏者が太鼓機材の間を頻繁に移動することから，各種センサ類の設置場所が確保できず，同時に夜間かつ屋外環境であることから，精度の低下が問題となった。さらに，境内の建造物，神木，太鼓演奏機材へ負担のかかる仕組みは望ましくないため，センサ類を安全かつ精度良く利用することが課題となる。そこで，演奏者に対してセンサを取り付けることで課題解決を図った。もう一方の映像効果を動的に切り替える仕組みは，VJ（音楽に合わせて映像を切り替える役割の人）の立ち位置となる操作者を設け，AR技術によりバーチャル空間での操作から実空間での演出をリアルタイムにマッピングできるシステムを導入した。本システムにより，精密な制御

を必要とする床面投影を精度良く操作者が簡単に映像を切り替えること支援した。図1は，導入した2つのシステムの概要図である。

　図1左に示すメイン投影システムでは，和太鼓演奏者の腕に取り付けたワイヤレス加速度センサからPCへ加速度データをリアルタイムに送信する。受信したPC側では，機械学習モデルにより3パターンの叩き方のいずれかに判定する。その判定結果に基づいて，映像投影用PCで各叩き方に応じた異なる映像を投影する。図1右に示す床面投影システムは，複数の演奏者が立ち位置を変えながら演奏する場面で，投影する映像の位置を決定するための制御を担う。本システムの操作者は，ARグラスを装着しており，現実空間上にバーチャル空間が重なる状態でバーチャル上にある操作対象のオブジェクトを視認できる。各オブジェクトをコントローラで操作すると，現実空間の床面の指定位置にバーチャルオブジェクトが重なり，指定された位置に映像効果が与えられる。連続的に位置指定を行い，映像効果が特定の人を追従するような演出を行いたい場合，コントローラで位置を指定し続けながら，タッチパッドに触れることで映像をリアルタイムに追従させることが実現できる。

　前節で述べたハードウェアの要因では，H1高性能化とH2小型軽量化により，高負荷な描画処理が必要なリアルタイム生成映像を本殿と床面に投影でき，H3無線化とH4共通規格化により，各制御PCやセンサ，デバイスとの通信を手軽に実装できたことで，総合的なシステムが構築できた。H5廉価化の観点では，使用したプロジェクタが一般家庭向けモデルであったものの，一定の映像品質を確保でき，比較的街灯の少ない場所では業務用の高輝度モデルでなくても対応できることが確かめられた。

　ソフトウェアの要因でも，プロジェクションマッピング用の映像制作では，S1多機能化，S2自動化，S3マルチプラットフォーム化により，制作者が慣れた環境で求める演出を制作でき，OSの異なる共同編集作業も可能となることで短期間での制作に対応できた。S4共通規格化の点では，独自開発の各制御用アプリケーションから既存のアプリケーションへ統一された規格で通信できたことから，連携が円滑に行えた。S5廉価化については，複数の専用ソフトウェアを利用したものの，本プロジェクト期間にサブスクリプション契約期間を限定できたことから，コスト面でも支出を抑えることができた。

(2) スマート電球を用いたワークショップおよびエンタテインメント事例

次に，スマート電球による事例について紹介する。スマート電球とは，ネットワークをとおして電球の明るさや点滅パターンを制御できる電球を指す。プロジェクションマッピングと比較すると，周囲の明るさに左右されにくいこと，機器設置や演出場所の制限が少ないことがメリットとして挙げられる。

スマート電球による地域活動は，2022年のお祭りでんでん館（熊本県八代市西松江城町），2022年・2023年の八代市本町・通町商店街（熊本県八代市本町），2023年の道の駅うしぶか海彩館（熊本県天草市牛深町）にてそれぞれ実施した。各事例を紹介するにあたって，各事例で用いたスマート電球によるメディア・アート作品の基盤システムについて説明する。図2に示すのは，基盤システムの概要図である。

図2左下には入力装置の例を示している。Joy-Conはボタンと加速度センサを用いて振り動作によるアクション情報を，Azure Kinectは骨格情報を検知することで手や腰の位置変化による移動，手をたたく，ジャンプといったアクション情報をそれぞれ制御アプリに送信する。制御アプリは，それぞれのアクション情報に基づいて電球を制御する。電球の制御は，制御端末を介してネットワーク経由でコマンドをストリーミングすることでリアルタイムな電球変化を可能にする。

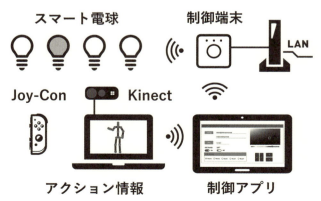

図2 スマート電球によるメディア・アートのための基盤システム概要図

基盤システムにおけるハードウェアの要因では，H1 から H5 のすべてが組み合わされている。H1 高性能化と H2 小型軽量化については，Azure Kinect による骨格認識が機械学習モデルを利用した高負荷な処理であるものの，比較的薄型軽量のラップトップ PC でも十分なパフォーマンスが発揮できている。同時に，入力装置である Joy-Con や Azure Kinect のアクション情報から，制御アプリを介して出力装置であるスマート電球と連携している点については，H3 無線化と H4 共通規格化による恩恵を受けている。H5 廉価化という観点では，スマート電球が一般照明用の電球と比較すると高価な製品になるものの，無線対応のマイコン付き電球という点では比較的安価に導入できる。さらに，予算に応じてスマート電球の個数を決めることができるため，コスト面での調整が容易である。ソフトウェアの要因は，本システムがすべて独自開発となるため本稿では議論しない。続いて，各事例における本基盤システムの活用事例を紹介する。

① 2022 年お祭りでんでん館でのワークショップおよびナイトミュージアム

ものづくりワークショップとナイトミュージアムでのメディア・アート作品体験を連動させた活動を行った[13]。本活動は，ものづくりに関するワークショップでは理解が難しい学習内容の社会的な役割をナイトミュージアムの開催を通じて明確化することで，ワークショップ自体の体験の質を向上させることを目的としている。

ワークショップでは，スマート電球を取り付ける正多面体のランプシェードを制作した。異なる種類の多面体をアクリル製ジョイントパーツと木製フレームで制作することで，難易度の異なるものづくり体験を提供した。2022 年 8 月 20 日に小学生を対象としたワークショップを開催し，25 名の小学生が参加した。ワークショップの最後には，参加者が制作したランプシェードを用いたメディア・アート作品の簡易デモ体験会を実施した。ワークショップ参加者には，10 月 22 日・23 日に制作したランプシェードが体験型メディア・アート作品として活用されることを知らせ，ものづくりの社会的役割を示した。次にナイトミュージアムで展示した 3 種類のメディア・アート作品について紹介する。

1つ目の作品：体験者の位置により色が変化する作品である。スマート電球の埋め込まれた提灯を持ち移動すると，大型の多面体に設置されたランプシェード群が連動して同一色に光る体験ができる。Azure Kinect により体験者の位置を取得し，横方向を色相，奥行方向を彩度，高さ方向を輝度にそれぞれスマート電球の設定情報に対応づけることで色変化を実現している。

2つ目の作品：Joy-Con を振ることで，連続的に電球が光る作品である。4つのモードがあり，ボタンを押すことで色変化，炎，氷，雷の順に切り替えることができる。色変化は，ボタンを長押しすると輝度が上がり，一定輝度を超えると最初の輝度値に戻ると同時に，別の色相に変化する。体験者の好みの色が出現したときに Joy-Con を振ることで，一列に整列したランプシェード群が順に現在の色設定で点灯する。その他の3つの属性に関するモードは，各属性を表現した色および点滅パターンで一列に整列したランプシェード群の光が変化する。

3つ目の作品：1つ目と2つ目の作品で用いたすべてのランプシェードを使ったセルフ型イルミネーション作品である。体験者は提灯を持ち，2つ目の作品のランプシェード群から好みの色を選択し，その色のランプシェードに提灯を近づける。その際に，提灯の色が選択した好みの色に点灯する。点灯した提灯を持って，1つ目の作品のランプシェード群の正面に運ぶと，大型多面体に吊り下げられたランプシェード群のうち未点灯のランプシェードが一つ点灯する。これを繰り返し，体験者がすべてのランプシェードが点灯させることで，イルミネーションが完成する。本作品では，提灯の位置情報を高精度で取得する必要があるため，提灯には HTC VIVE トラッカーを取り付け，バーチャル空間場での正確な位置情報取得により実現している。

② 2022，2023 年の八代市本町・通町商店街での八代妙見祭御夜での活動

八代妙見祭保存振興会（熊本県八代市）の依頼を受け，2022 年と 2023 年に地域活動を実施した。

2022 年の活動：前述のプロジェクションマッピングイベントに加えて，スマート電球の演出を取り入れた。当日は雨天であったことから，急遽商店街の広場に場所を移動し，映像投影を床面のみに限定し，スマート電球を演奏エリアと観客エリアを隔てるように設置した。スマート電球は，Joy-Con で演出で

きるように設定しておき，太鼓演奏に合わせて操作者がリアルタイムで光の演出を行った。スマート電球は，ワークショップで制作したランプシェードを利用し，イベント開始時刻にランプシェード群を会場に設置することで対応した。

2023 年の活動：2022 年とは異なる実施場所で，スマート電球のみのメディア・アート作品を展示した。この場所は屋根付きの広場となっており，屋根の支柱にストリングライトコードを 2 本取り付け，20 個のランプシェードを吊り下げた。さらに 10 個のランプシェードを等間隔になるよう長椅子の上に設置した。

本作品は，スマート電球と音楽を連動させた体験型のメディア・アート作品である。体験者が Joy-Con を振ることで，長椅子上の 10 個のランプシェードが和楽器の音色に応じて点滅する。複数の和楽器を選択でき，矢印ボタンを押すことで切り替えることができる。童謡の村祭に合わせて体験者がタイミングよく Joy-Con を振ることで光と音の演出を行う作品である。楽曲が流れている間は，そのメロディに合わせて自動的にストリングライトコードで吊るした 20 個のランプシェードが点滅する。楽曲の MIDI データとスマート電球の点滅パターンを連携させることで実現した。

③　2023 年道の駅うしぶか海彩館でのランタンフェスティバルの活動

牛深地区振興会（熊本県天草市牛深町）の依頼で，牛深 SUMMER ランタン・フェスティバルの新たな催し物として，対話型コンテンツを制作した[14]。他の取り組みとの違いとして，1ヶ月間毎日展示が行われるため，情報技術に詳しくない人たちでも運用が可能な仕組みづくりが必要であった。制御システム全般のパッケージ化のため，すべての機材のケーブル接続とネットワーク設定を済ませた状態で一つの電源タップに集約させ，電源コンセントを入れるだけで起動できるようにした。加えて，制御用 PC の 1 台に統合し 2 つのアプリを起動させるだけで，自動的に動作するようにした。

本作品は，基盤システムをもとに Azure Kinect からのアクション情報で動作する。また，長期間のイベントのため，展示期間中その担当を常駐させることができないことから，自動演出と体験者に動きに連動する 3 種類の演出をAzure Kinect の骨格検出を利用して自動的に切り替える機能を導入した。ス

マート電球は市販のランタンで覆い，ストリングライトコードを吹き抜けの設営会場の2階部分に10本張り，一本につき8個のスマート電球を取り付け，計80個のランタンを光らせた。

　自動演出は，ランタンの光が波打つように連続的に点灯し，虹色にイルミネーションが変化する。これは一定時間体験者が検出されない場合に動作する。体験者がAzure Kinectの骨格検出範囲に入ると，その距離に応じて下記に述べるモード1からモード3に自動で切り替わり，最も距離が遠い場所に体験者が立つとモード1が開始される。

モード1：体験者の腰の位置情報から移動のアクション情報を取得し，対応する位置に応じて各電球の光が変化する。最も近い位置の電球列が最大輝度値になり，ガウス関数に従い隣接列が徐々に光量を落とす設定となる。体験者がジャンプするアクション情報が検出されると，ランダムに色相値が変化する。

モード2：体験者の利き手位置に応じてすべてのスマート電球がリアルタイムに変化する。体験者が手を左右に動かすと色相が，前後に動かすと彩度が，上下に動かすと明度がそれぞれ変化する。

モード3：体験者が拍手するたびに，1〜5個のスマート電球がランダムに点灯する。拍手を繰り返し，すべての電球を点灯させると，花火が散るような演出でランダムに点滅した後に全消灯する。点灯する電球の色は，体験者のジャンプによるアクション情報の検出ごとにランダムに色相が変化する。

3. 対話性と可変性のもたらす効果

　これまで紹介した事例では，対話性と可変性が運用する上で重要な効果をもたらしている。本節では，地域活動を中心に今後のメディア・アート作品で求められる要件を述べ，地域への効果について言及する。

　第2節で紹介したすべての事例において，各地域の団体・組織，自治体からの依頼は，若年層の誘客のためにインパクトある新しい活動を実施したいという点が共通する。これまで地域で進めてきた広報は，印刷物以外にもインターネットやSNSで行っているものの，若年層への周知ができていない現状がある。それは，若年層が求める情報が発信されておらず，また若年層向けの活動

が実施されていないことが原因として考えられる。これらの問題は各団体・組織で共通認識として持たれており，その結果，インパクトや新しさという観点から依頼が行われるに至ったといえる。

インパクトと新しさを打ち出しながら，若年層への誘客を実現するには，話題のモノやサービスをその場で提供すること，SNSへ投稿したくなるようなフォトジェニックなモノや環境がその場にあること，未体験ではあるが興味関心を駆り立て体験したいと思わせる活動がその場で行えることなどが挙げられる。

モノやサービスの提供は，インターネットショッピングの発達や類似のモノやサービスが多く存在することから，他にない特別なモノやサービスであることが求められる。そうなると，大型イベントや付加価値の高いモノやサービスとなるため，コストが大きくなる傾向がみられる。

SNSの投稿対象を設けること，および，体験意欲を喚起する活動の実施に注目すると，メディア・アート作品の特徴が若年層の誘客に適していることがわかる。プロジェクションマッピングを例にすると，その場の空間を非現実的な空間へ変化させることから，簡単にフォトジェニックな環境を提供できる。また，その体験自体も，別のSNS投稿動画で見たことがあれば，それらを中心に自身の体験イメージがつきやすく，興味関心を高める効果がある。一方，メディア・アート作品のデメリットとして，体験の質を高める，あるいは，イベントの規模を大きくするにつれ，予算が膨れ上がることが挙げられる。冒頭に述べた代表的な企業が主催する場合には，予算が潤沢ではない団体・組織は選択肢に入らず，外部予算を確保できたとしても一過性に終わる可能性が高い。そこで，地域活動での意義を高めつつ，小規模ながら体験の質を高め，各団体・組織の望む場所での実施に目を向けると，本章のテーマである対話性と可変性の重要な役割が浮かび上がる。次に対話性と可変性のそれぞれについて，事例をベースに議論を進める。

(1) 対話性の効果

第2節で紹介した各活動では，対話性が存在する。プロジェクションマッピングの事例では，太鼓の叩き方と映像効果，ならびに，演奏者の動きと映像効

果がそれぞれ対話性を有する。各活動でのアンケート調査（n=26）においても，太鼓の叩き方の違いが映像効果に反映されていることに88％の回答者が気づいたと回答しており，96％の回答者が一般的な映像のみのプロジェクションマッピングに比べて満足度が高かったという結果が得られた。ここでの対話性は，システムが生演奏における映像変化との連動性を高める点に効果ある。演奏者の動きと映像効果との対話性におけるアンケート調査（n=8）では，システム連動の有無の異なる2つのプロジェクションマッピングを実施し，システム連動のない床面投影とシステムを用いた操作者により演奏者の動きを連動させた床面投影を見比べてもらったところ，すべての回答者が連動させた方が満足度も連帯感も上がったと回答した。すなわち，システムの対話性の効果は観衆に与える連帯感の印象を高める点にあり，直接的な体験ではなくても対話性が満足感の向上に繋がることが確かめられる。

　続けて，スマート電球の事例をみると，対話性は位置と動作にそれぞれ存在する。位置の対話性については，手や体の位置が全体の色を変化させたり，体の位置に基づいて点灯する電球の場所を変化させたりする際に用いられ，いずれも継続的かつ連続的な対話性を持つ。動作の対話性については，ジャンプや拍手，コントローラを振る動作が色の瞬間的な変化や光演出のトリガーの役割を持ち，こちらは一時的かつ単一的な対話性を持つ。連続的な対話性は身体感覚と光変化の連帯感を演出できる点で，単一的な対話性は瞬間的変化やトリガーとなる動作を伴うことによる爽快感が得られる点でそれぞれ良いインタラクションを生み出す。これらはエンタテインメント業界では数多くのゲームに含まれる要素であり，空間演出を含む場合では，テーマパークのアトラクションにも見受けられる。

　エンタテインメントの規模を，アトラクションからアミューズメント施設にあるゲーム，そして家庭用やモバイル用の個人向けゲームと比較してみると，先に紹介したメディア・アート作品は，大型のアミューズメント施設でも大規模なゲームと同程度の規模に該当する。ゲームとの違いは，明確な目的を設定せず，体験そのものを楽しむ点にある。加えて，その体験を通じて，アートとしての美しさを提供し，フォトジェニックな環境として演出する点にある。地域への効果としては，新しさやインパクトを与えつつ，それぞれの若年層が

SNS を介して周知しやすい環境を提供したことによる PR 効果，目的を持たずに対話性に富んだ体験自体を楽しませることによる体験意欲向上の効果があり，結果として誘客に繋がるものと考えられる。

(2) 可変性の効果

可変性の論点では，第 2 節の各事例の環境の違いに目を向ける。プロジェクションマッピングの事例では，初回と 2 回目の開催で太鼓演奏エリアを大幅に変更した。これは Covid-19 の感染症予防対策の知識や認識が広まったことにより，2 回目の実施にて観客数を限定した状態で新たに観客エリアを設けたことによるものである。大型のプロジェクトでない限り，準備期間やリハーサルは最低限となる。そのような準備期間が短く，リハーサルの時間も取れない状態では，現場で地域の要望を取り入れるための柔軟な対応が求められる。

プロジェクションマッピングの事例でも当日の位置変更や内容変更を想定し，操作者が AR デバイスを用いてその場に応じて映像効果を与える仕組みを導入したことで，演奏者や観衆の導線を妨げない位置で対応できた。さらに，その他の映像機器や制御用 PC も小型軽量化のメリットを受け，その場での機器配置を変更できた。

スマート電球の演出を併用したプロジェクションマッピングイベントにおいても，ランプシェードを事前に設置しておくことができず，イベント開始時刻まで別の場所に機材を置いておく必要があった。このような場合でも，モバイルバッテリーでランプシェードの機動力を高めることで搬入からシステム起動までの時間を短縮させ，物理的な配置環境についても，観衆の位置を考慮して設営できる仕組みで対応した。ストリングライトコードを用いたスマート電球作品では，高さ方向と平面方向に配置した 2 つのパターンで実施した。基盤システムで光演出のパターンを設置方向に応じて容易に変更できるため，短期間で実装でき両者のイベントを滞りなく開催できた。

地域活動において注意すべき点は，設営場所の選択肢が多くなく，必ずしも設営しやすい場所とは限らないことである。与えられたスペースの面積や縦横比，設営時間や電源確保の有無などを総合的に勘案して，可変的な対応が求められる。そのため，基盤となるメディア・アートの設置や運用における可変性

が乏しい場合，効果的に導入することが難しくなる。可変性による地域への効果は，限られた環境を最大限活用できる点，および，イベントにおける時間的な制約を解消できる点にある。

おわりに

　本章では，熊本県での活動事例をとおして，メディア・アートの地域への効果について議論した。メディア・アートは，情報技術と芸術活動という両面が合わさっているため，依頼側は専門外と考え，協働する考えには至らない可能性が高い。これは，地域活動で重要な協働を妨げ，結果として継続的な活動が難しくなる原因となる。これらの課題を解消するための地域に根付く大学の役割は，社会実装と人材育成，そして，地域との協働を前提とした継続的な組織づくりが挙げられる。本章では，各地域活動事例をとおして，具合的な課題とその解決策を述べてきた。

　対話性においては，体験の質を向上させるだけでなく，体験自体に関心を持たせつつ見た目にも訴求できる点がメリットとなり，若年層が地域へ足を運ぶきっかけに繋がる効果がある。可変性は，地域の各環境が異なることから実際に作品をインストールする際に，現場での臨機応変な対応が求められることに対する対策として機能する。依頼者側と運営側の話し合いの中で，開催場所と技術的な課題との間で折り合いがつかなかったり，運営側が追加対応を必要として追加コストが発生したり，双方の不利益に繋がる可能性を避けるためには，可変性を持つ作品制作が解消の糸口になると考えられる。

　これまでの活動の中で，地域への効果あるアプローチとしてメディア・アートを用いて各課題を解決してきた。今後は実践をとおして育成された人たちが有志の団体や組織を形成し，各地域で改善を繰り返しながら，地域資源の発掘とメディア・アートによる見える化のメリットを享受して，継続的に運用することが望まれる。さらに，地域住民への活動が浸透することによって協働する機会が促進され，高品質かつ地域に特化した数多くの作品が創出されることを期待している。

　それを実現するために，小規模ながらも地域性を有するメディア・アート作

品の展示，および，それらによるイベントの実施をとおして汎用性と実用性の高いメディア・アートに関する各ノウハウを蓄積する必要がある。地域に根付く大学における筆者ら研究グループの役割の一つは，活動内容から得られた知見を学術領域として体系化していくことにある。

参考文献

1）グランメッセ熊本｜チームラボ 学ぶ！未来の遊園地，https://futurepark.teamlab.art/places/kumamoto_messe/(Accessed 2024-05-08)
2）DANDELION PROJECT ｜熊本城，https://naked.co.jp/works/11572/（Accessed 2024-05-08)
3）阿蘇火山博物館 x ネイキッド 阿蘇ナイトミュージアム｜企画・演出・制作 https://naked.co.jp/works/10801/(Accessed 2024-05-08)
4）熊本県立大学総合管理学部 COC 事業プロジェクトチーム編，地方創生への挑戦，中央経済社，2018 年，pp.230-233.
5）プロジェクションマッピングに関する調査，東京工芸大学，https://www.t-kougei.ac.jp/（Accessed 2024-05-09)
6）【若年層男女 1,057 名対象】VR/AR に関する調査，TesTee Lab.，https://lab.testee.co/2018-vrar/（Accessed 2024-05-09)
7）事例紹介（プロジェクションマッピング），NHK エンタープライズ，https://www.nhk-ep.co.jp/works/?topic=projection-mapping（Accessed 2024-05-13)
8）経済産業省，アートと経済社会について考える研究会報告書，https://www.meti.go.jp/press/2023/07/20230704007/20230704007.html（Accessed 2024-05-11)
9）吉田匠吾，森川純樹，小川泰輝，岩崎未佳，関戸智絵，辻田桜，中山いづみ，石橋賢，体験型プロジェクションマッピングがもたらすインタラクティブ性の効果に関する考察，映像情報メディア学会技術報告，Vol. 41，No.12，pp. 5-8，2017.
10）牧岡雄大，禿和恵，後藤寛，古家健嗣，本山有希，宮崎隆樹，八道和成，石橋賢，模型を用いたプロジェクションマッピングの提案，映像情報メディア学会技術報告，Vol.43，No.9，pp. 88-91，2019.
11）市之瀬就，栗野湧太，諏訪駿亮，藤川司，和田佳奈恵，石橋賢，神社における自然な参拝所作に基づく対話型プロジェクションマッピング，映像情報メディア学会技術報告，Vol.44，No.10，pp. 33-36，2020.
12）Ken Ishibashi, Shuta Uchiyama and Hiroshi Goto, "Visual Effect System for Projection Mapping with Japanese Drum Performance," Proceedings of 2022 Nicograph International, pp. 75-78, 2022.
13）石橋賢，佐藤哲，牧岡雄大，平山由馬，NICOGRAPH2022 予稿集，芸術科学会 4pages，2022.
14）石橋賢，牧岡雄大，地域イベントにおける継続運用可能なスマート電球によるデジタルアート，生命ソフトウェア・感性工房・而立の会 合同シンポジウム予稿集，日本感性工学会生命ソフトウェア部会，4pages，2023.

第4部

ビジネス専攻

地域活性化とマーケティング

丸 山 　 泰

はじめに
1. 地域活性化マーケティングの現状と課題
2. 地域活性化マーケティングの実践事例とそこからのインサイト
3. 地域活性化を真に動かすためのマーケティングの活かし方

はじめに

　地域活性化は，人口減少が続く日本社会の課題の中心である地方・地域において，その活力を維持強化するための重要なテーマとなっている。各地域において現状展開されている地域活性化の活動は大きく4つに大分されると考える。1つ目は「地域産品化」，地域の特産品やオリジナル商品の開発と販売である。2つ目は「観光」，地域を訪れる人を増やし，宿泊や食事・買い物でサービス需要を高めることを狙う。3つ目は，「移住定住促進」，直接的に人口減少に歯止めをかける施策となる。4つ目が「地域コミュニティの再活性化」，地域内需を高め地域の活力をアップすることを目指す施策である。これら4つの分野の中で，「地域産品化」「観光」「移住定住促進」の3つは，ターゲットが地域外になり，地域から地域外への働きかけが強く求められる。加えて，4つ目の地域コミュニティ再活性化においても，関係人口というキーワードが示すように地域外の人材を巻き込むことが重要と示唆されている［1］。全ての活動に地域から地域外への働きかけが求められることから，地域活性化のためにマーケティングへの期待が増大し，すでに多くの地域の企業，行政，団体が何らかの形でマーケティングの手法を活用し取り組みを行っていると推察される。ただ，総務省［2］によると，2023年の人口移動では東京圏への一極集中

がまた強まり，逆に31道府県において人口減に拍車がかかるという報告がなされた。つまり，地域活性化は現実的には「各論奮闘・総論沈滞」というのが実情であると危惧される。

本論文では，地域活性化に向けてマーケティングというアプローチは有効であるという立場から，その現状を俯瞰し，その有効性と課題を抽出し，地域活性化を効果的に動かしていくためのマーケティングの役割とその条件を改めて検討していきたい。

1. 地域活性化マーケティングの現状と課題

マーケティングには，見込み客が製品・サービスの購買利用に至る行動過程を段階的に考えるマーケティングファネル（認知⇒興味・関心⇒比較・検討⇒購買利用⇒愛用）というフレームがある。まずは，地域活性化マーケティングというアプローチがどのように浸透しているかをマーケティングファネルに擬えて分析してみたい。

(1)「認知⇒興味・関心」段階

図1は，日経新聞各紙記事で「地域活性×マーケティング or ブランド」でヒットした件数の時系列変化をグラフ化したものである。件数は2000年代，2010年代と伸びてきておりコロナ時期に一旦停滞しているが，全体的には年

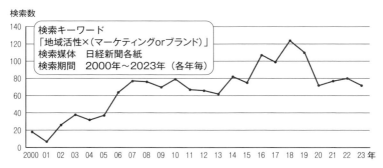

図1 日経新聞記事件数推移（地域活性×マーケティング or ブランド）

間 100 件前後の記事が挙がり，世間的にも地域活性化マーケティングに一定の注目が集まっていると言えるだろう。

　また，Amazon で地域活性化マーケティング関連の書籍を簡易的に検索するだけでも，2010 年以降 10 冊を超える書籍が出版されている。『地域活性化のマーケティング』『地域ブランド進化論』『地域活性化マーケティング』『地域創生マーケティング』『新・地域マーケティングの核心』などである。このように，地域の課題や地域創生の解決に向けて，マーケティングへの認知，関心はそれなりに高まってきていると考える。

(2)「比較・検討⇒購買利用」段階

　先述した書籍等の中でも多くの地域マーケティングの事例を見ることができ，その意味では，多くの地域で，企業，組織，団体がマーケティングを活用した活性化に取り組みを始めており部分的には成功事例も出ている。しかし，国全体としては地域の課題が解決してきているとは言えず，地域活性化へのマーケティングの活用は着手段階あるいはテスト段階にあると考えるべきと言える。

　ここで，地域活性化マーケティングの進展を俯瞰する一つのデータベースとして，独立行政法人中小基盤整備機構が発表している『「地域活性化のための面的支援」調査研究報告書（2015 年)』[3] を取り上げる。これは，日本各地の商工会・商工会議所が 2006 年から始まった国の補助事業「地域力活用新事業∞全国展開プロジェクト」などを活用して地域産業育成に努めている事例を集めて分析した報告書である。この報告書の分析フレームを図 2［4］に示すが，まさにマーケティングを活用した課題解決を目指すフレームとなっており，地域活性化マーケティングの現状の一端を測るデータベースとして分析してみたい。この報告書で取り上げられている 46 事例は，数年〜10 数年のプロジェクト活動を扱っており，各地域から優秀事例として推薦された事例である。図 3 に，取り組み成果として掲載されていたアンケート結果を引用する［5］。成果として，アウトプット成果（売上増，人口増等）を挙げているのが，「受注・売上増」で 18 件／ 46 件（39％)，「流入人口，交流人口増」で 8 件／ 46 件（17％）に留まっている。他は，「開発」「知名度向上」「ノウハウ学習」

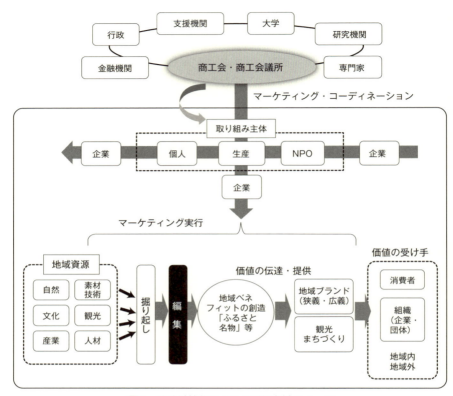

図 2 地域活性化のための面的支援イメージ

「ネットワーク構築」といったプロセス成果になっている。この数字だけで評価うんぬんは出来ないが，全国の優良事例プロジェクトであっても，目的であるアウトプットにつなげることは観点ではないことが推察される。

このデータベースには 19 事例の詳細データが添付されており，これを用いて，それぞれのプロジェクトのマーケティングアプローチを独自に整理分析してみた。プロジェクトはマーケティング 4P（Product, Price, Promotion, Place）とリサーチと組織・仕組みを加えた 6 つのマーケティング要素で解説されており，筆者なりに各事例の独自性や優位性が発揮されているポイントをチェックしてみた。その結果を図 4 に示す。

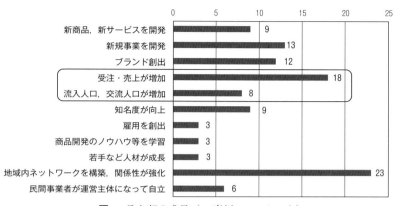

図3 取り組み成果（46事例，アンケート）
※枠は筆者追加

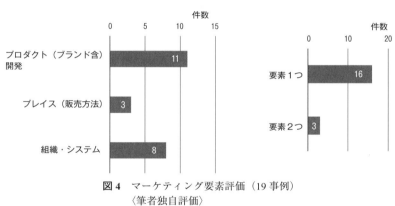

図4 マーケティング要素評価（19事例）
〈筆者独自評価〉

やや厳しめの評価を行ったが，地域資源活用という観点で商品／ブランド開発に集中する傾向が見られている。また，地域の特性からかプレイヤーが個人や中小組織が多く，そのため推進組織や仕組み作りにも注力している事も特徴である。さらに，図4の右側グラフは，それぞれのプロジェクトで，いくつのマーケティング要素に独自性，優位性が見られたかの数を数えたもので，19事例中16件が1つのみで，3件が要素2つとなっており，多くのプロジェクトでマーケティングの活用が要素限定的になっていることが見てとれる結果で

あった。

　ここから，地域活性化マーケティングの活用の現状として，『マーケティングの逐次投入，スポット的活用』という課題が浮かび上がってくる。部分部分での要素効果は得られるが，マーケティングのバリューチェーンが途切れてアウトプット成果に繋がっていかないという課題の構造が見えてくる。

2.　地域活性化マーケティングの実践事例とそこからのインサイト

　筆者は，現職に就いて 10 数年，熊本の地で，地域との協働による様々な地域活性化活動に取り組むことが出来た。そこからいくつか事例を紹介し，地域活性化に対するマーケティングの可能性と課題をさらに深掘りしていく。

（1）地域農産物のブランド化への挑戦事例 [6]

　カライモ産地である熊本県大津町の若手農家が集まり，ユニット「二代目イモセガレブラザーズ」を結成，独自のカライモ貯蔵庫で熟成したカライモを地域資源として捉え，収穫＆貯蔵食べ比べ体験イベントの実施，地元菓子メーカーとのコラボによる熟成カライモを使った土産菓子の開発販売，台湾へのテストマーケティングの実施など様々な活動を展開している。地域伝統＋人＋想いを込めた地域ブランディングとその PR として一定の成果を挙げていると評価したい（図 5）。

　この活動では，地域の人をフューチャーした新しいブランディングの可能性や地域の自然や伝統に再注目した価値作りの在り方など，マーケティングの「プロモーション」に関する取り組みとして一定の成果があったと評価している。一方で，現在ユニットの活動は休止状態となっており，これは，若手農家たちはユニットとしてプロモーション活動は行えるが，それぞれ自営農家や農業法人に所属しており，次のステップのプロモーション以外のマーケティング展開，事業展開を行うには組織の大きな壁が立ちはだかっていると推察する。忙しい農家の仕事の中で，それらの企画立案や事業の調整・運用を行うマネジメントの不足も足枷になっていると聞いた。

　この事例から，可能性としては，小さな地域でも独自のブランディング展開

地域活性化とマーケティング   199

図5　大津町カライモブランド構想

ができることが示され，課題としては，部分的マーケティング要素の展開や成功だけでは，目標実現への限界があることが示唆された。

(2) 地方都市の移住定住の実態調査の事例 [7a, b]

　本例は，移住定住促進を推進したい熊本の地方都市との取り組みで実施した移住定住実態調査である。当該都市への転入者（自治体で把握できるのは移住者ではなく転入者であったため）に対するアンケートを実施した結果，転入者のうち移住者は59％であった。さらに，その移住者の8割強は，地域に血縁者がいる（血縁），あるいは，知人友人がいたり以前住んでいて土地勘がある（地縁）など，何らかのつながりを頼りに移住を決断していたことがわかった（図6）。地方都市の移住は，U'ターン（血縁地縁を頼りにする移住をこう定義する）が大半であるという現実を改めて確認する調査となった。

　移住定住促進施策として現在多くの地方自治体が行っている施策は，東京などの都市部に出かけて行って移住イベント等に参加したり，移住を呼びかける動画を作成して自治体のホームページに掲載するといったいわゆるマスマーケティングの手法である。有名な観光地や産業地でもない地方都市では，移住検討者の認知を獲得することすら容易ではない中で，このようなマスマーケティ

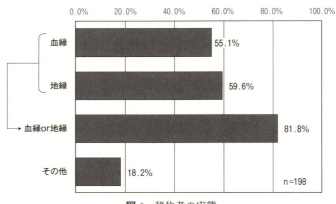

図6　移住者の実態

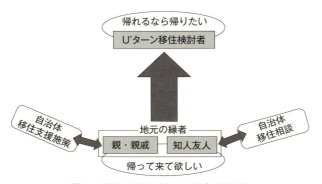

図7　逆転の発想（地元の縁者を狙え）

ングの手法は有効とは言えない。調査結果をベースに，筆者は，U'ターンによる移住促進のため，逆転の発想で，U'ターン検討者の地元の縁者（血縁地縁）に対するアプローチを提案した（図7）。現時点では地域は地元の縁者のデータベースも保有していないため，その実施には多少の準備が必要となるが，都会で声高に叫んで知られていない地域へ移住を誘導するよりは，地元のつながりのある縁者から地域が提供できる具体的な移住施策と一緒に誘われる方がよほど説得力を持つと考える。

　この事例から，足元の実態をしっかりリサーチして実態を分析することで，本当にやるべきマーケティング施策が明確になるという，データオリエンテッ

ドなマーケティングのアプローチの重要性が指摘される。

(3) 地域産品を活用した加工品の開発事例 [8]

3つめの事例は，天草の協議会に参画して進めた地域産品を活用した6次産業化への挑戦事例である。地域の特産品である「あまくさ晩柑」について6次産業化商材として地元の飲食店やメーカーに持ち込んでも，その香りや味は高く評価されるものの，皮が厚く，手間がかかる，使いづらいという使い勝手評価で採用に至らなかった。そこで，試しに晩柑をピューレ加工して持ち込んだところ，今度は，菓子店，パン屋，居酒屋，料亭，アイスクリームなど多くの企業や店舗が高い興味を示し，採用意向を示してもらった。我々は，この工程を1.5次産業と名付け，より細分化した加工のリレーによる地域の6次産業化の可能性の仮説を得た（図8）。このあまくさ晩柑に関する取り組みについては，たまたまであるが協議会メンバーが活動終了後，自ら地元に食品加工所を立ち上げ，地域の柑橘のピューレ化に取り組み，成果を挙げつつある。

この検討を通して，地域における6次産業化の取り組みの可能性と課題もまた見えてきた。まずは，従来の6次産業化は農業従事者が生産⇒加工⇒流通まで手掛けることを想定するいわば垂直型発想であるが，これは大規模な農業法人や食品企業のような大組織でないと難しい現実がある。そこで地域全体でリ

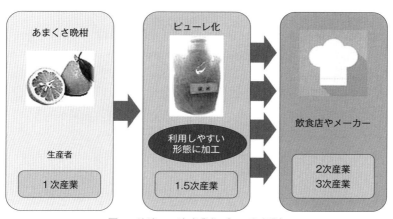

図8　地域の6次産業化（1.5次産業）

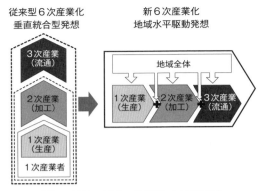

図9　地域で回す6次産業（水平駆動）

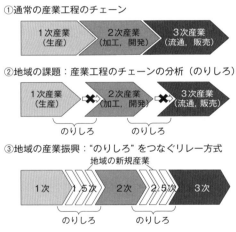

図10　6次産業化で発生する"のりしろ"

レー形式により6次産業化を進めるという水平駆動型の発想を考えた（図9）が，ここにも地域の壁が存在する。6次産業化とは，「生産―加工―流通」という産業工程のチェーンを回すことに他ならないが，地域の中でこれを実現しようとすると，例えば加工をやる業者がいないなど，その工程がつながらない"のりしろ"が発生し，うまく回らないケースが発生する。本事例における「晩柑の皮が厚く手間がかかる」といった事柄である。この"のりしろ"を克

服するのが，小刻みな継投リレーによるつなぐ戦略である（図10）。

　地域全体で，6次産業化のチェーンを回すことを考え，そこで発生する"のりしろ"を自分たちで埋めていくことができれば，地域に新たな雇用を生む効果も期待でき，新しい地域ブランドの創出も可能になっていく。

　本事例では，たまたまこの課題を俯瞰して検討した担当者が，そのまま事業化を行うことで，事業が立ち上がっていったが，実際の地域では，そのような"のりしろ"の存在を発見し，地域全体での解決をコーディネートし，ディレクションできる機能や人材が不足していることも課題となる。

（4）3つの事例研究からのインサイト

　以上，筆者が熊本で経験した地域活性化マーケティングの取り組みからの気付きをまとめてみたい。

　まずは，地域活性化の可能性としてマーケティング視点から3つのポイントを挙げる。①地域資源を掘り下げて，風土，歴史，人，技術，想いにフォーカスすることで，ユニークなオンリーワンのブランディングが可能である。②現状を見極め，リーチ可能なターゲティングが出来れば，確実なお客様は存在すること。③地域全体で協働するリレー型の産業チェーンが作れれば動かせること。同様の可能性については，全国の地域マーケティング取り組みからも多くの知見が挙がっている。

　一方で，地域活性化マーケティングの課題としては，単発，逐次・部分投入というマーケティングの活用の限界により総合性，連続性，継続性が欠如し，短期的取り組みや成果に留まり，持続的成功に至っていないという点に集約されると私は考える。これは前述した全国事例の分析とも同じ傾向に帰着する。

3. 地域活性化を真に動かすためのマーケティングの活かし方

　本章では，以上のような現状分析を踏まえ，真の意味で地域活性化にマーケティングを活かすための考え方，仕組み，仕掛けについて議論していきたい。

(1) そもそもマーケティングとは単なる機能，技法なのか？

　地域活性化の現場で活用されているマーケティングは，リサーチ，企画・開発，プロモーションといったいわゆる市場を動かすための機能である。水口[9]によると，マーケティングには7つの機能があると言う。それは，①リサーチ，②商品，③流通，④広告，⑤販売促進，⑥営業，⑦ロジスティクスである。マーケティングの機能や技法に関しては多くのことが言われているが，大筋的にはこの7つの機能で説明されると考える。まさに，地域活性化に使われてきたマーケティングも，この7つの機能の一つあるいは複数を活用していると言える。

　マーケティングは機能だけなのか，というと，例えば，STP[1]やコンセプト[2]など，マーケティングの進め方やアプローチに関わる技法と言うべき領域が存在する。筆者が活用しているマーケティング・プランニングのフレームを図11[10]に示すが，まさにマーケティングの機能を有効化するプロセス，フレームという事になる。マーケティングを成功させるためには，そのやり方やマネジメントも大きく影響するというわけである。加えて，マーケティングには，その思想，ビジョン，パーパスといったものが重要であるという立場や考え方が存在する。例えば，コトラーが提唱する「マーケティング4.0」[11]というものがあるが，図12に示すように，時代と共にマーケティングの在り方が変化推移していることを主張しており，つまり，マーケティングを実施するには，それを支える思想や考え方が必要ということである。

　実は，マーケティングの成功確率を高めるためには，その考え方や思想か

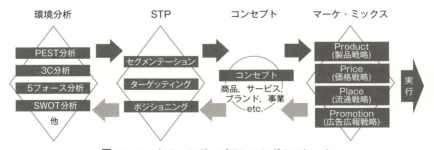

図11　マーケティング・プランニングのフレーム
（出典）『マーケティングの実践教科書』[10]をベースに丸山加筆

マーケティング1.0	マーケティング2.0	マーケティング3.0	マーケティング4.0
製品主義	消費者志向	価値主導	自己実現

図12　コトラーの提唱するマーケティングの在り方

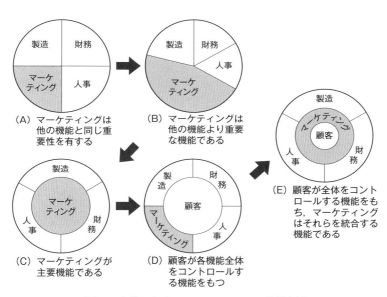

図13　企業におけるマーケティングの役割変遷

ら，進め方，アプローチ，そして各機能を有機的に連携させる，と包括的に取り組むことが求められるのである。この事はマーケティングの発祥であり先行して導入してきた企業の組織変化にその証拠が表れている（図13［12］）。マーケティングが誕生した19世紀からしばらく，先述の"マーケティング1.0"の頃，一機能として企業組織に組み込まれたマーケティングが，段々と企業の中枢を占めるものへと変化していっている様子が見てとれる。現在のマーケティング先進企業では，顧客を中心に据え，「思想―技法―機能」一体となったマーケティングを根幹とする取り組みこそが，企業成果へと直結していくと考えられているのである。

(2) 地域活性化にマーケティングを真に生かすためのアプローチ

　これまで，地域活性化マーケティングは，その機能の部分的採用により，活性化の兆しは見いだせるものの，継続的持続的な成功へはつながっていないという課題を抽出してきた。そして，マーケティング先進企業では，機能だけではなく，(思想−技法−機能) 包括的なマーケティングの取り組みを行っているというポイントを発見してきた。筆者の地域との経験を踏まえて，地域がマーケティングをより活かすために採用するマーケティング体系を次のように提起したい (図14)。

　いくつかのポイントを挙げたい。マーケティングの機能の一つを採用しても全体的な効果は望みにくいという前提の下，しっかりと総合的に連携するマーケティングの展開を最初から想定して検討することが求められる。まず，地域で最も欠けている事の一つが，情報の整備と分析である。マーケティングを効果的に推進するためには現状の正しい把握や市場の理解は必要不可欠であるが，地域の場合は，データの蓄積がなく，目標値すら明確でないままプロジェクトがスタートし，成果や途中経過の判断ができないことも多く発生している。このことが活動の継続性や持続性の疎外要因となっている。活動の見える化を担うマーケティングインテリジェンスの整備は地域の重要課題である。

　次に，マーケティングは総合的な活動であるため，さまざまな部門間，組織間の連携を要求する活動となる。これも地域の不得手とする領域となる。行政が主導する地域活動では，例えば観光課と産業振興課といった一部門で，そこの担当者が主体となってマーケティングを担うケースが多いが，他部門，組織との連携ができずに頓挫するケースも多い。全体的な視野で，マーケティング

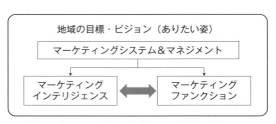

図14 地域が取り組むべきマーケティング体系

地域活性化とマーケティング　　　207

を俯瞰し，その仕組みやマネジメントを見る視点が求められる。当初からマーケティングのシステムとマネジメントをどうするかの設計が必要となる。

　最後に，地域の目標やビジョンをどう共有化するかという問題である。企業はある種運命共同体であるため，トップダウンで目標やビジョンを共有することが可能であるが，地域は多様な価値観で集まった集合体であり，地域を元気にするという総論では賛成を得やすいが，具体的な目標となると，どの分野に重点化するのか，どの分野に予算を投下するかという点になると，利害が衝突し，総論賛成各論反対の状況を生みやすい。これからの地域活性化の最大の課題は，地域の目標やビジョンをどうすり合わせ，より具体的なありたい姿を描けるかにかかってくる。まさに首長レベルのマーケティング課題と言えるだろう。

　図 14 は，マーケティングを一機能，一手段として考えるのではなく，マーケティング・エコシステム（生態系）として捉え，そのビジョン・考え方からアプローチ・技法，そして機能へと網羅的に取り組むことを示したつもりである。地域において，トップからボトムまでがマーケティングに関わる熱意と覚悟を持って，それぞれのプロジェクトに臨むことが，地域活性化を真に動かすポイントになると筆者は考える。

　地域活性化の実現に向けて，マーケティングはその期待を大いに集めていると言える。先に取り上げた『「地域活性化のための面的支援」調査研究報告書（2015 年）』によると，国に指定された地域資源は約 14,000 あり，そこから地域資源法（2007 年 6 月施行）で国が認定した事業は約 1,300 件となり（2015 年時点），地域活性化への取り組みは 1 割に満たないと言える状況である。これからマーケティングを活用して取り組みを始める地域も多くあると推察され，その際は，部分的活用で尻すぼみになるのではなく，マーケティングの効用を最大限発揮できる体制，仕組み，人材そして覚悟を持って挑戦していただくことを期待したい。マーケティングはその可能性を有していると信じて。

注

1) STP：マーケティング分析フレームの一つ。セグメンテーションの S，ターゲティングの T，ポジショニングの P を合わせた略号

2）コンセプト：マーケティング全体を貫く新しい観点

参考文献

[1]「再現性ある関係人口創出に向けたタイプ分類に関する研究」増田光一郎ら，2022年，公共コミュニケーション研究 第7巻第1号 pp31-43

[2] 総務省統計局 住民基本台帳人口移動報告2023年（令和5年）
https://www.stat.go.jp/data/idou/2023np/jissu/youyaku/index.htm（閲覧日2024年7月2日）
日経新聞2024年1月31日朝刊記事より

[3]「地域活性化のための面的研究報告書」独立行政法人中小企業基盤整備機構，2015年3月

[4] 同上　p11（イメージ図）

[5] 同上　p15

[6]「地方創生への挑戦」熊本県立大学総合管理学部COC事業プロジェクトチーム，2018年，中央経済社　第6章

[7a]『地域活性化未来戦略』斉藤俊幸編，2024年，ぎょうせい p34

[7b]「マーケティング視点で見る"地方移住の課題"に関する考察」丸山泰，2021年，地域活性研究 Vol.14 pp145-152

[8]「生産，加工，流通……産業工程の足りていない部分に地域中小企業は目をつけるべし！」丸山泰，2020年，アドタイ（宣伝会議）（https://www.advertimes.com/20201016/article326170/）（閲覧日2024年7月2日）

[9]『"売る力"を2倍にする「戦略ガイド」』水口健次，2002年，日経BPマーケティング

[10]『マーケティングの実践教科書』池上重輔，2007年，日本能率協会マネジメントセンター

[11]『コトラーのマーケティング4.0』フィリップ・コトラー，2017年，朝日新聞出版

[12]『マーケティングマネジメント（第7版）』フィリップ・コトラー，1996年，プレジデント社

自由回答から読み解く自治体オープンデータに対する企業ニーズ探索の試み

―熊本市の事例―

飯 島 賢 志

1. 問題の所在
2. 本稿の目的と先行研究
3. 方　　法
4. 分　　析
5. 考　　察
6. 結　　論

1. 問題の所在

　2016 年に「官民データ活用推進基本法」が施行された（e-Gov 法令検索 2024）。この法律では，国や地方公共団体等が持つデータの適切な活用にむけて，国や地方公共団体および事業者の責務が明確にされ，活用の基本事項が定められている（e-Gov 法令検索 2024）。これにより，現在，国や地方の公共団体は，いわゆるオープンデータに取り組むことが義務となっている（デジタル庁 2024a）。

　なお，オープンデータとは，高度情報通信ネットワーク社会推進戦略本部・官民データ活用推進戦略会議（2021）によれば，次の 3 点の要件を満たして公開されたデータのことである。

オープンデータの要件
1）営利目的，非営利目的を問わず二次利用可能なルールが適用されたもの

2）機械判読に適したもの

3）無償で利用できるもの

その一方で，あるいはその延長線上で，官民データ活用推進基本法の施行後の2017年頃より，日本においては，さらにオープンサイエンスについての議論がなされてきている（内閣府 2017）。オープンサイエンスとは，サイエンスはよりオープンであるべきであるという理念的側面と，国や地方公共団体等の研究・活動の透明性や説明責任という行政的側面の2つの側面によって形成されるが（国立情報学研究所オープンサイエンス 基盤研究センター 2024），基本的には，各種データや研究成果等の情報資源へのアクセスのオープン化と，その自由な利活用を指した概念といえよう。オープンデータ，オープンサイエンスは人類に新たな知見や価値をもたらす，社会的に有意義な取り組みである[1]。

こうした背景の下，自治体側のデータ公開活動は着実に進んでいると思われるが，その一方で，次節で述べるように，データを公開する側の自治体がデータの使用者の1つである企業側のニーズを把握することについては，まだ公開活動ほどには進んでいないと思われる。本稿では，その点に着目し，僅かではあるものの多少参考となりそうな情報を提供できればと考え，今回このテーマを取り扱うこととした。

2. 本稿の目的と先行研究

本稿では自治体が公開するオープンデータに関して，熊本市内の事例を検討する。具体的には，熊本市内の企業から収集したデータのうち，オープンデータをどのような用途に活用することに期待するかについて述べた自由記述のデータを分析して検討することが目的である。熊本市内の企業から収集したデータについては，前田理紗・木村絵梨・緒方創・濱口皓世・山下貴生（2015）において，単純集計レベルで網羅的に分析がなされており，そこでは熊本市が公開しているデータですでに多く使用されているのは入札や人口および申請関係のデータであること，他の自治体が公開している情報を31項目に整理した後，それらの項目それぞれについて，熊本市でも公開してほしいとの

要望は，どの産業に多いのか等を明らかにしている。しかし，自由記述に関しては素データである文章を，似た回答ごとに主観的にまとめて整理して紹介するにとどまっている。

　今回の分析では，自由記述を主観的にまとめて紹介することから一歩進め，主観的にまとめて整理する以前の素データである自由記述の文章を使って，それらを品詞ごとに分解し，簡単なデータマイニングの方法によって分析する。

　オープンデータの企業側のニーズに関して，たとえば，その利活用については，本田正美（2021）が当時の内閣官房情報通信技術（IT）総合戦略室が公開していた「オープンデータ100」を分析する中でその可能性について言及している。さらに，民間事業者によるオープンデータの利活用事例については，デジタル庁（2024b）でも公開されており，企業側にオープンデータの利用に関する一定のニーズがあることは疑いようがないと思われる。なお，全国の自治体におけるオープンデータの取り組み自体については，2016年の「官民データ活用推進基本法」の施行の影響もあってか，2023年時点において全国の81％に及んでいる（デジタル庁 2024c）。

　オープンデータの普及に関して，全国の市・特別区といった各自治体がどのようなキッカケでオープンデータを始めたのかについては，野村敦子・川島宏一・有田智一（2022）が，独自調査をおこなって明らかにしている。野村ほか（2022）によると，オープンデータを総合的に展開している総合展開型自治体[2]（16団体）では，81.3％が「政府が推進するから」と答えており，複数回答のほかの選択肢「首長の考え」も68.8％が同時に選択している。総合展開型自治体以外の団体（200団体）であっても，「政府が推進」が73.5％で「首長の考え」が25.5％であった。ただ，その一方で，データの使用者側である市民や企業からの要請となると，「市民から要請」が総合展開型自治体で18.8％，それ以外では7.0％であり，「企業から要請」の場合だと，総合展開型自治体では18.8％でそれ以外になると4.0％だった。各自治体がオープンデータに着手したのは，多くの場合，政府や首長の要請キッカケであり，それに比べると企業側などの使用者側の要請キッカケは低い割合であることが示されている。さらに，オープンデータの利活用に関して，民間のニーズを把握しているかについては，総合展開型自治体は37.5％，それ以外の自治体では15.5％となっ

ており，民間の取り組みを把握しているかについては，総合展開型自治体は
0.0%，それ以外の自治体では 3.5%だった。企業側の取り組みについて把握
している自治体もあるが，全体としてはあまり把握していないのが現状である
と言えるだろう。

　本稿では，こうした現状を鑑みて，企業側がどのような用途にオープンデー
タを活用したいと考えているのか，熊本県内の 1 つの自治体の事例ではある
が，そのニーズについて，企業側の自由記述によるデータを探索的に分析する
ことを通して，その姿の一端を垣間見ることにする。

3. 方　　法

(1) 使用するデータ

　今回，使用するデータは熊本県立大学総合管理学部総合管理学科飯島研究室
内で企画された「熊本市のオープンデータプロジェクト推進に関するアンケー
ト（調査主体：熊本県立大学総合管理学部 学生 GP オープンデータ班・代表：
前田理紗）」のデータを利用する（熊本県立大学総合管理学部総合管理学科飯島研
究室 2015）。この調査は熊本市のオープンデータ公開に対して，企業側のニー
ズがどのような情報にあるかを調査することを目的として実施された調査であ
る。調査の種類としては量的調査であり，収集した回答は，質問に対して用意
された回答の選択肢から回答を選ぶ形式に加え，回答社が自由に記述できる自
由回答欄が設けられている。今回はその自由記述のデータを利用する。自由記
述を促す部分の質問は「オープンデータを活用することによって，どのような
用途に期待ができますか」という質問である。調査は『くまもと企業白書
2014 年版』（くまもと経済・㈱地域経済センター）に記載のある熊本市に本社が
ある企業 2,762 社を母集団として調査対象としている。そこから業種の比率に
配慮して無作為抽出をし，最終的に 686 社に郵送法で調査を実施したものであ
る。調査実施は 2014 年 11 月。有効票は 170 となっており，配布数に対しての
回収率は 25%程度となっている。

　なお，前田ほか（2015）では，自由記述の素データを似た回答ごとに主観的
にまとめて整理した表が掲載されているが，今回の分析では，主観的にまとめ

て整理する前の素データを分析に使用する。

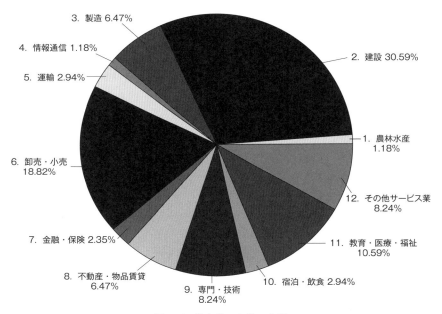

図1　回答企業の産業の内訳
（産業分類は『くまもと企業白書』による）

（2）分析に使用したソフトウェア

分析には，統計パッケージのR，RStudio，および形態素解析エンジンのMeCabを用いた。

4. 分　　析

分析は，まず分析1として，MeCabで自由記述のデータである日本語の文章を品詞ごとに分け，名詞だけを取り出し，その頻度を調べ，どのような名詞が多いのか，それをキーワードと考えて視覚的に明らかにした後，取り出した名詞を元に共起ネットワークを作成し，概観する。

次に分析 2 として，出現する名詞が似通っている産業があるのかをコレスポンデンス分析によって確認し，産業をいくつかにまとめたうえで，どの産業においてどのような名詞がキーワードとして考えられるのかを確認する。

（1）分析 1

まず，自由記述データの文章を品詞に分け，そのうち名詞を取り出して頻度を調べる。たとえば「私の名前は田中です」という文章があるとする。この文章を品詞で区切ると，下記のように分けることができる。

私の名前は田中です　→　私　の　名前　は　田中　です

この作業は MeCab を使って実行する。MeCab の出力では，図 2 のようになる。

```
私の名前は田中です
私       名詞，代名詞，一般，*，*，*，私，ワタシ，ワタシ
の       助詞，連体化，*，*，*，*，の，ノ，ノ
名前     名詞，一般，*，*，*，*，名前，ナマエ，ナマエ
は       助詞，係助詞，*，*，*，*，は，ハ，ワ
田中     名詞，固有名詞，地域，一般，*，*，田中，タナカ，タナカ
です     助動詞，*，*，*，特殊・デス，基本形，です，デス，デス
```

図 2　MeCab の出力

上記から，名詞を取り出すと，「私」「名前」「田中」が取り出される。こうした作業を，使用する自由記述データのすべてに対して実行し，自由記述の中で出現頻度 2 以上で 2 文字以上からなる名詞を取り扱うことにした。ただし，意味をなさない記号や「こと」「ごと」「よう」「そう」といった 2 文字，および「情報」「活用」の語は取り除いている。そうして頻度の高いものを視覚的に大きく表示し，頻度の低いものを小さく表示して，注目されるキーワードを視覚的にわかりやすくしたのが，図 3 のワードクラウドである。

図 3 を見ると，「求人」が最も大きく，次に「地域」が多いことがわかる。

図3 すべての自由記述データから作成したワードクラウド

その他,「マーケティング」「データ」「提供」「サービス」「求職」「人口」「エリア」「ハローワーク」等の言葉が比較的大きい。それらの単語の頻度は「求人」が19回,「地域」が17回,「マーケティング」「データ」「提供」が12回,「サービス」が11回,「求職」「人口」が10回,「エリア」「ハローワーク」が9回という結果になっており,それらがキーワードと言えそうだ。

ただ,これらのキーワードの文脈が少し分かりづらいので,どの言葉がどのことばと同時に出現する頻度が高いのか,単語同士の繋がりを調べるために,共起ネットワークを素データから作成することにした。共起ネットワークでは,名詞,形容詞,形容動詞を利用し,2回以上同時に出現するものをとりあげた。その結果が図4である。

共起ネットワークでは,各語が矢印で結ばれているものがある。それらは同時に出現する言葉であることを示している。そうして,これらの言葉の出現をさらに分類するために,ネットワークコミュニティを検出することにした。検出では edge.betweenness.community を用いて,辺の媒介中心性によるコミュニティ検出を用いた。それが図5である。

色分けされたグループは,同時に出現することの多い言葉のグループである

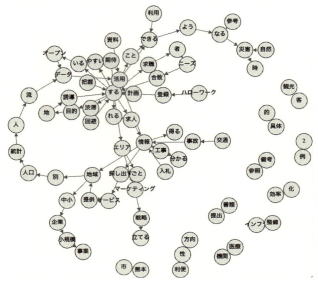

図4 共起ネットワーク

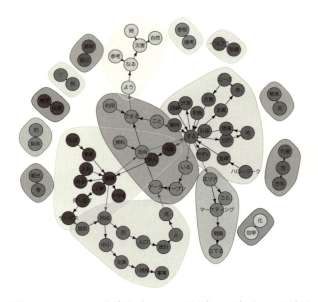

図5 コミュニティを検出（グループ分け）して色分けした結果

ことを示している。それらを見ると、図3のワードクラウドで一番大きな文字であった「求人」が「求人→情報→得る」「求人→情報→探し出す→サービス」という繋がりがあることがわかる。また2番目に大きかった「人口」は「地域→別→人口→統計→人→流→データ」と繋がっており、地域別人口、人流データといった文脈で言及されていることがわかる。その他「マーケティング」については「マーケティング→戦略→立てる」となっている。

(2) 分析 2

分析1では産業別の結果はわからなかった。分析2では、産業ごとで傾向が異なるのかを見ることにする。そのため、まず、コレスポンデンス分析をして、各産業同士で似たような傾向があるのかを見てみることにする。その分析の結果が図6である。

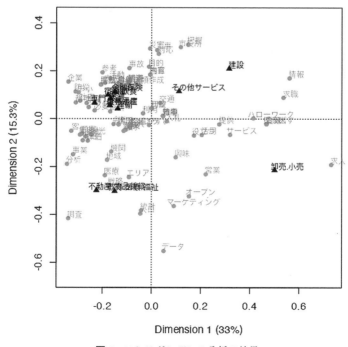

図6 コレスポンデンス分析の結果

図6は文字が重なっていて少し見づらいが，コレスポンデンス分析の結果，三角の印▲黒文字で示された各産業について，原点からの各方向に注目すると，言葉の出現傾向に関して似た傾向を示す産業があることがわかる。第1象限の「建設業とその他サービス業」，第2象限の「農林水産業，製造業，情報通信業，運輸業，金融・保険業，専門・技術，宿泊・飲食業」，第3象限の「不動産・物品賃貸業，医療・福祉・教育産業」，そして第4象限の「卸売・小売業」である。図6の灰色の文字は各言葉の位置である。

各象限の産業をグループとし，4つのグループでどのような言葉がキーワードといえるのか，頻度2回以上の名詞でワードクラウドを用いて表してみると，それぞれのグループで図7のようになった。ワードクラウドの位置は各象限に対応している。

第2グループ

第1グループ

第3グループ

第4グループ

図7　各グループのワードクラウド

第1グループでは求職（6回）がもっとも大きく，ついで市役所（5回）となっており，それ以外では工事（4回）などの言葉を確認できる。第2グループは地域（8回）が最も大きく，企業（5回），計画（4回）といった言葉が続く。第3グループはマーケティング，地域，人口が同程度（5回）で，その他，統計，調査，戦略（各4回）といった言葉がつづく。第4グループは求人（10回）が最も大きく，それ以外ではサービス，提供，ハローワーク（各4回）などの言葉が並ぶ結果となった。

5. 考　　察

分析1，分析2と分析を行ってきたが，これらの結果から何を考えられるだろうか。ここでいくらか考えてみたい。

分析1では，まず，産業ごとに分けずに，収集した自由記述データのすべてについて，文章で示されている素データを品詞ごとに分けて名詞を取り出し，ワードクラウドを作成してキーワードとなる語を示した。その後，名詞，形容詞，動詞で各語の繋がりを共起ネットワークとして示した。ワードクラウドでは「求人」の語が最も大きく，次に「地域」の語がくることがわかった。ただ，収集したデータの回答社数は，図1にあるように建設業と卸売・小売業が多く，この2つのカテゴリーで収集したデータの件数の50％近くになる。自由記述データなので，全体のデータに占める1社の重みは均等ではないものの，特定の産業の社数が多いことで，比率の低い産業のニーズが見えにくくなっているかもしれない。

そこで，分析2は，産業ごとの違いを考慮した分析がなされている。分析の結果，自由記述の内容によって各産業を4つのグループにまとめられることが明らかになった。その内訳は，第1グループが「建設とその他サービス」，第2グループが「農林水産，製造，情報通信，運輸，金融・保険，専門・技術，宿泊・飲食」，第3グループが「不動産・物品賃貸，医療・福祉・教育」，そして第4グループが「卸売・小売」が含まれる結果となっている。それぞれのグループのキーワードを見ていくと，第1グループでは求職，工事，市役所などの言葉が並ぶ。つまり，建設業，サービス業では，行政に仕事を得るのに有益

な情報を求めていると言えるかもしれない。第2グループは後回しにして，先に第3グループについてみる。第3グループは，不動産・物品賃貸業，医療・福祉・教育産業である。語としては，マーケティングや統計，調査といった語がみられることから，これらの業種では，マーケティングや統計調査をするのに有益な情報を求めていると言えるかもしれない。第4グループは求人の語がもっとも多い。卸売業・小売業では，求人に繋がるような情報を求めていると言えそうである。第1グループの産業は職を，第4グループの産業は人を求めていることから，もしかしたら，職不足，人不足といった対象的な姿を映し出しているのかもしれない。残りの第2グループは，もっとも多くの産業が含まれる。コレスポンデンス分析の結果では原点から左上の方向にある産業群であるが，配置にやや広がりがある。それを反映してか，自由記述の語も地域がもっとも大きな語となっているものの，やや解釈がしづらい。地域の活動に役立つデータをということなのかもしれない。

　分析1，分析2を通して，行政にどのようなデータの公開が期待されているのかを考えたとき，分析1では求人が，分析2では，求職，求人，調査，地域がキーワードとして浮かび上がった。ただ，今回は一つの事例であり，どこまで一般性を持つものか定かではない部分が残る。他の事例があれば，そうした事例とも突き合わせて考える必要があるだろう。

6.　結　　論

　本稿では，昨今のオープンデータ，オープンサイエンスの潮流を背景に，企業側が活用を期待しているデータは，どのような分野のデータなのか，企業側の自由記述による素データを探索的に分析することで，その一端を明らかにした。具体的には，各種産業はその自由記述回答により4つのグループに分類され，求職，求人，調査，地域をキーワードとして，そうした分野の情報を期待している姿が垣間見える。

　先行研究によれば，多くの自治体は企業側の取り組みについては，あまり把握していない様子であるので，本稿の分析結果は十分とは言えないものの，一つの参考事例を示したという点において，意義はあるだろう。また，分析に使

用したデータは調査者が選択肢を用意して選ばせるのではなく，回答者の自由記述であるので，探索的に分析していくなかでは，回答者の要望により寄り添った結果になっているかもしれない。

注

1）オープンデータやオープンサイエンスは，コンピューターユーザーの自由を促進することを目的とする Free Software Foundation（https://www.fsf.org/）等によるオープンソース運動に多少なりとも影響を受けていると思われる。同財団の General Public License に基づいて配布される GNU プロジェクトのソフトウェアは，世界中の人々の生活に大きな影響を与え続けている。
2）野村ほか（2022）によれば総合展開型自治体とは野村らの調査に回答があった自治体うち，「行政による保有データの公開」「データを巡る行政と民間の連携・共同」「庁内におけるデータの利活用」の 3 点を実施している自治体のことである。

参考文献

石田基広，2017，『R によるテキストマイニング入門（第 2 版）』，森北出版
くまもと経済・㈱地域経済センター，2013，『くまもと企業白書　2014 年版』
熊本県立大学総合管理学部総合管理学科飯島研究室，2015，『オープンデータ公開仕様に関する調査研究活動報告』，ホープ印刷
高度情報通信ネットワーク社会推進戦略本部・官民データ活用推進戦略会議，2021，「オープンデータ基本指針」https://www.digital.go.jp/resources/open_data 2024 年 5 月 1 日現在
国立情報学研究所 オープンサイエンス 基盤研究センター，2024，「オープンサイエンスとは」https://rcos.nii.ac.jp/document/openscience/　2024 年 5 月 1 日現在
小林雄一郎，2017，『R によるやさしいテキストマイニング』，オーム社
デジタル庁，2024a，「オープンデータ」，https://www.digital.go.jp/resources/open_data 2024 年 5 月 1 日現在
デジタル庁，2024b「民間事業者による利活用事例」，https://www.digital.go.jp/resources/data_case_study_private 2024 年 5 月 1 日現在
デジタル庁，2024c，「オープンデータ取組済自治体資料」https://www.digital.go.jp/resources/data_local_governments 2024 年 5 月 1 日現在
内閣府，2017，国際的動向を踏まえたオープンサイエンスの推進に関する検討会（第 1 回）https://www8.cao.go.jp/cstp/tyousakai/kokusaiopen/1kai/1kai.html（2024 年 5 月 1 日現在）
本田正美，2021，「オープンデータの商用利用の可能性」経営情報学会全国研究発表大会要旨集 202011 1D2-3
野村敦子・川島宏一・有田智一，2022，「オープンデータ施策に総合的に取り組む地方自治体の動因に関する研究」『自治体学』35（2），：51-57

前田理紗・木村絵梨・緒方創・濱口皓世・山下貴生，2015，「ユーザー視点に基づくオープンデータ公開仕様に関する研究」，『オープンデータ公開仕様に関する調査研究活動報告』，熊本県立大学総合管理学部総合管理学科　飯島研究室：2-10

森岡健二，1989，「形態素と文字」『コンピュータ ソフトウェア』日本ソフトウェア科学会，6（3）：222-228

e-Gov 法令検索，2024，「官民データ活用推進基本法」，https://elaws.e-gov.go.jp/document?lawid=428AC1000000103，2024 年 5 月 1 日現在

MeCab　https://taku910.github.io/mecab/　2024 年 5 月 1 日現在

R　https://www.r-project.org/ 2024 年 5 月 1 日現在

RStudio　https://rstudio.com/ 2024 年 5 月 1 日現在

支援機関の関わりと事業承継意向に
ついての実証分析

本田圭市郎・足立裕介＊・髙宮典佳＊＊

1. 事業承継の現状と支援機関
2. 先行研究
3. 実証分析
4. 結論と今後の課題

1. 事業承継の現状と支援機関

　日本の高齢化の進展に伴い経営者の高齢化も進む中，中小企業の事業承継が社会的な課題とされている。中小企業庁の「2024 年版 小規模企業白書」によると，2021 年の休廃業・解散件数は 4 万 9,788 件であり，過去最多であった2020 年を上回る水準となっている。また，経営者の平均年齢は 2013 年で 60.4歳，2020 年で 62.5 歳となっており，上昇傾向になっていることが分かる。休廃業・解散件数増加の背景には，このような経営者の高齢化が原因の 1 つであると考えられている。

　以上のような現状から，多くの中小企業の経営者が廃業をするか事業承継をするかという選択を迫られており，事業承継のピークを迎えていることが想定される。今後，日本経済が持続的に成長するためには，中小企業がこれまで培ってきた価値ある経営資源を次世代に承継していくことが重要である。これ

＊熊本学園大学商学部准教授，＊＊熊本県立大学総合管理学部

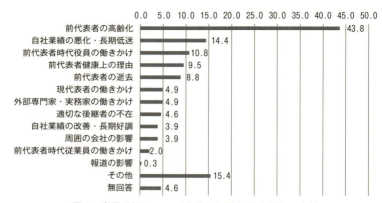

図1 事業承継について本格的に取り組んだきっかけ
出典：社団法人中小企業研究センター「中小企業の事業承継に関する調査研究」より筆者作成

らより，事業承継は喫緊の課題であると言える。

　では，経営者はどのような時に事業承継に取り組もうと考えるのか。社団法人中小企業研究センターの「中小企業の事業承継に関する調査研究」（図1参照）によると，事業承継に本格的に取り組んだきっかけとして最も多い割合を占めたのがやはり「前代表者の高齢化」であった。他には，「自社業績の悪化・長期低迷」，「前代表者健康上の理由」，「前代表者の逝去」といった事業承継について考えざるを得ない状況になってから，本格的に取り組み始めているケースが多いことがわかった。他の理由として多く挙げられるのが社内外の関係者からの働きかけである。「前代表者時代役員の働きかけ」が最も多く，次いで「現代表者の働きかけ」並びに「外部専門家・実務家の働きかけ」が4.9％となっている。

　また，図2によると，事業承継問題の相談相手として「特に相談相手はいない」と回答した人が36.5％と最も多い割合を占めていることがわかる。このことから，「多くの企業の事業承継問題は水面下に隠れており，支援機関による掘り起こしが必要」だと述べられている[1]。更に，事業承継は租税等の専門知識を有するため，支援を受けることが望ましいと考えられている。

　熊本県における現状としては，熊本県商工会連合会「事業承継に関する会員

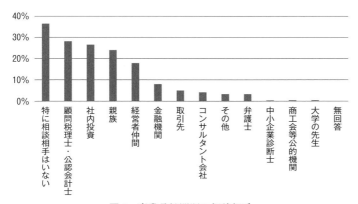

図2　事業承継問題の相談相手
出典：法政大学大学院中小企業研究所・アイエヌジー生命保険（株）「中堅・中小企業の事業承継に関する調査研究」（2014年12月）より筆者作成

事業所実態調査」によると，後継者が決まっていない企業が全体のうち63％となっており，そのうちの36％の企業が経営者の年齢が65歳以上かつ後継者が決まっていない重点支援先だと言われている。また，同調査の事業承継に関する相談については，「今は希望しないが時期が来たら相談したい」と考えている経営者が最も多く約47％，「希望する」が最も少なく約5％となっている。「希望しない」と回答した約40％が事業承継を希望しているかそうでないかはここから判別できないが，事業承継について考えるのはまだ早いと考えている経営者が多いことや，事業承継問題は外部に相談しないと考えている人がいる可能性があると考えられる。しかし，前述のように事業承継問題は速やかな対応が求められる我が国の課題の大きな1つであり，外部の支援機関が関与することが今後重要になる。従って，現在の熊本県の事業承継問題の現状をより詳しく知る必要性がある。

　前段で支援機関が重要だと述べてきたが，そもそも本稿では支援機関はどのような役割を担っていて，どの程度の効果があるのかを明らかにすることを研究目的とする。

　研究を行うにあたり，熊本市託麻商工会と協力し「事業継続に関する経営者の意識調査」というアンケート調査を行なった（実施要項は表1参照）。調査対

表1 アンケートの実施概要

名　称	事業継続に関する経営者の意識調査
調査期間	2023年9月25日〜11月16日
調査方法	郵送調査およびインターネット調査。調査票は任意記名方式。
調査対象	熊本市託麻商工会会員企業1,284社
回収数	224社（回収率17.4%）

象組織である託麻商工会は現在総事業所数約2,600，会員数1,200を超える熊本県内最大規模の商工会である。調査対象は熊本市託麻商工会の会員企業（2023年9月7日時点，1,284社）である。

　実施した調査は，熊本市託麻商工会会員事業所が置かれている状況や経営者の考えを把握することで，今後の託麻商工会としての有効な施策の検討に役立てることを目的とし，(1) 経営者本人の考え・(2) 地域との関わり・(3) 外部機関との関わり・(4) 将来的な事業の引継ぎ[2]といった大きく分けて4項目について尋ねている。(1) では，自身の事業の魅力を感じる部分，事業に対して愛着や誇りをどの程度持っているか，TSMCなどの半導体関連企業の熊本県内進出によってどのような影響を受けているか，事業を始めた（引き継いだ）動機，事業計画書の作成度合いを調査している。(2) では，地域の催事の参加有無，地域内経営者との交流の有無，商工会が主催する活動への参加有無，社外経営者からのアドバイスを受けているか否かについて尋ねている。(3) では，外部機関や専門家から支援を受けたいと思う内容，経営もしくは事業承継について相談したいと思う外部機関や人について，商工会に期待する事業内容を尋ねている。(4) では，後継者の決定の有無や後継者が決まっていない理由，経営者と後継者との関係，自分の代で事業をやめる理由，事業をやめる場合問題になりそうなこと，引き継いでもらいたい経営資源について，事業承継に関する税金制度の利用有無を調査している。他には，経営者の性別，経営者の現在の年齢，経営者が代表になった時の年齢，従業員数，売上高，業種といった基本的な情報を調査している。

　以上の調査内容から，本稿では外部の支援機関との関わりに着目して研究を進めていく。

2. 先行研究

(1) 事業承継に関する先行研究

　村上（2017）では、「中小企業の事業承継に関するインターネット調査」を実施し、中小企業の事業承継の実態と課題を探っている。ここでは企業を決定企業（後継者が決まっており、後継者本人も事業承継を承諾している企業）、未定企業（事業承継の意向はあるが、後継者が決まっていない企業）、廃業予定企業（自分の代で事業をやめるつもりの企業）、時期尚早企業（自分がまだ若いので、今は後継者を決める必要がない企業）の4つに類型化している。このうち、決定企業、未定企業、廃業予定企業の3分類を被説明変数とし、どのような変数が影響しているかについて多項ロジットモデルを用いて分析を行っている。結果としては、後継者が決定している企業と決まっていない企業との対比により、従業者規模や業績、事業の将来性はあまり大差ないが、経営者に就任したときの年齢や男の子どもの多寡という経営者の属人的な要因が後継者の決定を左右させていることが明らかになっている。未定企業は、従業員や社外の人間に事業を引き継いでもらう第三者承継や、企業売却といった、親族以外への事業承継を考えている企業は少なくない。しかし、従業者規模の小さい企業では、選択肢を広げるといっても限度がある。こうしたことから、事業承継の支援策は決定企業よりも未定企業に対して充実させるべきだと指摘している。一方この研究では、決定企業と他企業の比較しかできていないという課題が挙げられる。具体的に廃業を予定している企業と事業承継を予定している企業、後継者が決まっている企業と後継者が決まっていない企業といったような両者の差の部分には着目できていない。

　次に安田（2005）では、事業承継においてどのような企業が子息等に承継され、どのような企業が第三者に承継されるのかということや、承継後のパフォーマンスを良好に保つ承継者はどのような特徴を持っているのかという点などを、独自のデータセットを用いて分析している。その結果、両者では承継の対象となる企業属性が大きく異なり、企業年齢が高く、収支基調が黒字で先代が他界しており、高齢化を危機に承継に至った企業は子息等承継になるケースが多く、企業規模が大きいと第三者承継の割合が大きいことが明らかになっ

た。加えて，承継後のパフォーマンスに与える影響については，両者でその要因が異なることも明らかにしている。

(2) 事業承継の支援機関に関する先行研究

中小企業庁（2022）は，中小企業の事業承継が円滑に進むように，事業承継の課題を整理するとともに，その解決に向けた方策やツールなどを取りまとめている。それによれば，身近に相談できる人がいない経営者や十分な時間をとれない経営者に対しては，身近な支援機関等が日々のつながりの中で，事業の将来を見据えた積極的な対話を通して，事業承継に向けた早期・計画的な取り組みを促すことが大切であると述べている。

久保田（2020）は，地方中小企業における事業承継の現状と課題を整理しつつ，地方中小企業に対する事業承継支援の方向性を示している。外部の支援機関が果たすべき役割としては，①高齢経営者に対する事業承継に向けた準備の積極的な働きかけを通した支援対象企業の間口の拡大，②経営課題の見える化・事業の磨き上げのサポートを通した経営改善支援，③支援機関・支援策の周知の徹底と支援機関間の情報共有，の3つに整理している。

加藤（2022）は，国内中小企業の廃業が急増することに対して，サプライチェーンが分断したり，生産資源が散逸したりといった影響が広がることによって，経済規模が大きく毀損する可能性があることを指摘したうえで，特に小規模事業者に対する産学官金の事業承継支援の取り組みの重要性について考察している。それぞれの取り組みには課題が山積しているものの，各地域の実情に合った事業承継支援モデルの構築に向けての試行錯誤を続けていくことが必要であると述べている。

(3) 本稿の位置づけ

前節でみたように，事業承継における支援機関の役割について着目した研究はいくつかあり，その必要性や課題は述べられているが，それを実証的に分析している研究は見られない。したがって本稿では，独自のデータセットを用意して分析を行うことで，企業の事業承継の意向に対して各支援機関が果たす役割等についての特徴や課題について，実証的に明らかにしていく。

3. 実証分析

本節では，熊本市託麻商工会会員企業を対象としたアンケート調査データを用い，支援機関との関わりが事業承継意向にどう関わるのかを明らかにするための実証分析を行う。

(1) 分析の枠組み

分析に入る前に，今回行なったアンケート調査の事業承継に対する意向（後継者の決定状況，後継者が決まっていない場合はその理由）から，村上 (2017) を参考に，全企業を類型化した（図3参照）。「自分の代で事業をやめるつもりである」企業である「廃業予定企業」，「事業承継の意向はある」企業である「事業承継予定企業」，「自分がまだ若いので，今は決める必要がない」企業である「時期尚早企業」[3] の3つに分類した。中でも，事業承継予定企業を「事業承継の意向はあるが，後継者が決まっていない」企業である「後継者未定企業」と「後継者が決まっている」企業の「後継者決定企業」の2つに更に細分化した。

本稿の分析では，外部の支援機関と関わることで，廃業予定企業と事業承継予定企業のどちらになりやすいのか，または後継者未定企業と後継者決定企業のどちらになりやすいのかを検証していく。

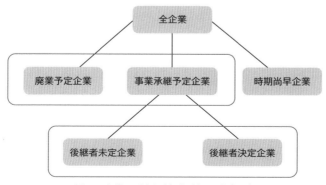

図3　企業の分類（事業承継の意向別）

（2）被説明変数

前節で述べたように，まず廃業予定企業と事業承継予定企業の差を見て，支援機関との関わりは事業承継意向を左右するのかに着目していく。そのため，廃業予定企業の場合0をとり，事業承継予定企業の場合に1をとる「事業承継予定ダミー」を被説明変数に用いることとする。次に支援機関との関わりは後継者決定の有無に関係するかを見ていく。この場合，後継者未定企業の場合0をとり，後継者決定企業の場合1をとる「後継者決定ダミー」を被説明変数として用いる。これら2つの変数を第三者機関に係る説明変数でプロビット分析していく。

（3）説明変数

本稿で実施した調査では，外部支援機関との関わりについて，「経営」と「事業承継」のそれぞれでの具体的な相談先を尋ねており，その相談先を以下の通りにまとめて使用する。

- ・商工会
- ・金融機関：民間金融機関，政府系金融機関
- ・ビジネス関係者：取引先，同業者，同業団体
- ・専門家：公認会計士，税理士，中小企業診断士，社会保険労務士，弁護士，司法書士

この相談先について，「経営」について相談していれば1，相談していなければ0のダミー変数と，「事業承継」について相談していれば1，相談していなければ0のダミー変数のそれぞれを作成した。経営に関する相談ダミーとの関わりを見たものを分析①，事業承継に関する相談ダミーとの関わりを見たものを分析②として，分けて分析を行った。

また，コントロール変数は村上（2017）を参考とし，従業者数，経営者の現在の年齢，経営者が代表になったときの年齢，業種ダミー[4]を用いている。

（4）分析結果

分析結果は以下の通りである（表2参照）。

分析①では，「商工会・金融機関・ビジネス関係者・専門家に経営について

表2　分析結果

変 数 名	分 析 ①		分 析 ②	
	事業承継予定	後継者決定	事業承継予定	後継者決定
経営について相談				
商工会	-0.0636 (0.319)	0.114 (0.387)		
金融機関	0.107 (0.410)	0.443 (0.467)		
ビジネス関係者	0.207 (0.396)	-0.654 (0.398)		
専門家	0.0344 (0.300)	0.406 (0.294)		
事業承継について相談				
商工会			0.744* (0.434)	-0.0900 (0.425)
金融機関			-0.504 (0.572)	1.381** (0.681)
ビジネス関係者			0.0347 (0.469)	-1.261** (0.616)
専門家			-0.560 (0.408)	0.0625 (0.407)
従業員数	0.170*** (0.0453)	-0.000912 (0.00505)	0.178*** (0.0442)	-0.00515 (0.00633)
経営者の現在の年齢	0.000568 (0.0123)	0.0442*** (0.0138)	-0.00408 (0.0126)	0.0595*** (0.0149)
経営者が代表に なったときの年齢	0.0351** (0.0160)	-0.0105 (0.0158)	0.0327** (0.0158)	-0.0143 (0.0158)
建設業ダミー	-0.291 (0.514)	0.653 (0.560)	-0.248 (0.511)	0.588 (0.551)
運輸業ダミー	0.218 (0.874)	-0.589 (0.831)	0.341 (0.953)	-0.528 (0.847)
卸売業ダミー	-0.271 (0.547)	-0.829 (0.671)	-0.374 (0.548)	-0.788 (0.691)
小売業ダミー	-0.737 (0.577)	0.352 (0.673)	-0.713 (0.576)	0.342 (0.664)
飲食・ 宿泊サービス業ダミー	0.479 (0.488)	0.266 (0.512)	0.561 (0.491)	0.275 (0.514)
定数項	-1.718 (1.058)	-2.272** (1.044)	-1.367 (0.975)	-2.797*** (0.988)
観測数	142	100	142	100

注）それぞれ *** = 1%，** = 5%，* = 10% 水準で統計的に有意，上段は限界効果，下段の（　）
　　内は標準誤差を表す。

相談している」が非有意という結果になった。経営について日頃から外部機関や人に相談していたとしても，事業承継や後継者の決定には影響するとは言えないことが明らかになった。支援機関等と普段から関わっていたとしても，それだけでは事業承継意向に直接関わるわけではないといえる。

　続いて分析②では，いくつかの支援機関で有意な結果が得られた。まず，商工会に事業承継について相談している企業は，廃業予定企業よりも事業承継予定企業になる確率が高くなることが明らかになった。商工会は地域のビジネスに関するアドバイスや支援を提供しており，専門家を紹介する等といった仲介役としての機能を果たしている。一方で，商工会に事業承継について相談することで，廃業を予定していた企業が事業を続けようと考え直すことは現実的に考えてあまりないケースだと考えられる。そのため，事業承継を希望している企業が身近な相談先として商工会を選んでいるのではないかと推測する。

　続いて，金融機関に事業承継について相談していると，後継者決定企業になる確率が高くなることがわかった。金融機関は，企業の財務状況や経営に関するデータを保有しているため，取引先企業の事業状況や将来展望をより深く理解しており，その企業に適した事業承継支援を提供できるのではないかと考える。金融機関は企業との長期的な関係を築いていることが多く，その信頼関係を通じて，後継者を見つけたり，承継計画を策定するプロセスが加速されたりする可能性がある。

　また，ビジネス関係者に事業承継について相談していると，後継者未定企業になる確率が高くなることが判明した。取引先や同業者に相談すると後継者が決まらなくなるというわけではなく，後継者が決まっていない企業ほど取引先や同業者に相談している状況を反映しているものと思われる。

　一方で，金融機関，ビジネス関係者，専門家に事業承継の相談をすることは，廃業を予定するか事業承継を予定するかには関係があると言えないということや，商工会や専門家に事業承継の相談をすることは後継者決定の有無に影響するとは言えないこと，などがわかった。

　以上より，事業承継の意向を持つことと商工会への事業承継の相談との関係性，および後継者決定に金融機関への相談が効果を持つ可能性が確認できた。

4. 結論と今後の課題

　本稿では，事業承継における支援機関との関わりに着目し，アンケート調査の実施および実証分析を行った。その結果，事業承継を予定している企業は相談先として商工会を選んでいること，後継者決定に金融機関への相談が効果的である可能性，後継者が決まっていない企業がビジネス関係者に相談をしている傾向にあることが明らかとなった。一貫して常に有効な支援機関は存在せず，相談の受け皿を商工会が務め，さらに具体的な後継者の決定は金融機関への相談も活用するといった，複合的な支援機関の活用が有効である可能性が示唆される。また，後継者が決まっていない企業が取引先や同業者へ相談している傾向から，企業側が適切な相談先を選定できていない，あるいは相談先に悩んでいる可能性が考えられる。企業の自発的な相談を待つのではなく，商工会や金融機関などの事業承継に関するノウハウを持った支援機関がプッシュ型で支援を行うことで，ニーズの掘り起こしおよびより適切な支援機関や取り組みへ繋がると考えられる。

　最後に，本稿で行った分析についての課題を挙げる。1点目に，今回の調査は1時点のアンケート調査であり，用いた分析手法も因果関係を十分に考慮できているものではない。本稿で言及している関係性はあくまで相関関係であり，明確な因果関係としての支援機関の有効性を主張できるものではないことに留意する必要がある。2点目が，アンケートの回収率が高くなかったことによるサンプルの偏りがもたらす代表性の欠如の可能性である。事業承継は経営者の年齢や企業規模によってそのスタンスが大きく異なる面がみられることから，年齢や規模に基づくウェイト付けの検討が求められる。この2点は今後の研究の課題としたい。

［謝辞］

　アンケート調査実施にあたり，熊本市託麻商工会，同商工会の肱黒修司様に多大なご協力をいただいた。ここに感謝の意を表する。

注

1) 中小企業庁「事業承継に関する現状と課題について」（中小企業政策審議会第8回基本問題小委員会（2016年11月28日）資料）より。
2) 外部機関との関わり・将来的な事業の引継ぎについては，日本政策金融公庫総合研究所の「中小企業の事業承継に関するインターネット調査，2019」を参考に作成した。
3) 時期尚早企業は経営者の年齢が若い時点での一時的な考えである上に，まだ事業承継について考えていない企業が大半であると考えられ，今回分析に使用するのは不適切であると考えたため，除外している。村上（2017）も同様の理由で分析から除いている。
4) 製造業を基準とし，建設業，卸売業，小売業，飲食業・宿泊サービス業，その他サービス業の6つについてのダミー変数を作成している。

参考文献

加藤峰弘(2021)「小規模事業者に対する事業承継支援の必要性」『金沢大学経済論集』第42巻1号，45頁-66頁

久保田典男(2020)「地方中小企業における事業承継の現状と課題：島根県内中小企業に対するアンケート調査の考察から」『中小企業季報』第194号，1頁-20頁

熊本県商工会連合会「事業承継に関する会員事業所実態調査」
（https://www.kumashoko.or.jp/kuma-wp/wp-content/uploads/2022/07/事業承継に関する会員事業所実態調査.pdf）　最終アクセス2024年1月4日

社団法人中小企業研究センター「中小企業の事業承継に関する調査研究～永続的な成長企業であり続けるための事業承継～」
（https://www.chukiken.or.jp/wp-content/uploads/2021/11/122.pdf）　最終アクセス2024年6月10日

中小企業庁「事業承継に関する現状と課題について」
（https://www.chusho.meti.go.jp/koukai/shingikai/kihonmondai/2016/download/161128kihonmondai03.pdf）　最終アクセス2024年1月29日

中小企業庁「2024年版 小規模企業白書」
（https://www.chusho.meti.go.jp/pamflet/hakusyo/2024/PDF/shokibo.html）　最終アクセス2024年9月18日

中小企業庁（2022）「事業承継ガイドライン（第3版）」
（https://www.chusho.meti.go.jp/zaimu/shoukei/download/shoukei_guideline.pdf）最終アクセス2024年5月17日

村上義昭（2017）「中小企業の事業承継の実態と課題」『日本政策金融公庫論集』第34号，1頁-20頁

安田武彦（2005）「中小企業の事業承継と承継後のパフォーマンスの決定要因―中小企業経営者は事業承継に当たり何に留意するべきか―」『中小企業総合研究　創刊号』62頁-85頁

A Comprehensive Survey on Programmatic Advertising

Ge LIU[1]

1. Introduction
2. Programmatic Advertising Mechanisms
3. Related Literature
4. Conclusion

1. Introduction

Advertising is a crucial component of modern life, disseminating information through various media channels such as television, radio, newspapers, magazines, computers, and mailboxes to reach consumers and promote products. The expenditure on advertising represents a significant portion of economic activity globally. According to data from Statista (2024), global advertising spending amounted to approximately 733 billion U.S. dollars in 2023, marking a 2.6% increase from the 715 billion dollars recorded in 2022[2]. The annual report by Dentsu Inc. identifies the United States, China, Japan, and the United Kingdom as the top four countries in terms of advertising expenditure[3]. Notably, The United States alone accounts for a spending total larger than the next seven combined markets[4], with an expenditure of 300.6 billion U.S. dollars in 2023. In comparison, China's advertising expenditure reached approximately 123.4 billion dollars, and Japan's spending was over 54.1 billion dollars. These figures underscore the substantial role that advertising plays as an economic activity.

The utilization of digital marketing and online advertising has emerged as a primary strategy for firms to achieve significant results in their online marketing and communications efforts[5]. Internet advertising accounts for 55.5% of the total global advertising expenditure, underscoring society's increasing digitalization. Programmatic advertising is a new marketing technology that applies to the internet and emerging technologies, using large amounts of data, or big data, to stimulate the growth and investment in internet display advertising[6]. It is noteworthy that the global programmatic advertising market, with the United States estimated at $237. 6 billion, China at $143 billion, and the United Kingdom at $38. 2 billion. In an era where discussions on data-driven marketing automation are commonplace, programmatic advertising, also known as real-time advertising, is increasingly pervasive in both business operations and consumer interactions. The programmatic ad has significantly transformed media advertising, shifting from the traditional "media buy" and "ad-slot buy" model to the "target audience buy" model, which is anticipated to become the standard business model of online advertising in the future. This paper studies the current market practices of programmatic advertising, introduces key players and typical business processes in the market, and summarizes existing literature research progress. The aim of this paper is to provide valuable reference and guidance for future work.

From a transactional standpoint, internet advertising can be broadly categorized into pure advertising (reservation-based advertising) and programmatic advertising. Pure advertising refers to a mechanism wherein specific internet advertising slots are purchased to display advertisements. The location, duration, and price of the advertisement placement are predetermined in advance. programmatic advertising is a mechanism for displaying advertisements using automated bidding systems on the internet, allowing for flexible management of budgets and content distribution. Specifically, advertisers set parameters such as their target user demographics and topics of interest and compete through bidding for the opportunity to display online advertisements within advertising slots. The advertisement of the advertiser offering the highest bid is then delivered. Amazon indicated that programmatic advertising accounted for 68% of the total digital advertising expenditure in 2021. In Japan, it constitutes a significantly large portion, capturing 85.4% of the internet advertising media expenditure in 2022.

Compared to traditional mass advertising channels such as television, radio, newspapers, and magazines, programmatic advertising has been shown to enhance the effectiveness of advertisements by optimizing real-time ad displays. The proliferation of programmatic advertising as a new marketing methodology in the advertising market enhances the competitiveness of businesses. Programmatic advertising is more efficient compared to conventional ad delivery methods, allowing for detailed targeting based on factors such as the age, gender, and location of the desired audience. This capability brings substantial benefits to both advertisers and media firms. (Kireyev et al., 2016; Aslam and Karjaluoto, 2017a, 2017b; Miralles-Pechuán et al., 2018). While the underlying mechanisms of programmatic advertising exert significant influence on the market from various viewpoints, understanding

A Comprehensive Survey on Programmatic Advertising   237

precisely how it impacts the market remains a key issue.

Researchers in the fields of management and information technology have shown interest in programmatic advertising from the perspectives of marketing methodologies and technological advancements (Palos-Sanchez et al., 2019). The programmatic ad has significantly transformed online advertising, shifting from the traditional "media buy" and "AD space buy" model to the "target audience buy" model, which is anticipated to become the standard business model of online advertising in the future[7]. In this paper, we survey the mechanisms of programmatic advertising and analyze how these mechanisms operate to elucidate their effects. This study aims to survey the mechanisms of programmatic advertising and analyze how they operate, shedding light on how this new advertising paradigm affects market competition.

2. Programmatic Advertising Mechanisms

The process of programmatic advertising can be illustrated through an example depicted in Figures.

• Traditional Online Advertising Model

In traditional online advertising, the ecosystem comprised four primary players on the publisher side:

Advertisers: Brands or businesses looking to promote their products or services.

Advertising Agencies: Entities that create and manage advertising campaigns for advertisers.

Media Representatives (Reps): Intermediaries who aggregate advertising space from various media outlets and facilitate the placement of agency ads in these spaces.

Media: Publishers or platforms that provide the space for advertisements.

Media reps played a crucial role in this system by bridging the gap between advertising agencies and media outlets, ensuring that ads reached the intended audiences through suitable media channels.

• Programmatic Advertising Model

With the advent of programmatic advertising, the structure has evolved to include more sophisticated and automated components. The key participants in this modern framework are:

Advertisers: Similar to the traditional model, these are the entities that want to promote their products or services.

Demand-Side Platforms (DSPs): Automated platforms that allow advertisers to buy ad

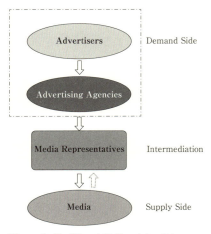

Figure 1: Traditional Online Advertising Process

Figure 2: Programmatic Advertising Process

space in real time, based on data-driven targeting.

Ad Exchanges: Marketplaces where ad impressions are bought and sold in real-time auctions. Ad exchanges facilitate the interaction between DSPs and SSPs.

Supply-Side Platforms (SSPs): Platforms that help media publishers manage and sell their ad inventory programmatically.

Media Publishers: Websites, apps, or digital platforms that provide the space for displaying advertisements.

The flow of advertising expenditure in this ecosystem is illustrated in Figures 1 and 2, with arrows indicating the direction and interaction between these entities.

- Detailed Process of Programmatic Advertising

When a user visits a publisher's website, cookies collect data regarding the user's interests and behaviors. This information is processed by a Data Management Platform (DMP) to create a detailed user profile. As the user navigates the website, a bid request is triggered. This request includes the user profile data and is sent from the publisher to the SSP. The SSP forwards the bid request to the ad exchange, which then disseminates it to multiple DSPs. Each DSP analyzes the user profile and determines the relevance of the ad to the user. DSPs initiate auctions among their advertisers. Advertisers submit bids for the opportunity to display their ad to the user. The highest bidder within each DSP wins this initial auction round. The winning bids from each DSP are then forwarded to a secondary auction conducted by the ad exchange. The highest bid across all participating DSPs wins the auction. The winning ad is sent back through the ad exchange and SSP to the publisher's website, where it is displayed to the user. This entire process, known as real-time bidding (RTB), is completed in milliseconds.

The example provided by Yuan et al. (2014) illustrates the efficiency of programmatic advertising. A leading DSP company employs big data analysis and RTB architecture to manage and analyze cookie data from over 570 million internet users. Each user's cookie data is described with 3, 155 attribute tags, allowing for highly detailed user profiles. This DSP auctions over 3 billion ad impressions per day, with each auction occurring within 50 milliseconds. This cookie-based audience targeting technology has increased the market efficiency and effectiveness of RTB ads by 50%.

It can be concluded that programmatic advertising has brought us groundbreaking innovation. First, PA allows advertisers to precisely target their audience based on detailed user profiles, making ad placements more relevant and effective. Then, the automated, real-time nature of PA significantly increases the efficiency of the ad market, ensuring that ad spaces are sold quickly and to the highest bidder, maximizing revenue for publishers and ROI for advertisers.

3. Related Literature

In the research on Programmatic Advertising, the related literature spans multiple dimensions, encompassing analyses such as operational management issues related to behavior, strategy, mechanisms, and the structure of RTB (Real-Time Bidding) markets. However, as an emerging market and field of study, the literature remains fragmented and lacks a systematic structure, with limited papers addressing each specific topic (Yuan et al., 2014).

Existing research has focused on the advertising industry, elucidating what programmatic advertising is, how it functions, and its progression (Busch, 2016; Lee et al., 2020). Compared to the traditional model of purchasing and selling advertising space on the internet, programmatic advertising develops models that incorporate user impressions, banner click costs, and creative advertising (Aslam et al. 2017a, 2017b; Miralles-Pechuán et al., 2018). Beyond advertising activities, it operates within a bilateral market primarily associated with advertising and analyzes the rational strategies of participants. It delves into factors determining price allocation and end-user surplus in platform competition within two-sided markets, particularly analyzing pricing mechanisms between advertisers and media outlets.

For instance, Feldman et al.（2010） studied the equilibrium behavior and incentive mechanisms of advertisers in RTB auctions. They found that the two-stage resale auction would lead to a new feature, where the demand-side platform（DSP） that maximizes revenue selects random re-auction prices from intervals. Zhang et al.（2014） examined bid optimization in RTB-based display advertising. More recently, Thomas et al.（2018;2022） conducted research on randomized field experiments of programmatic advertising, revealing discrepancies in incentives between advertisers and advertising platforms. Specifically, firms are interested in targeting consumers who actively respond to ads, while advertising platforms profit by targeting consumers with higher overall purchase probabilities. Their research elucidates causal relationships in advertising effectiveness and estimates the extent of misalignment in incentives between companies and advertising platforms. Furthermore, it suggests that optimizing advertising platform bids may lead to profit loss for companies and a decrease in overall welfare. To address such incentive misalignment, they propose solutions where companies restrict advertising platforms to target only profit-generating consumers based on individual-level estimates of baseline purchase probabilities and advertising effectiveness.

Inspired by these empirical studies, this research aims to construct a theoretical model for analyzing the strategic decisions of market participants in programmatic advertising. It provides a theoretical approach to analyze aspects such as price determination in the market, entry barriers, and the impact on social surplus.

In consumer behavior, recent research focuses on consumers' perceptions of privacy in programmatic advertising. The study of programmatic advertising on the Internet has emerged as a compelling research topic within the scientific community, aiming to establish clear boundaries for user privacy on the Internet. Saura et al.（2019） investigated the mechanisms through which online advertisements collect user data for the purpose of customizing displayed ads. Tucker（2012） highlights consumers' concerns and their unfavorable feedback about personalized advertisements. Aguirre et al.（2015） elucidated the distinction between users' perceptions of personalization in online advertising and their emphasis on data. They presented individual user responses to programmatic advertising, demonstrating their concern for their data. Cecere et al.（2015） introduced the concept of Perceived Internet Privacy, highlighting users' apprehensions regarding privacy on social networks and the Internet. They also examined variables associated with users' privacy concerns and concluded that one of them was the goals of programmatic advertising（Vokic et al., 2015）. Li et al.（2016） found that when personalized programmatic advertising is personally relevant and offers better savings, products, and Internet services, users will perceive its usefulness positively. Thus, users' privacy concerns are associated with their perception of utility when accepting personalized programmatic advertising (Alreck, 2007; Hyejin, 2013; Zenetti et al., 2014). Additionally, Liu et al. (2017) studied consumer perceptions of programmatic ads and expressed users' concerns about their data, concluding that users are sometimes satisfied with the personalized offers provided by programmatic ads. However, users may not realize that to achieve this customization, companies use techniques that analyze large amounts of data from users themselves. Qin et al. (2017) proposed a mathematical method to measure the effectiveness of the audience presented by programmatic advertising in different situations. Pedro Palos-Sanchez et al. (2019) investigated the influence of the perceived usefulness of programmatic advertising on the privacy concerns of internet users.

Research on programmatic advertising encompasses a broad range of themes, including the evolution of the advertising industry, consumer privacy concerns, and pricing mechanisms in two-sided markets. Building on these insights, future research is expected to deepen the understanding of strategic decision-making by market participants and address privacy-related challenges comprehensively.

4. Conclusion

Amid the rapid proliferation of programmatic advertising, theoretically analyzing how its mechanisms influence market competition is crucial for informing policies related to the modern economy and the advertising industry. Despite its importance, theoretical research on programmatic advertising remains limited. Consequently, studies in this area can provide profound insights into the competitive structure of the advertising market, entry barriers, advertiser decision-making, price competition, regulations, and more. These insights can contribute to the better development and growth of the advertising market. Moreover, this research holds relevance not only for economics but also for other academic disciplines, such as marketing and strategic management. The findings can offer a theoretical foundation for analyzing competitive strategies within these fields.

Programmatic advertising encompasses numerous terms. Big data and data-driven display refer to the intricate data used as the foundation for marketing and media decision-making. Keywords like machine learning and exploration focus on algorithmic data processing and the statistical handling of continuously generated experiential data. Programmatic buying and automated trading emphasize price determination through dynamic auctions. Ultimately, all these efforts converge towards a more intensive use of data, technology, and artificial intelligence in marketing to enhance efficiency.

Several future research directions can be considered. Within the mechanism of programmatic advertising, ad exchanges act as intermediaries, facilitating the efficient matching of advertising demand and ad space supply. Unlike traditional media reps, ad exchanges achieve more efficient matching by incorporating complex technological elements such as auctions, real-time bidding, and targeting capabilities. Most advertiser firms find direct participation in auctions challenging, thus delegating the bidding process to platforms. Demand-side platforms （DSPs） provide tools to automate the allocation and purchasing of ad space. Many ad placements are auctioned off, with platforms determining bid amounts on behalf of companies based on extensive data about individual consumer characteristics and online behaviors. Currently, the programmatic advertising market is dominated by major technology companies like Google, Facebook, and Amazon. These firms possess extensive data and technology, creating significant challenges for small and medium-sized enterprises to compete. Consequently, new entrants face high barriers to entry. However, the presence of DSPs and supply-side platforms (SSPs) has the potential to lower these barriers for advertisers and media publishers, facilitating easier market entry and potentially fostering competition. Therefore, the promotion of market competition by programmatic advertising ultimately depends on factors such as the presence of dominant market players. It is not immediately evident whether programmatic advertising effectively promotes market competition. Future research should elucidate the intricate effects of programmatic advertising on the market and determine its ultimate impact on market outcomes, particularly in terms of identifying any potential anti-competitive effects.

Notes

1） This paper is a tribute to my formative professional journey, intertwined with the supportive environment of Kumamoto Prefectural University, as it celebrates its 30th anniversary. This work was supported by Grant-in-Aid for Research Activity Start-up Number JP23K18786.

2） J. G. Navarro, Mar 28, 2024. Advertising spending worldwide in 2022 and 2023. https://www.statista.com/statistics/272850/global-advertising-forecast/.

3） Dentsu 2023, Global Ad Spend Forecasts. https://insight.dentsu.com/ad-spend-may-2023/market-outlook

4） The top seven advertising spenders are the United States, China, Japan, the United Kingdom, Germany, France and Australia, Brazil.

A Comprehensive Survey on Programmatic Advertising   243

5) Keith et al., 2013; Hauser et al.,1993; Jung et al, 2017; Palos-Sanchez et al., 2019.

6) Cui et al., 2011; Lee et al., 2013; Leal-Rodríguez et al.,2015; Kireyev et al., 2016; Shan et al., 2016; Qin et al., 2017.

7) Yuan et al.,2014.

Reference

[1] Aguirre, E., Mahr, D., Grewal, D., de Ruyter, K., & Wetzels, M. (2015). Unraveling the personalization paradox: The effect of information collection and trust-building strategies on online advertisement effectiveness. *Journal of Retailing, 91* (1), 34-49.

[2] Alreck, P. L., & Settle, R. B. (2007). Consumer reactions to online behavioural tracking and targeting. *Journal of Database Marketing & Customer Strategy Management, 15*, 11-23.

[3] Aslam, B., & Karjaluoto, H. (2017a). Digital advertising around paid spaces, E-advertising industry's revenue engine: A review and research agenda. *Telematics and Informatics, 34* (8), 1650-1662. https://doi.org/10.1016/j.tele.2017.07.011.

[4] Aslam, B., & Karjaluoto, H. (2017b). Digital advertising around paid spaces, E-advertising industry's revenue engine: A review and research agenda. *Telematics and Informatics, 34* (8), 1650-1662. https://doi.org/10. 1016/j.tele.2017. 07. 011.

[5] Busch, O. (2015). The programmatic advertising principle. In *Programmatic advertising: The successful transformation to automated, data-driven marketing in real-time* (pp. 3-15). Cham: Springer International Publishing.

[6] Cui, Y., Zhang, R., Li, W., & Mao, J. (2011, August). Bid landscape forecasting in online ad exchange marketplace. In *Proceedings of the 17th ACM SIGKDD international conference on Knowledge discovery and data mining* (pp. 265-273).

[7] Choi, H., Mela, C. F., Balseiro, S. R., & Leary, A. (2020). Online display advertising markets: A literature review and future directions. *Information Systems Research, 31* (2), 556-575.

[8] Feldman,J., et al. Auctions with intermediaries. inACM Conference on Electronic Commerce. 2010. ACM.

[9] Cecere, G., Guel, F. L., & Soulié, N. (2015). Perceived Internet privacy concerns on social networks in Europe. *Technological Forecasting and Social Change, 96*, 277-287.

[10] Dentsu, (2023). Global Ad Spend Forecasts. https://insight.dentsu.com/ad-spend-may-2023 /market-outlook

[11] Hauser, J. R., Urban, G. L., & Weinberg, B. D. (1993). How consumers allocate their time when searching for information. *Journal of Marketing Research, 30* (4), 452-466.

[12] Hyejin, K. (2013). *Exploring the effects of perceived relevance and privacy concerns on consumer responses to online behavioral advertising.* Minnesota: University of Minnesota https://doi.org/10.1007/s12525-012-0087-1.

[13] J. G. Navarro, Mar 28, 2024. Advertising spending worldwide in 2022 and 2023. https://www. statista.com/statistics/272850/global-advertising-forecast/.

[14] Jung, Y., Pawlowski, S. D., & Kim, H. W. (2017). *Exploring associations between young adults' Facebook use and psychological well-being: A goal hierarchy approach.* International Journal of Information Management, 37 (1), 1391e1404. https://doi.org/ 10.1016/j.ijinfomgt.

2017.10.005.

[15] Keith, M. J., Maynes, C., Lowry, P. B., & Babb, J. (2014, December). Privacy fatigue: The effect of privacy control complexity on consumer electronic information disclosure. In *International Conference on Information Systems (ICIS 2014), Auckland, New Zealand, December* (pp. 14-17).

[16] Kireyev, P., Pauwels, K., & Gupta, S. (2016). Do display ads influence search? Attribution and dynamics in online advertising. *International Journal of Research in Marketing, 33* (3), 475-490.

[17] Lee, K. C., Jalali, A., & Dasdan, A. (2013, August). Real time bid optimization with smooth budget delivery in online advertising. In *Proceedings of the seventh international workshop on data mining for online advertising* (pp. 1-9).

[18] Leal-Rodríguez, A. L., Eldridge, S., Roldán, J. L., Leal-Millán, A. G., & Ortega-Gutiérrez, J. (2015). Organizational unlearning, innovation outcomes, and performance: The moderating effect of firm size. *Journal of business research, 68* (4), 803-809.

[19] Lee, H., & Cho, C. H. (2020). Digital advertising: present and future prospects. *International Journal of Advertising, 39* (3), 332-341.

[20] Li, W., & Huang, Z. (2016). The research of influence factors of online behavioral advertising avoidance. *American Journal of Industrial and Business Management, 06* (09), 947-957. https://doi.org/10.4236/ajibm.2016.69092.

[21] Liu, S. Q., & Mattila, A. S. (2017). Airbnb: Online targeted advertising, sense of power, and consumer decisions. *International Journal of Hospitality Management, 60*, 33-41. https://doi. org/10.1016/j.ijhm.2017.09.012.

[22] Miralles-Pechuán, L., Ponce, H., & Martínez-Villaseñor, L. (2018). *A novel methodology for optimizing display advertising campaigns using genetic algorithms.* Electronic Commerce Research and Applications, 27, 39-51. https://doi.org/10.1016/j.elerap. 2017.11.004.

[23] Palos-Sanchez, P., Saura, J. R., & Martin-Velicia, F. (2019). *A study of the effects of programmatic advertising on users' concerns about privacy overtime.* Journal of Business Research, 96, 61-72.

[24] Qin, R., Yuan, Y., & Wang, F. Y. (2017). Exploring the optimal granularity for market segmentation in RTB advertising via computational experiment approach. *Electronic Commerce Research and Applications, 24*, 68-83.

[25] Saura, J. R., Palos-Sanchez, P. R., & Correia, M. B. (2019). Digital marketing strategies based on the e-business model: Literature review and future directions. *Organizational transformation and managing innovation in the fourth industrial revolution*, 86-103.

[26] Shan, L., Lin, L., Sun, C., & Wang, X. (2016). Predicting ad click-through rates via feature-based fully coupled interaction tensor factorization. *Electronic Commerce Research and Applications, 16*, 30-42.

[27] Thomas, J. (2018). Programming, filtering, adblocking: advertising and media automation. *Media International Australia, 166* (1), 34-43.

[28] Thomas, J., & Kininmonth, S. (2022). The Automated Media Economy. The SAGE Handbook of the Digital Media Economy, 82.

[29] Tucker, C. E. (2012). The economics of advertising and privacy. *International journal of Industrial organization, 30* (3), 326-329.

[30] Vokic, N. P., & Vidovic, M. (2015). Managing internal digital publics: What matters is digital age not digital nativity. *Public Relations Review, 41* (2), 232-241.

[31] Yuan, Y., Wang, F., Li, J., & Qin, R. (2014, October). *A survey on real time bidding advertising.* In Proceedings of 2014 IEEE International Conference on Service Operations and Logistics, and Informatics (pp. 418-423). IEEE.

[32] Zenetti, G., Bijmolt, T. H., Leeflang, P. S., & Klapper, D. (2014). Search engine advertising effectiveness in a multimedia campaign. International Journal of Electronic Commerce, 18 (3), 7-38.

[33] Zhang, W., Yuan, S., & Wang, J. (2014, August). *Optimal real-time bidding for display advertising.* In Proceedings of the 20th ACM SIGKDD international conference on Knowledge discovery and data mining (pp. 1077-1086).

総合管理学部 30 年の歩み

（肩書き・名称等は当時のもの）

平成 6（1994）年	
4 月	・男女共学化した「熊本県立大学」および同総合管理学部発足。
	・総合管理学部初の入学生（282 名）。
6 月	・熊本県立大学発足記念式典。
7 月	・熊本県立大学総合管理学部と熊本大学法学部および熊本学園大学商学部・経済学部との間で単位互換協定に調印（平成 7（1995）年度より実施）。
9 月	・手島孝学長就任（総合管理学部長より）。
12 月	・総合管理学会機関誌「アドミニストレーション」創刊。

平成 7（1995）年	
4 月	・総合管理学部 2 期生入学（300 名）。
10 月	・大学院検討委員会設置を教授会で承認。大学院設置に向け検討を開始。

平成 8（1996）年	
4 月	・大学院設置準備委員会の設置を教授会で承認。

平成 9（1997）年	
12 月	・熊本県立大学大学院アドミニストレーション研究科（修士課程）設置認可。

平成 10（1998）年	
3 月	・総合管理学部 1 期生卒業（231 名）。
4 月	・アドミニストレーション研究科 17 名入学。
	・新カリキュラムの実施（学部開設 4 年経過に伴う）。
5 月	・大学院アドミニストレーション研究科博士課程設置準備委員会発足。

平成 11（1999）年	
12 月	・大学院アドミニストレーション研究科博士（後期）課程設置承認。

平成 12（2000）年	
3 月	・アドミニストレーション研究科修士課程 17 名修了。
4 月	・アドミニストレーション研究科博士前期課程 16 名，同後期課程 5 名入学。
	・大学院アドミニストレーション研究科博士課程開設式。

8 月	・手島孝学長退任。

平成 15（2003）年	
3 月 4 月 9 月	・博士学位第 1 号授与。 ・総合管理学部 4 コース（パブリック・アドミニストレーションコース，ビジネス・アドミニストレーションコース，情報システムコース，地域ネットワークコース）を導入した新カリキュラム開始。 ・自己推薦型（AO）入試実施。

平成 16（2004）年	
5 月	・熊本県立大学総合管理学部創立 10 周年記念論文集『新千年紀のパラダイム―アドミニストレーション―』の刊行。

平成 18（2006）年	
4 月	・公立大学法人熊本県立大学設立。 ・米澤和彦学長就任（総合管理学部より）。 ・大学院博士前期課程に 4 コース（公共経営コース，企業経営コース，情報管理コース，看護管理コース）を導入。

平成 20（2008）年	
4 月	・既存のコースを発展させた 4 コース（パブリック・アドミニストレーションコース，ビジネス・アドミニストレーションコース，情報管理コース，地域・福祉ネットワークコース）による新カリキュラムの実施。

平成 22（2010）年	
3 月	・米澤和彦学長退任。

平成 26（2014）年	
12 月	・熊本県立大学総合管理学部創立 20 周年記念論文集『総合知の地平』の刊行。

平成 28（2016）年	
4 月	・平成 28 年熊本地震の発生（震災の影響により約 1 か月間の休講，5 月連休明けより授業再開）。

平成 29（2017）年	
4 月	・総合管理学部の 4 つのコースを 3 つの部門（公共・福祉部門，ビジネス部門，情報部門）に再編統合し，3 つの分野（公共・福祉分野，ビジネス分野，情報分野）に分類した新カリキュラムの実施。

平成 30（2018）年	
2 月	・熊本県立大学総合管理学部 COC 事業プロジェクトチーム編『地方創生への挑戦』の刊行。

平成 31（2019）年	
4 月	・博士前期課程の科目構成を 4 つの分野（公共・福祉分野，ビジネス分野，情報分野，看護分野），博士後期課程の科目構成を 3 つの分野（公共・福祉分野，ビジネス分野，情報分野）とする大学院カリキュラムの改正。
令和 2（2020）年	
4 月	・新型コロナウイルス感染症の感染拡大により，熊本県立大学が臨時休業（5 月 7 日から遠隔授業等により再開，6 月 1 日には一部対面授業を再開）。
令和 6（2024）年	
4 月	・専攻制の導入（3 つの専攻：公共専攻，ビジネス専攻，情報専攻）。 ・カリキュラムの大幅改正（1 年次に共通カリキュラムで学び，2 年次から公共専攻・ビジネス専攻・情報専攻に分かれて学ぶ）。

執筆者紹介 （執筆順）

宮園　博光 （みやぞの　ひろみつ）　　　熊本県立大学総合管理学部教授

渡邊　榮文 （わたなべ　えいふみ）　　　熊本県立大学名誉教授

明石　照久 （あかし　てるひさ）　　　　熊本県立大学名誉教授

久間　清俊 （くま　きよとし）　　　　　熊本県立大学名誉教授

中宮　光隆 （なかみや　てるたか）　　　熊本県立大学名誉教授

高埜　健 （たかの　たけし）　　　　　　熊本県立大学総合管理学部教授

澤田　道夫 （さわだ　みちお）　　　　　熊本県立大学総合管理学部教授

上拂　耕生 （うえはらい　こうせい）　　熊本県立大学総合管理学部教授

井寺　美穂 （いでら　みほ）　　　　　　熊本県立大学総合管理学部准教授

西森　利樹 （にしもり　としき）　　　　熊本県立大学総合管理学部准教授

安武　綾 （やすたけ　あや）　　　　　　熊本県立大学総合管理学部准教授

石橋　賢 （いしばし　けん）　　　　　　熊本県立大学総合管理学部准教授

丸山　泰 （まるやま　やすし）　　　　　熊本県立大学総合管理学部教授

飯島　賢志 （いいじま　けんじ）　　　　熊本県立大学総合管理学部准教授

本田圭市郎 （ほんだ　けいいちろう）　　熊本県立大学総合管理学部准教授

Ge LIU （劉鴿，リュウ　ハト）　　　　　熊本県立大学総合管理学部助教

熊本県立大学総合管理学部創立 30 周年記念論文集

総合管理学の現在地

2024 年 11 月 25 日　初版発行

編　者	熊本県立大学総合管理学会
発行者	清　水　和　裕
発行所	一般財団法人　九州大学出版会

〒819-0385 福岡市西区元岡 744
九州大学パブリック 4 号館 302 号室
電話　092-836-8256
URL　https://kup.or.jp/
印刷・製本／大同印刷㈱

Prefectural University of Kumamoto, Faculty of Administrative Studies, 30th Anniversary Collection of Treatises, Overview of the Current State of Administrative Studies
Ⓒ熊本県立大学総合管理学会　　Kyushu University Press, 2024
Printed in Japan　　ISBN 978-4-7985-0380-6